DE
LA GARANTIE

EN CAS D'ÉVICTION

EN DROIT ROMAIN ET EN DROIT FRANÇAIS

THÈSE DE DOCTORAT

PAR

M. A. DE CARDES

LICENCIÉ ÈS-LETTRES

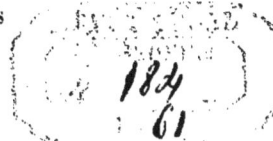

TOULOUSE
IMPRIMERIE BAYRET, PRADEL ET Ce
PLACE DE LA TRINITÉ, 12

1861

DE
LA GARANTIE
EN CAS D'ÉVICTION
EN DROIT ROMAIN ET EN DROIT FRANÇAIS

THÈSE DE DOCTORAT

PAR

M. A. DE CARDES

LICENCIÉ ÈS-LETTRES

TOULOUSE

IMPRIMERIE BAYRET, PRADEL ET Cᵉ

PLACE DE LA TRINITÉ, 12

1861

A MON PÈRE, A MA MÈRE

A MES SŒURS

C.

DROIT ROMAIN

---oo:✺:oo---

CHAPITRE PREMIER.

Des rapports de droit qui engendrent l'obligation de garantir.

SOMMAIRE.

I. « Obligationum substantia in eo consistit ut alium nobis obstringat ad dandum aliquid, vel faciendum, vel præstandum. » La prestation de l'objet compris dans l'obligation, voilà quel est, en prenant ces mots dans leur sens le plus large, le but final de ce lien juridique, *vinculum juris*, qui, par un rapport de droit établi entre deux personnes, astreint l'une à faire, permet à l'autre d'exiger. (L. 3, D., *De oblig. et act.*).

Donc, celui qui est engagé par une obligation demeurera lié jusqu'au moment où cette obligation aura été réalisée par la prestation pleine et entière qui en fait l'objet. Si la prestation se résout en un fait unique, ne devant occuper qu'un instant de la durée, on pourra facilement préciser aussi l'instant où, l'exécution se trouvant parfaite, tout lien entre les deux sujets se trouvera rompu, parce qu'il n'aura plus sa raison d'être, parce que l'un aura reçu tout ce qu'il était en droit de réclamer, parce que l'autre aura satisfait, dans toute son étendue, à l'engagement qu'il avait contracté.

Mais, dans bien des cas, la prestation ne nous apparaîtra point avec ce caractère d'unité et d'instantanéité; elle sera souvent composée de faits successifs ou continus. Tantôt, ce sera une série de prestations que l'obligé devra réaliser; tantôt, au contraire, il sera simplement sommé d'avoir à maintenir, à l'encontre de tous, une prestation déjà effectuée, mais qui a été altérée dans son caractère de continuité, par suite de quelque événement dont on devra, du reste, examiner la nature pour apprécier l'étendue de la responsabilité. Dans ce dernier cas, en un mot, l'obligé sera tenu de garantir la continuité de sa prestation, c'est-à-dire de la mettre à l'abri de toute atteinte, en protégeant d'une manière efficace celui qui l'a reçue contre toute prétention nuisible à son droit.

Sera donc tenue à la garantie et pourra être recherchée à cet effet toute personne qui, par la nature même de son obligation, ou par une clause spéciale et expresse du contrat, se trouvera engagée à une prestation dont le caractère est d'être continue.

II. Pour mieux préciser notre pensée, et afin d'éclairer ces principes par quelques applications, jetons un coup d'œil sur le caractère des rapports de droit qui naissent de certains contrats, et sur l'étendue des engagements qui en résultent.

Soit, par exemple, la vente, ce contrat du droit des gens par excellence, dont les règles nettes et précises nous permettront d'apprécier et de déterminer sans peine les obligations contractées par celui qui a promis la prestation d'une chose à ce titre, par le vendeur.

L'obligation du vendeur est parfaite par le seul consentement des parties et par leur accord quant à la chose et au prix : « Emptio et venditio contrahitur simul atque de pretio convenerit. » (Inst. Just., Pr. *De empt. et vend.*). Le vendeur, d'après les principes du droit romain, est tenu de faire à l'acheteur la tradition de la chose objet du contrat, ce qui n'entraîne pas l'obligation par cela seul de lui en procurer le *justum dominium*, comme s'il y avait eu stipulation à cet égard : « Qui vendidit, necesse non habet fundum emptoris facere : ut cogitur qui fundum stipulanti spopondit. » (L. 25, § 1, D., *De contr. empt.*).

Transférer la propriété n'est pas une obligation qui résulte implicitement du contrat de vente : la délivrance de la chose vendue, effectuée entre les mains de l'acheteur, voilà l'obligation première et principale du vendeur : « Et in primis ipsam rem præstare venditorem oportet, id est, tradere. » (L. 11, § 2, D., *De act. empt.*).

Cette délivrance opérée par la tradition doit avoir pour conséquence immédiate d'assurer à l'acheteur ce que les jurisconsultes romains ont nommé la *vacua possessio*, c'est-à-dire la possession libre, dégagée de tout obstacle (L. 25, § 1, *d. tit.*). Mais là ne se borne pas l'obligation du vendeur : par ce fait unique et restreint de la délivrance une fois accomplie, il est loin d'avoir pleinement satisfait à son engagement. Pourra-t-il, en effet, lorsque des prétentions rivales viendront apporter le trouble dans la possession de l'acheteur, se retrancher derrière cette prestation dont il s'est acquitté par un premier acte de délivrance, et soutenir qu'il est à l'abri de tout recours? Non, sans doute, car son obligation n'a point encore reçu une entière exécution, et la loi lui assigne une plus grande étendue; ce n'en était là, en quelque sorte, que la première partie; la seconde consistera dans la nécessité qui lui est imposée, d'une manière non moins formelle, de protéger cette possession contre toute action tendant à en dépouiller l'acheteur, et à rendre ainsi complètement illusoire ce premier acte de délivrance. Le vendeur doit donc conserver la possession à celui qu'il en a investi; il y a là une prestation incessamment répétée, ou plutôt continuée à tous les instants, afin de garantir l'exercice du droit une fois transmis, afin que l'acheteur puisse librement avoir la chose : « Obligatus est venditor ut rem emptori habere liceat, ut præstet licere habere. »

Ainsi, l'acheteur, attaqué par un tiers au sujet de la chose vendue, aura toujours son recours contre le vendeur dont la responsabilité n'a point cessé d'être engagée; il pourra exiger de lui la garantie des droits qu'il a dû lui transmettre, et pour soutenir sa défense, réclamer l'intervention de son auteur, *auctoritatis præstatio*, selon les termes de la vieille langue juridique des Romains.

Dans le contrat de vente apparaît donc nettement caractérisée et parfaitement reconnue cette obligation de garantir, c'est-à-dire de perpétuer la prestation, de renouveler à tout instant, s'il y a lieu, la délivrance de la chose qui en fait l'objet; c'est une obligation constante et non interrompue qui survit au premier acte d'exécution pour en assurer l'efficacité, car cet acte serait regardé comme illusoire s'il n'était d'ailleurs garanti; c'est la pensée qu'a formulée Pomponius dans un texte remarquable : « Ratio possessionis, quæ a venditore fieri debeat, talis est, ut, si quis eam possessionem jure avocaverit, tradita possessio non intelligatur. » (L. 3, Pr. D. *De act. empti*).

La nécessité de garantir est si intimement liée à l'acte même, en vertu de son caractère, il est si vrai de dire qu'elle est de la nature, sinon de l'essence, du contrat de vente, que, par la seule force des choses et sans aucune convention à ce sujet, le vendeur y sera assujetti, de même qu'il a dû tout d'abord opérer une première délivrance : « Non dubitatur et si specialiter evictionem venditor non promiserit, re evicta ex empto competere actionem. » (L. 6, Cod., *De evict.*). Et il en sera ainsi en principe quel que soit d'ailleurs l'objet de la vente : fonds de terre ou servitude, chose corporelle ou incorporelle, droit réel ou droit de créance, en tant que ce dernier peut être susceptible de vente et en tenant compte, selon les cas, du degré de responsabilité du vendeur, soit quant au profit à espérer, soit quant à la simple existence du droit cédé. (L. 4, 5, 8, 9, D., *De hered. vel act. vend.*). C'est, sans doute, afin de mettre l'État à l'abri de ces recours et de le placer en dehors des règles du droit commun, que l'empereur Zénon, complétant une disposition déjà édictée par Marc-Aurèle, voulut que celui qui avait reçu du fisc une chose, à quelque titre que ce fût, en devînt immédiatement propriétaire incommutable, en sorte que nul ne pût élever des prétentions contraires dans lesquelles le fisc aurait eu à intervenir comme garant. (§ 14, Inst. Just., *De usucap.* ; — L. 2, Cod., *De quadr. præscrip.*)

Une convention expresse pourrait seule affranchir de la nécessité de garantir; sauf le cas où elle aura été insérée dans l'acte, toute personne ayant pris dans le contrat la qualité de vendeur sera soumise à cette obligation, et on ne serait pas admis à invoquer plus tard un autre titre pour s'y soustraire. Le créancier, par exemple, qui en vendant le gage de son débiteur aura présenté la chose comme sienne, sera seul recherché en garantie par l'acheteur; celui-ci, en effet, n'a point à subir les conséquences d'une position que celui avec lequel il a traité est en faute de ne pas lui avoir fait connaître; c'est au moment du contrat que le créancier devait lui apprendre quels droits il avait en réalité sur la chose. Il ne restera d'autre ressource dans ce cas au créancier

qu'un recours contre le débiteur auquel cette garantie aura profité.
(L. 59, § 4, D., *Mandati;* — L. 22 et 23, D., *De pigner. act.*). Si,
au contraire, le créancier a eu le soin, en vendant la chose, de faire
connaître sa qualité, *jure creditoris*, ce n'est plus contre lui mais
contre le débiteur que sera donnée l'action en garantie. (L. 11, § 16,
D., *De act. empti*). L'acheteur ne pourra même dans ce cas refuser de
payer le prix au créancier, car il a été imprudent en traitant avec ce
dernier qui ne pouvait lui offrir la même confiance que celui même au
nom duquel il vendait; du reste, il aurait toujours contre lui l'action
de dol, s'il était prouvé qu'en vendant la chose il avait connaissance du
vice de la possession du débiteur, et dans tous les cas l'acheteur aurait
le droit de se faire céder, pour recourir contre le débiteur ainsi libéré,
l'action *pigneratitia contraria*, cession que le créancier sera tenu de
lui faire, en vertu de cette maxime d'équité : « « Cui non æquum
videbitur, vel hoc saltem consequi debitorem quod sine dispendio
creditoris futurum est? » (L. 38, 68, 74, § 1, D., *De evict.;* — L. 13,
Cod., *d. tit.;* — L. 59, § 4, D., *De fidej.;* — L. 22, § ult.; l. 23, D.,
De pigner. act.; — L. 2, Cod., *Cred. evict. pign.*)

Il est certain, en effet, que, dans l'hypothèse où le créancier, agissant comme tel, vend le gage dont il était nanti, il lui suffit d'en
faire la tradition pure et simple à l'acquéreur; si, au contraire, le
créancier vendeur n'est pas lui-même investi de la possession, il est
seulement tenu de prester à l'acquéreur les actions, telles quelles, dont
il pourrait s'aider lui-même pour se mettre en possession. (L. 13,
D., *De distr. pign. et hyp.*). Il résulte bien de là que cette tradition du vendeur ne doit pas être continue et perpétuelle.

Ne seront pas non plus tenues de la garantie, les personnes figu-
rant dans la vente à un titre qui exclut toute obligation personnelle :
par exemple, ceux qui ne font que donner leur consentement à
l'acte, ainsi le tuteur interposant son *auctoritas* « qui auctor est
non se obligat. » « Aliud est vendere, aliud vendenti consentire. »
(L. 160, D., *De div. reg. juris*); ou encore ceux qui ont simplement le caractère d'intermédiaires et qui, reconnus publiquement
comme tels, ne peuvent être recherchés, sauf le cas de dol, pour les
suites d'un acte auquel ils n'ont fait que prêter le secours de leur
ministère : tels étaient à Rome les *apparitores*, sortes d'agents de
l'autorité, employés pour l'exécution des sentences et qui intervenaient

dans les ventes judiciaires : « Nemo unquam dixit dandam in eos actionem re evicta. » (L. 50, D., *De evict.*)

III. Appliquons d'une manière analogue aux divers autres contrats les principes que nous venons de développer quant à la vente.

Pour apprécier l'étendue de l'obligation née du contrat, examinons la nature de la prestation qu'elle impose : si elle consiste dans un fait unique et instantané, l'exécution de ce fait aura pour résultat immédiat d'éteindre l'obligation ; si, au contraire, nous sommes, comme dans la vente, en présence de faits successifs ou continus, l'obligation, devant avoir des effets également continus, pourra se trouver presque indéfiniment perpétuée ; car s'il en était autrement le premier acte d'exécution serait complètement illusoire.

L'échange, par exemple, devrait être régi par les mêmes principes que la vente, dont il n'est que la forme première « species emptionis venditionis vetustissima, » si nous établissions entre ces deux faits juridiques une assimilation d'autant plus facile que l'analogie est à peu près complète, à tel point que les Sabiniens ne voulaient admettre aucune différence : « Sabinus et Cassius esse emptionem et venditionem putant. » (L. 2, D., *De contr. empt.; — § 2, Inst. Just., De empt. et vend.*), car leur nature est absolument identique : « Permutationem vicem emptionis obtinere non est juris incogniti. » (L. 2, Cod., *De rer. perm.*) « Permutatio vicina est emptioni. » (L. 2, D., *De rer. perm.*). Mais l'opinion des Proculéiens avait prévalu. La simple convention d'échange fut regardée comme un *nudum pactum* ne produisant aucune obligation civile, et l'échange demeura dans la classe de ces nombreux contrats formés *re*, que l'on ne prit pas le soin de pourvoir d'une action spéciale, et que la pratique a compris sous une qualification générale, indiquant précisément l'absence, à leur égard, de toute dénomination juridique. Ce n'est donc que par l'exécution que se formera le contrat ; et c'est la prestation effectuée par l'une des parties qui fait naître l'obligation de l'autre, *do ut des*. Dès-lors, on comprend qu'il ne suffit plus, comme dans la vente, de procurer la libre possession de la chose, il faut une translation de propriété, et voilà pourquoi la chose d'autrui ne peut faire l'objet de ce contrat : « Pedius ait alienam rem dantem nullam contrahere permutationem. » (L. 1, § 3 et 4, D., *De rer. perm.*); car il ne peut y avoir dation si la propriété n'a pas été acquise à celui qui reçoit : « Non videntur data quæ eo tempore quo dantur accipientis non fiunt. » (L. 167, D., *De div. reg. juris.*) En sorte que, si l'un des co-échangistes se trouve avoir seul exécuté son obligation, parce que l'autre lui aura livré la chose d'autrui, il aura contre lui une action en dommages-intérêts : « Ut damneris mihi quanti interest mea illud de quo convenit accipere. » (L. 5, D., *De præsc. verbis.; —* L. 29, Cod., *De evict.; —* L. 1, § 1, D., *De rer. perm.*); ou bien il réclamera sa propre chose, comme ayant été donnée sans cause : « Vel si meum recipere velim repetatur quod datum est, quasi ob rem datam re non secuta. » (D., *De condict. causa data*). Il y a donc également ici, mais sous un autre aspect que dans le contrat de vente, obligation pour chacun des co-échangistes d'effectuer une prestation, une délivrance continue : l'exécution par l'un d'eux a pour effet d'imposer à l'autre une exécution réciproque et non moins parfaite, qui aura sa garantie dans une action en indemnité ou en répétition.

IV. La *datio in solutum* nous paraît offrir, selon les circonstances dans lesquelles elle est employée, une analogie complète, tantôt avec la vente, tantôt avec l'échange. Laissant de côté l'opinion de Pothier qui, sans résoudre la question de savoir quel est celui de ces deux contrats dont les règles doivent être appliquées, accorde au créancier, par la faculté de choisir, une position trop favorable pour être juste, et aussi celle un peu subtile de plusieurs auteurs allemands, qui prétendent trancher la difficulté en distinguant, selon les écoles, l'extinction des obligations *ipso jure* ou *exceptionis ope*, nous dirons avec Cujas que le débiteur qui aura payé, *consentiente creditore*, une chose pour une autre, sera tenu, quant à la garantie, des mêmes obligations qu'un vendeur, et soumis à l'action *utilis ex empto*, lorsque, sa dette consistant en une somme d'argent, la *datio in solutum* aura été faite *pro pecunia*. (L. 24, D., *De pign. act.; —* L. 4, Cod., *De evict.*). Le débiteur sera, au contraire, traité comme un co-échangiste, et la première obligation continuera d'exister « manet pristina obligatio, » lorsque, la *datio in solutum* ayant eu lieu *pro specie*, le créancier aura été dépossédé de cette chose qu'il avait reçue à la place de celle qui lui était due : « Si quis aliam rem pro alia volenti solverit et evicta fuerit. » (L. 16, D., *De solut.*).

V. Le contrat de louage, dont les points de ressemblance avec le contrat de vente avaient été signalés par les jurisconsultes romains : « Locatio et conductio proxima est emptioni et venditioni, hisdemque juris regulis consistunt » (Inst. Just., *De loc. et cond.*), fait naître pour le locateur, à l'égard du locataire, des obligations analogues à celles du vendeur, bien qu'il n'y ait pas identité d'objet : il s'agit uniquement d'assurer au preneur la jouissance et non la possession légale de la chose pendant le temps convenu; mais le bailleur, comme le vendeur, est tenu à la garantie pour tous les troubles qui porteraient atteinte au droit consenti : « Ut ei præstetur frui quod conduxit licere. » (L. 9, D., *Loc. cond.*). C'est donc bien là une prestation continue, et sa durée doit être égale à celle de la location.

VI. Nous raisonnerons de même en matière de transaction : lorsque, pour terminer une contestation née, ou pour prévenir une contestation à naître, l'une des parties aura remis une chose à l'autre comme prix de son désistement, il se formera un contrat analogue à la vente ou plutôt à l'échange, et la garantie sera due pour la continuité de la prestation. Il en serait autrement si l'une des parties avait simplement abandonné à l'autre l'objet du litige, même moyennant une somme d'argent : l'obligation, dans ce cas, serait immédiatement réalisée dans toute son étendue par le seul fait de cet abandon, et celui auquel le délaissement a été fait ne pourrait, à raison d'un trouble quelconque dans la possession de cette chose, agir en garantie contre le délaissant, car celui-ci s'est engagé simplement à remettre la chose telle quelle : la somme reçue était le prix de son désistement et rien de plus. Pour que l'obligation du délaissant eût un caractère continu et donnât lieu à l'action en garantie, il faudrait qu'en abandonnant l'objet de la contestation, il eût reconnu et déclaré qu'il en était réellement propriétaire, mais qu'il le cédait pour une somme d'argent; dans ce cas, en effet, il y aurait un véritable contrat de vente, et l'obligation imposée au délaissant serait de la même nature que celle d'un vendeur. Cette solution n'implique pas du reste le moins du monde que dans notre pensée la transaction ait un effet purement déclaratif de droits ; elle a au contraire, croyons-nous, un effet véritablement translatif; seulement les droits sont transmis tels quels, et dès-lors sans garantie.

VII. C'est encore d'après les mêmes principes que nous apprécierons, dans le partage d'une hérédité, le caractère des obligations qui naissent entre les co-partageants. D'après la théorie romaine sur les effets du partage, nous devons, selon les cas, rencontrer ici une analogie à peu près complète, tantôt avec la vente, tantôt avec l'échange. Soit, par exemple, un fonds qui, par l'effet du partage, est attribué par adjudication, à suite de l'action *familiæ erciscundæ*, à un seul des co-partageants pour le tout, c'est là une vente : « Divisionem prædiorum vicem emptionis obtinere placuit. » (L. 1, Cod., *Comm. utr. jud.*), et celui qui aura reçu ce fonds héréditaire pourra, en cas de trouble, agir en garantie contre ses cohéritiers; le juge est même tenu, en faisant l'adjudication, d'assurer l'efficacité de ce recours : « Item curare debet ut de evictione caveatur his quibus adjudicat. » (L. 25, § 21, D., *Famil. ercisc.*). Il en sera de même quand l'hérédité aura été partagée également entre tous les héritiers; il est alors intervenu entre eux une sorte de contrat d'échange : « Permutatio rerum communionem discernens. » (L. 77, § 18, D., *De leg.*, 3°), et la garantie sera due à celui dont la part viendrait à souffrir quelque atteinte, sauf à distinguer si l'héritier connaissait le vice de la chose qu'il recevait et a voulu le prendre à ses risques, car il ne saurait être recevable, dans ce cas, à exercer un recours : « Si fundi scientes obligationem dominium suscepistis, tantum evictionis promissionem solennitate verborum vel pacto promissam probantes eos conveniendi facultatem habebitis. » (L. 7, Cod., *Comm. utr. jud.*). Mais s'il n'en avait pas connaissance ou n'a pas voulu en accepter la charge, il aura une action contre ses cohéritiers dont l'obligation n'aura pas été remplie, afin d'obtenir une nouvelle prestation qui rétablisse l'égalité du partage et une indemnité pour le préjudice qu'il aura éprouvé : « Recte possessionis evictæ detrimentum fratrem et coheredem tuum pro parte agnoscere præses provinciæ per actionem præscriptis verbis compellit. » (L. 7, Cod., *Comm. utr. jud.*; — L. 66, § 3, D., *De evict.*; — L. 11, Cod., *Fam. ercisc.*).

Il en sera encore de même si le partage a été fait par le *de cujus* avant sa mort entre ses héritiers, pourvu qu'il s'agisse d'héritiers siens, car, si ce sont des héritiers externes, il n'y a pas, à proprement parler, un partage de succession ; ces dispositions constituent simplement des legs, et il ne peut y avoir lieu à garantie pour les parts respectives de chacun.

Que faudrait-il décider s'il s'agissait, non plus du partage, mais de la vente d'une hérédité ? Il y a lieu de distinguer : si le vendeur a aliéné tous les objets individuels qui composent l'hérédité, il est tenu de la dépossession qui porterait même sur un seul de ces objets; si au contraire il a vendu l'hérédité elle-même, considérée comme universalité juridique, il n'est tenu de garantir que l'existence du droit, et n'a pas à répondre du trouble qui n'atteindrait que les objets constituant l'ensemble de l'hérédité. Il faut du reste remarquer que, pour l'application de cette solution, il suffira qu'il y ait eu entre deux parties une convention ayant pour objet la vente d'une hérédité, et il n'est pas nécessaire de supposer qu'il est intervenu une *cessio in jure* s'appliquant soit à une *hereditas adita*, soit à une *hereditas delata*. Par conséquent, la même solution devra être admise dans tous cas de vente d'universalité juridique, telle, par exemple, qu'un pécule. (L. 5, D., *De evict.*; —L. 33, D., *De act. emp.*).

VIII. Quelle sera l'application des principes que nous venons de développer, quand il s'agira d'apprécier les obligations résultant d'un acte à titre gratuit? Trouverons-nous ici ce caractère de continuité dans la prestation qui permettra au bénéficiaire, ayant déjà reçu une première délivrance, de recourir contre le disposant ou contre celui qui aura exécuté en son nom et par son ordre, pour en obtenir la garantie?

Il suffit de considérer la nature même de ces actes pour décider tout d'abord et d'une manière générale qu'ils ne sauraient donner naissance à une telle obligation. Y a-t-il en effet ici en principe un engagement contracté, abstraction faite d'ailleurs de toutes les modifications qui peuvent résulter de l'accord des parties ou des formes extrinsèques de l'acte? Non: il s'agit d'une pure libéralité dont l'auteur a pu trouver le mobile dans les inspirations de son cœur ou même de sa conscience, mais qui en définitive ne lui était dictée par aucune disposition de la loi « nullo jure cogente, » et ne pouvait être réclamée en vertu d'aucun titre. Il n'a rien promis, on n'a donc rien à lui demander; et si, par une cause quelconque, mais sans dol ou faute lourde « quæ dolo æquiparatur » qui lui soit imputable, la prestation qu'il a effectuée n'a pu avoir son plein et entier effet, sur quoi se fonderait-on pour lui reprocher l'insuffisance de sa générosité ou le sommer de

se montrer plus généreux encore? Il n'était point tenu: quelle que soit
sa prestation, elle est donc en quelque sorte surabondante et placée
tout entière au-delà des limites du droit, de l'obligation : « Etenim
quid se restiturum donator repromittit, quando nullum pretium
interveniat? » (L. 62, D., *De œdil. edict.; —* L. 2, Cod., *De evict.*).
Sans doute si par une stipulation expresse le disposant s'est engagé
à assurer la continuité de sa délivrance, il pourra être recherché
en cas de trouble ou de dépossession; mais, s'il est tenu dans ce cas,
c'est uniquement en vertu de son engagement et non par la force même
de l'acte qu'il a accompli : « Sciendum est enim nihil interesse ex qua
causa duplæ stipulatio fuerit interposita, utrum ex causa emptionis an
ex alia ut committi possit » (L. 52, D., *De evict.*).

Donc, si nous supposons qu'il s'agisse d'une donation, il faut reconnaître que le donataire ne sera jamais admis à intenter l'action
en garantie contre l'auteur de la libéralité « Quia lucrativæ rei possessor ab evictionis actione ipsa juris ratione depellitur » (§ 5,
Sent. Paul., *De donat.*), à moins qu'il ne l'eût formellement réservée
par une stipulation expresse. Une simple convention à cet effet ne pourrait suffire, car, la promesse de donner n'étant qu'un *nudum pactum,* qui n'acquiert de valeur légale que par la réalisation, le *pactum
adjectum* ne pourrait avoir plus de force que la convention principale:
ainsi s'explique la Constitution des empereurs Sévère et Antonin :
« Nudo autem pacto interveniente minime donatorem hâc actione
teneri certum est » (L. 2, Cod., *De evict.*). Il faut, d'après l'opinion
commune, décider qu'il en doit être ainsi même dans le dernier état
du droit, alors que Justinien avait fait de la convention de donner un
pactum legitimum: car, dit-on, cette disposition nouvelle ne saurait
être étendue, et son application doit être bornée aux pactes qu'elle a
spécialement prévus. Nous hésitons cependant à adopter cette opinion;
il nous paraît que la clause de garantie, jointe par un pacte à la promesse de donner, constitue à elle seule une libéralité nouvelle, distincte de la première. Si, en effet, la clause de garantie intervenait *ex
post facto, animo donandi,* de la part du donateur, il faudrait
nécessairement la considérer comme une libéralité nouvelle, consistant
par elle-même, *stans per se,* et devant dès-lors bénéficier de la législation de Justinien. Or, s'il en doit être ainsi quand la convention de
garantir est postérieure à la donation, pourquoi en serait-il autrement
quand elle est concomitante?

Ainsi le donateur sera à l'abri de toute action, si on ne peut invoquer contre lui une clause spéciale l'obligeant à la garantie. C'est là un principe si incontestablement reconnu que, même dans le cas où il aurait sciemment donné la chose d'autrui, il ne pourrait être recherché par l'action de dol que pour le dommage qui aurait pu ainsi être causé au donataire, le *damnum emergens*, et nullement pour la perte même de la chose, le *lucrum cessans*, car s'il était tenu d'après les règles du droit commun de ne causer de préjudice à personne, rien ne le forçait à procurer un avantage à autrui. (L. 18, § 3, D., *De donat.;* — L. 62, D., *De ædil. ed.;* — L. 131, § 1, D., *De verb. oblig.*).

Toutefois ces principes ne peuvent recevoir leur application d'une manière absolue qu'autant que la donation conservera son caractère de pure libéralité, *mera liberalitas;* il n'en serait plus de même si elle était faite à titre rémunératoire et pour satisfaire à une véritable obligation : ce ne serait alors autre chose qu'un paiement, et il faudrait en appliquer les règles ou celles de la *datio in solutum*, pour apprécier l'étendue de l'engagement de ce prétendu donateur; c'est ainsi que s'explique la loi 27 (D., *De donat.*). De même, si la chose n'avait été donnée qu'afin d'en recevoir une autre à la place, la donation apparente serait au fond un véritable échange : le donateur, dans ces deux cas et généralement dans tous ceux qui présenteraient une position analogue, se trouvant dans la nécessité d'acquitter une obligation, serait tenu d'assurer la continuité de la délivrance, et il y aurait lieu à garantie. (L. 25, § 11, D., *De hered. petit.;* — L. 26, D., *De rer. perm.*).

IX. La dot n'est qu'une donation effectuée dans des circonstances et dans un but particuliers : elle doit donc, en principe, être régie par les mêmes règles que la donation ordinaire.

Si le constituant qui a donné la chose d'autrui peut être ultérieurement recherché comme n'ayant point accompli la prestation promise, ce n'est point en vertu de la nature même de l'acte, mais parce que les formalités de la constitution auront fait naître à son égard une obligation à laquelle il n'aura point satisfait par une première délivrance. On reconnaissait, en effet, trois manières de constituer la dot : la dation, la diction, la promission : « Dos aut datur, aut dicitur, aut promittitur. » (§ 1, Ulp. Reg., *De donat.*). La constitution par simple dation n'est qu'une pure donation dont l'exécution n'a pu évidemment faire naître pour le donateur l'obligation de garantir ; et, quoi qu'il arrive, sa responsabilité ne peut se trouver engagée : « Si quidem bona fide eadem res in dotem data est, nulla marito competit actio. » (L. 1, Cod., *De jure dot.*) ; sauf, bien entendu, le cas de dol, qui permettra toujours au mari d'agir contre le constituant, soit par l'action même de dol, soit par une simple action *in factum*, si le constituant est la femme elle-même : « Ne famosa actio adversus eam detur » (*d. l.*). Il importe cependant d'examiner si la manière dont a été opérée cette dation n'en a point modifié le caractère ; si, en effet, elle a été accompagnée d'une estimation, il y aura une sorte de vente, et le constituant sera soumis, quant à la garantie, aux mêmes obligations qu'un vendeur ; car c'est une règle générale, et également applicable en cette matière, que l'estimation de la chose livrée en vaut vente, si les parties n'ont disposé autrement : « Secutis nuptiis æstimatio rerum perficitur et fit vera venditio. » (L. 1, Cod., L. 10 et 16, D., *De jure dot.;* — L. 3, D., *Loc. cond.*)

Mais la situation change si la dot a été constituée par diction ou promission : alors, en effet, la donation se trouve fortifiée par l'obligation résultant des paroles sacramentelles ; la constitution de la dot était une pure libéralité ; son acquittement est devenu une obligation ; et, pour satisfaire à cet engagement nouveau, il ne suffira plus d'une tradition qui amènera aussitôt la libération « traditione protinus reum liberari, » il faudra que la continuité de la délivrance en garantisse l'efficacité.

Ces principes, quant au caractère intrinsèque de la constitution de dot, ne sauraient être contestés, et l'on ne reconnaissait dans cet acte qu'une donation, lorsqu'il émanait d'un étranger, c'est-à-dire d'une personne à laquelle la loi n'en imposait pas l'obligation. Or, d'après les principes du droit romain, que justifiait d'ailleurs l'organisation de la famille, le père, ou plutôt l'ascendant qui avait la puissance paternelle, le *paterfamilias*, était seul tenu de doter. (L. 19, D., *De rit. nupt.;* — L. 7, *in med.*, Cod., *De dot. prom.*). Il paraît cependant que la même obligation existait, dans l'ancienne législation, pour le frère consanguin, puisque Paul, dans la loi 12, § 3 (D., *De adm. et per. tut.*), a cru devoir faire remarquer qu'il n'en était pas ainsi pour le frère non consanguin « non dabit dotem sorori alio patre nata ». Quant à la mère ou à toute autre ascendante, ce n'était là, du moins en règle ordinaire, qu'une obligation purement morale, *pietatis causa*, dépourvue par conséquent de toute action : « Neque mater pro filia dotem dare cogitur, nisi ex magna et probabili causa, vel lege specialiter expressa. » (L. 14, Cod., *de Jure dot.*). L'obligation du père était, au contraire, sanctionnée par la loi *Julia* et par les Constitutions formelles des empereurs : « Neque enim leges incognitæ sunt quibus cautum est omnino paternum esse officium dotem vel ante nuptias donationem pro sua dare progenie. » (L. 7, Cod., *De dot. prom.;* — L. 5, § 12, D., *De jure dot.;* — L. 13 et 19, Cod., *De heret. et man.;* — Nov. 97, cap. vi). Il semblerait donc parfaitement rationnel d'admettre, comme conséquence naturelle de cette obligation, que le père, après avoir effectué la délivrance de la dot, sera aussi tenu de la garantir, sans quoi son obligation n'aurait reçu qu'une exécution illusoire. Cette opinion a, en effet, rencontré des partisans, surtout parmi les jurisconsultes allemands; cependant il faut bien reconnaître qu'elle ne peut s'appuyer sur aucun texte, et que même elle est formellement contredite par la loi 1, Cod., *De jure dot.* Nulle loi n'accorde au mari un recours contre son beau-père à l'occasion de l'éviction de la dot constituée : on invoque, il est vrai, la loi 34 (D., *De jure dot.*), où on lit ces mots : « Quia res evicta est, marito competit adversus socerum actio »; mais il ne s'agit point dans ce texte, tout nous le prouve, d'une dot simplement *data;* il a dû au contraire intervenir une vente par l'effet de l'estimation; c'est ce qui résulte clairement de ces expressions : « pater puellæ id aurum in dotem viro ADPENDIT », et dès-lors on comprend que, si le père est tenu à la garantie, c'est seulement en vertu de la règle ordinaire, appliquée même à l'égard des étrangers, pour le cas où la constitution de dot a été suivie d'une estimation qui en change le caractère. Ce texte ne peut donc servir de fondement à un principe général qui obligerait le père à répondre de la dot qu'il a constituée; en outre, il résulte bien clairement de la loi 1 (Cod., *De jure dot.*), que la constitution de dot par le père est complètement assimilée, dans les cas ordinaires, à celle qui émanerait d'un étranger. Cette loi en effet décide en termes exprès, et sur lesquels aucune équivoque n'est possible, à moins qu'on prétende en nier l'authenticité, que le mari, soit que la dot ait été constituée par le beau-père ou par la femme elle-même, n'aura point d'action en garantie s'il vient à être dépossédé : « Nulla marito competit actio », pourvu que d'ailleurs, il n'y ait eu ni estimation, ni pollicitation, ni promission, et la loi 35 (D., *De jure dot.*) vient encore à l'appui de cette opinion.

On peut supposer, en effet, que le mari, n'ayant employé pour garantir l'efficacité de la prestation aucun des moyens que la loi mettait à sa disposition, a accepté telle quelle la constitution, et a pris sur lui tous les risques de la chose dotale. Nous croyons cependant qu'il devrait toujours, et même dans ce cas, pouvoir exercer contre son beau-père une action d'aliments, afin d'obtenir de lui de quoi remplir l'obligation de nourrir sa femme et ses enfants, obligation qu'il n'avait sans doute acceptée par le mariage qu'en considération des ressources qui devaient lui être apportées; il était d'ailleurs reconnu que l'obligation de nourrir ses enfants, fondée sur les principes les plus sacrés du droit naturel, survivait à la puissance paternelle, lorsque celle-ci venait à s'éteindre, ce qui du reste n'avait pas lieu par le seul effet du mariage : « Et magis etiamsi non sunt liberi in potestate alendos à parentibus. » (L. 5, § 1, D., *De agnosc. et al. lib.*).—Tels sont les principes qui nous paraissent avoir été en vigueur pendant toute la période classique. Mais nous reconnaissons que Justinien leur fit subir une grave modification, en assurant la possession de la dot par la femme au moyen d'une hypothèque tacite. La conséquence de cette mesure fut de rendre le père hypothécairement tenu en cas d'éviction : « Damus ex utroque latere hypothecam, sive,..... Sive ex parte mulieris pro ipsa dote præstandæ, vel rebus dotalibus evictis. » (L. 1, § 1, Cod., *De rei uxoriæ act.*).

 X. Examinons enfin un autre genre d'actes à titre gratuit qui offre la plus grande analogie avec la donation, dont il n'est, pour ainsi dire, qu'une espèce particulière : nous voulons parler des legs : « Legatum est donatio quædam a defuncto relicta. » (§ 1, Inst., Just., *de Leg.*; — L. 36, D., *De leg.*, 2°). Quelles que soient les modalités employées et les droits réels ou de créance qui en résulteront pour le bénéficiaire, le legs simple ne sera jamais, de la part du testateur, qu'un acte de libéralité qui n'a pu prendre sur sa tête le caractère d'une obligation; c'est donc seulement dans la personne de l'héritier que cette obligation commencera d'exister; quant à lui en effet il sera tenu, en vertu même du testament, à une délivrance dont le mode sera subordonné à la forme du legs et aux droits dont

2

l'impétrant aura été investi par les termes de la disposition. Mais ce qu'il nous importe de déterminer pour le moment est l'étendue de la responsabilité de l'héritier quant à cette délivrance, et nous n'avons point à nous préoccuper, à cet égard, du rôle plus ou moins actif qu'il pouvait être appelé à jouer, selon que la chose était léguée *per vindicationem, per damnationem, per præceptionem*, ou *sicendi modo*. Distinguons seulement si le legs est d'un corps certain ou d'une chose déterminée simplement quant au genre : dans le premier cas, l'obligation de l'héritier sera pleinement remplie par la délivrance de l'objet spécialement désigné; sa prestation est parfaite par ce seul acte d'exécution, et il n'est tenu d'aucune garantie : « Si certus homo legatus est, talis dari debet qualis est..... Fundus legatus talis dari debet qualis relictus est..... Nec ullum in legato damnum facere intelligeretur. » (L. 15, § 2; L. 56, 70, 116, § 1, *De leg.*, 1°); sauf au légataire à établir, en cas de dépossession, que le testateur avait légué sciemment la chose d'autrui, afin de contraindre l'héritier à la racheter ou à lui en payer l'estimation. (L. 10, Cod., *De leg.*; — L. 10, in f., D., *De auro et arg.*; — § 1, Inst. Just., *De leg.*). Mais si la chose léguée n'a pas été spécialement déterminée, « non nominatim legatum, » l'obligation de l'héritier sera plus étendue : il ne suffira pas alors qu'il fasse au légataire la délivrance d'une chose de l'espèce désignée, car cette prestation, une fois effectuée, ne saurait remplir les intentions du testateur, ni suffire à l'exécution de l'obligation de l'héritier, débiteur d'un genre et non d'une individualité : le légataire aura donc le droit d'exiger la garantie de cette délivrance, et il aura dans ce but l'action *ex testamento :* « Quia non videtur heres dedisse quod ita dederat ut habere non possis. » (L. 29, § 3, D., *De leg.*, 3°).

CHAPITRE II.

Historique et caractère de l'obligation de garantir.

SOMMAIRE.

I. Raison des antiques formes de la vente *per æs et libram.*

II. Dans les limites de la *nuncupatio*, le vendeur pouvait être primitivement tenu au double.

III. Dédoublement du contrat et du *modus adquirendi dominii;* — Influence de ce dédoublement sur l'obligation de garantir; — La *nuncupatio* détachée de la *mancipatio* engendre la *stipulatio duplæ.*

IV. La garantie devient de la nature du contrat de vente.

I. Les notions qui précèdent sur l'obligation de garantir et sur les divers rapports de droit dans lesquels elle prend naissance, nous permettent déjà d'apprécier l'importance et l'utilité du rôle qu'elle est appelée à jouer dans les diverses circonstances où elle apparaît. Sans doute, elle ne sera jamais qu'une obligation accessoire, mais elle viendra donner la consécration la plus énergique à ces deux grands principes d'équité naturelle reconnus par toutes les législations : « Nul ne doit s'enrichir aux dépens d'autrui. — Les conventions tiennent lieu de loi entre les parties qui les ont faites. » Par elle, en effet, se trouve sauvegardée l'inviolabilité des engagements et l'efficacité des promesses, dont une prestation pleine et entière assure le parfait accomplissement.

Nous devons maintenant rechercher quel est le caractère, quelle est la nature de ce lien de droit qui fait l'objet de notre étude, et à quelle catégorie il doit être rattaché dans le classement général des obligations.

Les obligations, considérées sous le rapport des actions qui les sanctionnent et des pouvoirs conférés au magistrat pour en apprécier l'étendue, sont divisées par les Romains en deux grandes classes : celles de droit strict, celles de bonne foi : « Actiones autem quædam bonæ fidei, quædam stricti juris. » (§ 28, Inst., Just., *De act.*). Si nous voulons examiner quel était à ce point de vue le caractère de l'obligation de garantir, nous croyons qu'il importe d'abord de se rendre exactement compte de la manière dont cette obligation avait été comprise, de la consécration juridique qu'elle avait primitivement reçue,

et dans ce but nous devons surtout nous attacher à préciser le caractère de cette forme particulière sous laquelle elle se produisait le plus
souvent, de la *stipulatio duplæ*. C'est dans son origine même que
nous trouverons l'explication du rôle important qu'elle a été appelée à
jouer dans la législation romaine, comme sanction ordinaire de l'obligation de garantir.

L'histoire de la *stipulatio duplæ* est intimement liée à celle de la
vente, et de même que nous avons pris ce contrat pour type et point
principal de notre étude, quand nous avons cherché à déterminer l'utilité de la garantie, de même, en remontant aux formes primitives
de la vente, nous trouverons dans ces notions historiques des rensei-
gnements directs sur l'origine même de la *stipulatio duplæ*.

La vente, nous dit Justinien, est un contrat par lequel on s'engage
à livrer une chose moyennant un prix qui doit consister en argent
monnayé. Mais si cette définition de la vente convient bien à un peuple
civilisé, elle ne saurait guère s'appliquer à ces nations encore à peine
formées qui ne comprennent les transactions commerciales que dans
la limite des besoins les plus impérieux du moment, et n'apprécient
la valeur d'un objet que par la comparaison avec un autre qu'il s'agira
de donner pour obtenir celui qu'on désire : « Quando plerumque
evenit ut quod alteri superest alteri desit. » L'échange, voilà donc
quelle fut la forme primitive du contrat de vente : « Origo emendi
vendendique à permutationibus cœpit ; » et, même dans les temps
les plus civilisés, nous voyons les jurisconsultes se demander s'il y
avait au fond une différence sérieuse à établir entre ces deux variétés
d'un même contrat.

Donner ce qu'on a de superflu pour recevoir à la place ce dont on
manque, ce n'est pas encore assez, et pour satisfaire plus facilement
les besoins de chacun, on ne tarde pas à considérer plus particulièrement certains objets dont la valeur intrinsèque devra servir de mesure
et d'appréciation : ces objets sont les métaux. On ne songe pas, tout
d'abord, à leur assigner telle forme particulière, à leur imposer, au
nom d'une autorité quelconque, une marque, un titre qui en fixe la
valeur d'une manière constante et absolue : c'est tout simplement un
lingot offert par celui qui demande, accepté par celui qui livre une
chose en échange. Or, le terme de comparaison entre l'objet donné et
l'objet reçu ne pouvant se trouver que dans la valeur apparente des

choses, on dut recourir, pour déterminer cette valeur, à l'appréciation de la qualité matérielle la plus certaine, le poids. De là cette *venditio per œs et libram* dont les formalités multiples, qui nous ont été conservées par Gaïus, s'expliquent tout naturellement dans l'état relativement primitif de la nation qui l'emploie. Outre le *libripens* et les parties contractantes, nous voyons exigée la présence de cinq témoins « adhibitis non minus quam quinque testibus » qui, suppléant à l'écriture, attesteront la vérité de l'acte accompli.

II. Mais ces formalités n'ont qu'un seul but : la translation de la propriété et la publicité de cette translation. Quant aux clauses particulières du contrat, aux conventions par lesquelles les parties voudront en régler les conditions d'exécution, on y pourvoira au moyen de paroles spéciales dont l'usage a été consacré, et qui sont ainsi devenues les paroles solennelles de la nuncupation *(nuncupatio)* « nuncupare est palam denuntiare, » sorte de complément du contrat dont nous trouvons la trace dans un passage de la loi des XII Tables : « Quum nexum faciet mancipiumque, uti lingua nuncupassit, ita jus esto. » C'étaient ces conventions verbales, recueillies par les témoins, qui assuraient à la volonté des parties une pleine et entière exécution, et, dès lors, tout ne se bornait plus à cette prestation effectuée devant le *libripens*, mais les parties étaient encore tenues de toutes les obligations qui avaient pris naissance dans les paroles de la nuncupation. C'est ainsi que l'on prenait soin d'exiger, de la part de celui qui livrait l'objet, la promesse de rendre utile cette translation de propriété, en répondant de tous les vices qui pourraient en altérer l'efficacité; et c'était là une clause ordinaire que l'acheteur avait toujours le droit d'imposer au vendeur, car elle était prévue par un texte formel de la loi des XII Tables, qui ne nous est point parvenu directement, mais dont Cicéron nous a conservé l'économie : « Ac de jure quidem prædiorum sancitum est apud nos jure civili ut in his venditionibus vitia dicerentur quæ nota essent venditori; nam cum ex XII Tabulis satis esset ea præstari quæ essent lingua nuncupata, quæ qui inficiatus esset dupli pænam subiret : a jurisconsultis etiam reticentiæ pæna est constituta, quidquid enim esset in prædio vitii, id statuerunt, si venditor sciret, nisi nominatim dictum esset, præstari oportere. » (*De officiis*, III, 16.)

On le voit donc bien clairement, l'acte de translation de propriété, accompli par l'intermédiaire du *libripens*, n'avait point pour effet d'imposer au vendeur l'obligation de faire jouir paisiblement l'acheteur en le mettant à l'abri de toute cause de trouble et en le garantissant des vices qui pourraient nuire à cette jouissance. Le vendeur n'était absolument tenu de rien, s'il n'avait rien déclaré; ce n'était qu'en vertu de la nuncupation, de cette formalité verbale qui accompagnait l'acte matériel, que sa responsabilité pouvait se trouver engagée à cet égard. Tout ce qui avait été déclaré dans la nuncupation devait être exécuté, car il y avait là une obligation expresse. Cette obligation était renfermée dans les strictes limites de la promesse, mais une action énergique en assurait l'accomplissement, et c'est surtout cette action qu'il nous importe ici de noter. Si le vendeur refusait de se soumettre à toutes les conséquences de la nuncupation intervenue entre lui et l'acheteur, s'il contestait l'existence de son engagement ainsi contracté, il y avait contre lui la sanction du double : « Quia qui inficiatus esset dupli pœnam subiret. » C'est bien là une première consécration de cette maxime : « Lis inficiando crescit », qui devint plus tard d'une application constante dans un certain nombre de cas : « Adversus reos quidem inficiantes ex quibusdam causis dupli actio constituitur » (INST. GAII, IV, § 2. — INST. JUST., § 1, *De pœna temere litig.*), et dont nous trouvons dans un passage de Paul une application spéciale à la vente : « Distracto fundo si quis de modo mentiatur, in duplo ejus quod mentitus est officio judicis æstimatione facta convenitur. » Mais ce qu'il y a surtout, dans cette disposition, de remarquable pour nous, c'est que là aussi, dans cette sanction toute primitive des obligations du vendeur, se dessine nettement cette obligation au double qui pourra être dans la suite encourue par quiconque n'aura pas assuré l'efficacité de la délivrance opérée en vertu du contrat.

Sous cette première forme, à cette première époque, l'obligation de garantir ne résulte donc que d'une convention expresse; elle ne découle pas naturellement de cet acte solennel, de cette *venditio per æs et libram* qui alors s'effectuait dans toute sa rigueur, car c'était le seul mode d'aliénation, quelle que fût d'ailleurs la chose qui en faisait l'objet.

Bientôt la civilisation fait un pas de plus : les actes d'aliénation sont devenus de jour en jour plus fréquents, et l'on a compris la nécessité de substituer à ces formes, que leur longueur et leur complication rendaient souvent incommodes et difficiles, un système plus simple et plus expéditif. Au lieu de peser ce métal qui doit être donné en échange, opération qu'il fallait réitérer à chaque acte nouveau, on imagine d'assigner une valeur déterminée et une forme spéciale au lingot primitif, en sorte que, par l'inspection seule du titre, on puisse être fixé sur l'équivalent numérique à fournir pour prix de la chose vendue, sans d'ailleurs recourir désormais à la pesée. « Electa materia est cujus publica ac perpetua æstimatio difficultatibus permutationum æqualitate quantitatis subveniret. » (L. 1, Pr., D., *De contr. emp.*). Dès lors, il semble que le mode primitif doit complètement tomber en désuétude, car à quoi bon compliquer une opération maintenant aussi facile? Il en fut ainsi, en effet, pour la plupart de ces choses, d'une importance d'ailleurs secondaire, qui faisaient dans les relations de la vie l'objet de transactions de tous les instants; pour elles, on se référa aux principes du droit des gens, qui désormais allaient dominer dans la matière, et on admit que la simple tradition, jointe à la numération des espèces, suffirait pour en transférer la propriété. Mais il en était d'autres qui formèrent encore une catégorie à part, à raison du prix et de l'importance qui dès l'origine y étaient attachés, et parce qu'elles touchaient de plus près à la fortune publique, dont elles constituaient le principal élément. Pour ces choses, la simple tradition, jointe à la numération des espèces, ne fut pas regardée comme suffisante; l'on continua d'exiger la *venditio per æs et libram*, la mancipation, et ce fut là le mode d'aliénation vraiment romain. Seulement cette mancipation, pur hommage rendu aux anciens principes, n'est plus réellement effectuée; elle se réduit à des formalités symboliques, dont le but unique est alors de donner au transfert de la propriété un caractère solennel et essentiellement civil, de le placer au nombre de ces *actus legitimi* que la loi entoure d'une protection toute particulière. C'est avec ce caractère que se conserva, malgré les influences nouvelles, la forme primitive d'aliénation, et on la retrouve, dans la législation romaine, aussi longtemps que la distinction des choses *mancipi*.

III. Grâce à ces transformations, le droit subit des modifications remarquables dans la matière qui nous occupe. Sous l'empire des principes que nous avons d'abord exposés, le vendeur, nous l'avons dit, ne devait à l'acheteur que ce qu'il avait déclaré dans la nuncupation qui avait accompagné la *venditio per æs et libram :* rien de plus, rien de moins; seulement, en cas d'inficiation, nous avons vu qu'il encourait la peine du double. Plus tard, sous l'influence prépondérante du droit des gens, la vente est devenue un contrat consensuel, c'est-à-dire que le lien obligatoire est valablement formé par la convention des parties, indépendamment de toute formalité extérieure, et comme un tel contrat était synallagmatique, il devint nécessairement un contrat de bonne foi. Dès lors il fallut distinguer entre le contrat, générateur d'obligations réciproques, et l'acte translatif de propriété qui devait en consacrer l'exécution, et à partir de ce moment il n'y eut plus, à proprement parler, de *venditio per æs et libram :* il y eut l'*emptio venditio* du droit des gens, et puis la mancipation ou la simple tradition, qui en était la conséquence : c'était un dédoublement de cet acte primitif, antérieurement employé, qui contenait à la fois et la vente et la translation de propriété. Cependant les anciens principes avaient été maintenus lorsque l'*emptio venditio* était exécutée au moyen d'une mancipation; c'est pourquoi nous lisons dans Paul : « Res empta, mancipatione et traditione perfecta, si evincatur, auctoritatis venditor duplo tenus obligatur. » (SENT., *Lib.* II, *Tit.* 17, § 3). Comment, dans cette circonstance, le vendeur est-il obligé au double? Cela tient-il à la nature du contrat de vente? Évidemment non; cela tient uniquement à ce que la vente a été exécutée au moyen d'une mancipation et que la mancipation contient virtuellement en elle la nuncupation : « Mancipatio nuncupationem in se continet. » C'est à quoi Cicéron faisait allusion dans le passage que nous avons cité; c'était donc la mancipation plutôt que la vente elle-même qui engendrait l'obligation au double dont parle Paul. Mais on sait que la nuncupation finit par être détachée de la pesée *per æs et libram,* et donna ainsi naissance à la stipulation. Or, du moment que la stipulation se trouva par là isolée de la mancipation, il fut possible de l'utiliser à l'instant même de la formation du contrat, avant toute exécution, pour garantir, au moyen d'une clause pénale, la libre possession de l'acheteur, et, par réminiscence de la peine du double, dont parlait la loi des XII Tables, il fut admis, dans la pratique des affaires, que cette stipulation serait en général du double. Quant à la question de savoir quel était à cette époque l'objet direct et le caractère véritable d'une telle stipulation, nous répondrons qu'il est infiniment probable que c'était là simplement une *stipulatio doli*, dont l'intérêt était principalement manifeste lorsque le vendeur d'une chose *mancipi* s'était borné à en faire la tradition : alors, en effet, selon la rigueur des principes, le vendeur, restant toujours investi du *dominium ex jure Quiritium*, pouvait, soit lui-même, soit ses héritiers, agir contre l'acheteur par l'action en revendication; il est vrai que ce dernier ne tarda pas à pouvoir paralyser cette action par l'exception *rei venditæ et traditæ;* mais, avant l'introduction de ce remède, d'origine toute prétorienne, on doit supposer que c'était en stipulant du vendeur le double du prix, que l'acheteur se mettait à l'abri de toute tentative de dépossession provenant du chef du vendeur ou de ses héritiers : « spondebat per se venientesque à se personas non fieri quo minus habere liceret. » (L. 11, § 18, D., *De act. emp.*).

L'exception *rei vinditæ et traditæ* rendit cette stipulation inutile pour le cas où l'éviction proviendrait du chef du vendeur ou de ses représentants universels; mais comme elle pouvait provenir d'autres personnes auxquelles la même exception ne serait pas opposable, la stipulation du double fut conservée par l'usage : seulement elle prit alors un tout autre caractère, et fut conçue d'une manière absolue. D'autre part, comme la nature du contrat de vente exigeait que le vendeur se conformât de bonne foi à tout ce qui était prescrit par l'usage, il fut admis que cette stipulation pourrait même être suppléée quand elle n'aurait pas été faite. C'est par application de cette idée qu'Ulpien a pu dire : « Quia assidua est duplæ stipulatio, idcirco placuit etiam exempto agi posse, si duplam venditor mancipii non caveat : ea enim quæ sunt moris et consuetudinis in bonæ fidei judiciis debent venire. » (L. 31, § 20, D., *De ædil. ed.*). Voilà aussi ce qui nous explique le principe énoncé par Paul quand il dit, en s'occupant du cas où il y a eu simple tradition : « Si res simpliciter traditæ evincantur; tanto venditor emptori condemnandus est quanto si stipulatione pro evictione cavisset. » (SENT., *Lib. II, Tit. 17, § 3*), et ailleurs : « Si duplo non promitteretur; et eo nomine agetur, dupli condemnandus est reus. » (L. 2, D., *De evict.*). Et maintenant il sera facile de comprendre pourquoi, dans le paragraphe suivant de ses Sentences, Paul déclare que le vendeur est strictement tenu au double s'il y a eu manci-

pation. Voici, en effet, quel pouvait être le raisonnement du jurisconsulte : s'il y a eu mancipation, pas de difficulté ; comme la mancipation contient virtuellement la nuncupation, par application des
anciens principes, le vendeur est tenu au double de plein droit « duplo
tenus obligatur » ; s'il y a eu au contraire simple tradition, il semble que le vendeur ne devrait pas être tenu ; mais comme cette stipulation est toujours admise par l'usage et obligatoire pour le vendeur, on décide que ce dernier sera pareillement tenu, absolument
comme s'il y avait eu stipulation. S'il en est ainsi ; s'il est exact de
prétendre que le vendeur sera aussi bien tenu quand il n'y a pas eu
stipulation que lorsqu'il y en a eu, on peut se demander de quoi
servira à l'acheteur de stipuler expressément le double : la réponse
est bien simple, et la différence est facile à saisir : quand la stipulation du double sera intervenue, le juge aura à examiner purement
et simplement s'il y a eu commise et ne devra pas apprécier l'étendue du dommage, tandis qu'au contraire il devra principalement
s'occuper de cette évaluation pour fixer le double, s'il n'y a pas eu
stipulation.

IV. Ainsi s'est dégagée peu à peu la véritable notion de l'obligation de garantir. On fut amené bientôt, par la force même des choses, à reconnaître que la vente, étant un contrat essentiellement fondé
sur l'équité, depuis qu'elle était régie par les principes du droit des
gens, cette obligation était de la nature même de ce contrat ; qu'elle
en était en quelque sorte le complément nécessaire ; que par conséquent l'acquéreur pourrait toujours, même sans stipulation expresse,
agir contre son vendeur pour se faire indemniser en cas de dépossession : « Non dubitatur, et si specialiter evictionem venditor non pro-
misserit, re evicta ex empto competere actionem. » (L. 6, Cod.; L. 19,
D., De evict.). On comprend ainsi comment la nécessité de garantir,
lorsque les principes concernant l'obligation du vendeur se sont complètement développés, a pu avoir une double sanction dans le droit
romain : d'une part une action de droit strict, souvenir de l'ancien
caractère et des formes primitives de la vente ; de l'autre une action
de bonne foi, celle qui naissait de la vente considérée comme contrat du droit des gens, l'action ex empto : « Venditorem vel ex stipulatione duplæ, quantum in hanc deductum est, vel empti actione,

quanti tua interest, convenire potes. » (L. 25, Cod., *De evict.*).
Par la première, l'acheteur ne peut demander que ce qui a été promis au moyen de la stipulation, et son droit se trouve rigoureusement renfermé dans ces strictes limites : le juge n'a point à se livrer
à une appréciation quelconque du dommage, il a seulement à statuer sur l'application de la clause : « Si duplæ stipulatio committa-
tur. » L'action *ex empto* se présente au contraire avec un caractère
plus large et plus général; elle est donnée à l'acheteur pour exiger
toute prestation qui rentre dans l'obligation du vendeur; car c'est
alors en vertu de la bonne foi qu'il le poursuit pour obtenir l'exécution de ses engagements : « Cum enim sit bonæ fidei judicium,
nihil magis bonæ fidei congruit quam id præstari quod inter acto-
res actum est. » Cette action, bien plus étendue que la première,
sera donc donnée pour tout ce qui est dû en vertu du contrat, et
là où l'action *ex stipulatu* ne saurait trouver place, l'acheteur pourra
toujours sauvegarder ses droits par l'action *ex empto*.

De ce caractère différent des deux actions résultent des conséquences
importantes et diverses dans l'application, conséquences que nous
aurons à signaler bientôt en examinant quelle est, suivant les cas,
l'action qui appartient à l'acheteur contre son vendeur, et dans quelles
limites seront renfermés ses droits à une indemnité, pour le cas d'une
inexécution absolue ou d'un accomplissement imparfait de l'obligation
d'effectuer une délivrance continue.

CHAPITRE III.

Dans quels cas il y a éviction.

SOMMAIRE.

I. Puisqu'il est établi que tout vendeur est tenu d'assurer par la continuité de la délivrance l'efficacité de l'exécution du contrat, un recours appartiendra contre lui à l'acquéreur pour être garanti de tout évènement qui mettrait obstacle à la réalisation de cette obligation. Il en sera ainsi en principe, nous disent les textes, et l'acheteur pourra intenter son action dans tous les cas où il aura à se plaindre d'une éviction quant à la chose vendue. Nous devons donc examiner ce qu'il faut entendre par éviction, et quels caractères doit offrir cet acte pour que la responsabilité du vendeur se trouve engagée.

Deux éléments constitutifs doivent se rencontrer dans toute éviction : un acte juridique et un fait matériel qui en est la conséquence. Évincer, en effet, ne veut dire autre chose, d'après l'étymologie même du mot, que triompher et expulser : « evincere est aliquid vincendo auferre », et comme la loi ne reconnaît d'autres triomphes, en fait de droits, que ceux qu'elle-même consacre, puisqu'il est de principe que nul ne peut se rendre justice à soi-même, il en résulte qu'il doit toujours intervenir une sentence du juge. De là cette définition donnée par Cujas : « Evictionis nomine significatur in judicio in rem non in alio efficax et plena victoria ejus qui egit adversus emptorem vel cum quo egit emptor », ou encore : « Evictio est rei nostræ

quam adversarius justo titulo acquisivit per judicem facta recupe-
ratio ». C'est là du reste ce qu'exprime Pomponius dans la loi 16,
§ 1, D., *De evict.*, dont les termes doivent être entendus d'une manière générale, et non pour le cas spécial de la *stipulatio duplæ*
auquel ils se réfèrent : « Duplæ stipulatio committi dicitur tunc
cum res restituta est petitori, vel damnatus est litis æstimatione,
vel possessor, ab emptore conventus, absolutus est ». Cette loi
détermine les trois hypothèses dans lesquelles on peut concevoir qu'il
y ait éviction : ou bien en effet l'acheteur, qui a été investi par son
vendeur de la possession de la chose, est obligé de s'en dépouiller en
faveur du propriétaire qui la réclame, pour obéir au *jussus* du magistrat « res restituta est petitori » ; ou bien, faute d'avoir effectué
cette restitution, il se voit condamné à payer l'estimation de la chose,
« damnatus est litis æstimatione », ce qui équivaut à une véritable
dépossession, puisque, s'il n'avait payé le prix de la chose, il en eût
été dépouillé, et c'est en quelque sorte par un second achat qu'il par-
vient à la conserver : « Litis æstimatio similis est emptioni. » (L. 3,
D., *Pro empt.*). « Neque enim habere licet eum, cujus si pretium
quis non dedisset, ab adversario auferretur : prope enim hunc ex
secunda emptione, id est ex litis æstimatione, emptori habere licet,
non ex pristinâ. » (L. 21, § 2, D., *De evict.*); à moins toutefois que
le paiement ait été fait, non par l'acheteur ou par son mandataire,
mais par le vendeur lui-même, car alors les droits de l'acheteur se
trouvent à l'abri de toute atteinte; mais le vendeur, soit qu'il ait agi
comme mandataire ou en son propre nom, ne pourra lui réclamer le
remboursement de cette somme qu'il aura payée pour sauvegarder sa
possession (*d. l.*); ou bien enfin l'acheteur se présentera, non plus
en qualité de défendeur, comme dans ces deux premiers cas, mais
en qualité de demandeur, afin d'obtenir, en vertu de son titre, la délivrance de la chose vendue qui se trouve en la possession d'un tiers :
s'il échoue dans sa demande, ce sera là une véritable éviction, et le
recours en garantie lui sera donné contre son vendeur « vel possessor
ab emptore conventus absolutus est ».

Il faut une sentence, mais les motifs d'ailleurs légitimes sur lesquels
elle se fonde importeront peu, du moment qu'elle aura eu pour conséquence la dépossession de la chose vendue : « quia non interest
quo genere judicii evincatur, ut mihi habere non liceat » (L. 31,

D., *De evict.*). L'action intentée sera, en effet, tantôt une revendication proprement dite ou une pétition d'hérédité (L. 2, D., *De hered. vel. act. vend.*), ou une action noxale, ou une action préjudicielle touchant la liberté (L. 26; l. 34, § 2; l. 39, § 3 et 4; l. 51, § 1; l. 69, Pr. et § 1 et 2, D.; l. 18, Cod., *De evict.*), tantôt une demande en partage, « actio familiæ erciscundæ, communi dividundo. » (L. 34, § 1, D., *d. t.;* — L. 1, Cod., *De fidej. min.*).

II. Mais une condition essentielle pour que le vendeur puisse être poursuivi à raison de la sentence prononcée contre l'acquéreur, c'est que cette sentence soit conforme à l'équité. Or, il pourra en être autrement pour deux causes : parce que le juge, dont l'intelligence n'a pas été suffisamment éclairée, aura consacré, faute de meilleur renseignement, un droit qui n'existait point en réalité, ou parce que, tout en ayant une parfaite connaissance de la valeur des prétentions de chacun, il aura prononcé une sentence qu'il savait être injuste, et, dans ces deux cas, nous pouvons décider en principe que l'acheteur n'aura point de recours contre son vendeur. Si en effet la sentence a été injuste parce que le juge n'a pas été suffisamment édifié sur la demande, les conséquences ne peuvent en retomber sur le vendeur : « Iniquam sententiam evictæ rei periculum venditoris non spectare placuit » (FRAG. VAT. § 10). « Injuria enim quæ fit emptori auctorem non debet contingere » (L. 51, D., *De evict.*). Ce principe est incontestable lorsque le vendeur n'aura pas été appelé par l'acheteur pour le défendre en justice, car une condition de tout recours, la dénonciation, n'a pas été remplie, et il pourra toujours repousser cette action en répondant qu'il lui eût été facile, par une intervention active dans le procès, d'éclairer le juge et d'obtenir une décision équitable; il s'élèvera même une présomption de plus contre l'acquéreur, s'il s'est laissé condamner par défaut, car il y aura, dans ce cas, tout lieu de croire que son absence a été la principale cause de l'erreur du juge : « magis enim propter absentiam victus videtur quam quod malam causam habuit. » (L. 55, Pr., D., *De evict.*). Si le vendeur, sur la dénonciation faite par l'acheteur, n'est pas intervenu, il semble que cette absence doive le rendre responsable de l'éviction injustement prononcée; cependant les textes déclarent que, même dans ce cas, l'action en garantie ne sera pas donnée inutilement contre lui : « Si emptor per injuriam judicis victus esl, absente auctore vel fidejussore, regressum adversus eum non habet. » (L. 8, C., *d. t.*); ce qui s'explique parfaitement si on suppose que le vendeur, ayant lors de la vente transmis à l'acquéreur tous les titres et documents relatifs à l'établissement de ses droits, n'a pas jugé à propos d'intervenir directement parce qu'il n'aurait eu à faire valoir que les moyens de défense qui étaient entre les mains de l'acquéreur, en sorte que celui-ci, étant aussi bien que son auteur en état d'éclairer le juge, si cela eût été possible, l'abstention du garant n'a pu aggraver la situation : voilà pourquoi l'acheteur, soit qu'il agisse ensuite en garantie par l'action *ex empto* ou par celle *ex stipulatu*, devra succomber, car le *judex*, s'il statue d'après l'équité, reconnaîtra que nulle faute n'est imputable au vendeur, et si on réclame de lui une condamnation en vertu de la *stipulatio duplæ*, il sera également forcé d'absoudre, car les conditions pour que la commise soit encourue ne se trouvent pas remplies : cette dépossession est absolument semblable à celle qui résulterait d'un cas fortuit, et le vendeur ne peut en aucun cas avoir à en répondre : « fortuitum casum emptori nocere non debet ». Nous ferons remarquer que, dans la pratique, l'action en garantie dirigée par l'acquéreur victime d'une sentence injuste ne paraîtrait pas susceptible d'être repoussée par un moyen de rejet invoqué *in jure* par le vendeur et tiré de l'iniquité de la sentence; il nous semble résulter des principes que le magistrat délivrait toujours la formule de l'action et que c'était devant le judex que devait se débattre la question de savoir si la sentence ayant amené la dépossession était *justa* ou *injusta*, s'il y avait lieu par conséquent d'accorder ou de refuser la condamnation demandée par la formule.

La position ne serait plus la même si, l'acheteur ayant appelé le vendeur en cause pour le défendre dans le procès, celui-ci s'était présenté : alors en effet ce n'est plus en réalité contre l'acheteur que la condamnation est prononcée, et ce n'est pas sur lui que doivent retomber les conséquences de cette injustice. Ce n'est plus le cas de dire avec Paul : « Injuriam à judice emptor passus est » (L. 5, D., *De evict.*), et avec Ulpien : « Injuria quæ fit emptori auctorem non debet contingere » (L. 51, Pr., *d. t.*) : du moment que le vendeur a été appelé en cause, c'est plutôt contre lui que contre l'acheteur que la sentence produit son effet, et on peut dire que c'est sa cause et non plus celle de l'acheteur qui est en jeu : « Quia venditoris causa præcipue agitur. » L'acheteur, dès lors à l'abri des suites de cette injustice du juge, conservera intact son droit à être garanti d'une dépossession dont le vendeur a pris sur lui la responsabilité par le fait de son intervention. Il en serait encore ainsi dans le cas où le vendeur se serait frauduleusement soustrait à cette nécessité d'intervenir en mettant l'acquéreur dans l'impossibilité de lui faire parvenir la dénonciation : « Simili modo tenetur et qui curavit me sibi denunciari possit. » (L. 55, Pr., D., d. t.).

Si la sentence qui prononce l'éviction n'est pas seulement contraire à l'équité, mais si en outre il y a eu prévarication de la part du juge : « cum dolo malo in fraudem legis sententiam dixerit..... si evidens arguatur ejus vel gratia, vel inimicitia, vel etiam sordes » (L. 15, § 1, D., De judic.), on ne saurait en faire tomber la responsabilité sur le vendeur, soit qu'il n'ait pas été appelé en cause ou que, l'ayant été, il ne se soit pas présenté ; car le juge, qui était disposé à prévariquer, n'eut pas sans doute été arrêté par l'intervention active du vendeur, et, dans tous les cas, c'est ici un délit ; or il ne peut y avoir lieu à garantie, ainsi que le font toujours remarquer les textes, quant aux actes coupables qui postérieurement à la vente viendraient à nuire aux droits de l'acheteur : « Evictione citra dolum emptoris et judicis injuriam secuta duplum ex empti judicio secundum legem contractus præstabitur » (FRAG. VAT., § 8. — L. 15, COD., De evict.). L'acheteur pourra donc seulement agir contre le juge qui aura personnellement à répondre des suites de sa prévarication « litem suam fecit », et sera passible de dommages-intérêts « in quantum de ea re æquum religioni judicantis videbitur pænam sustinebit » (INST. JUST., Pr., De oblig. quæ quasi ex del.).

Cependant les distinctions que nous venons d'établir ne sont pas, il faut le reconnaître, sans difficultés ; on conçoit très bien qu'en thèse générale une sentence injuste nuise à l'acquéreur, non au vendeur. En effet, le vendeur répond uniquement des causes légitimes d'éviction, et il ne saurait en principe être considéré comme ayant entendu garantir à l'acquéreur qu'il ne serait jamais victime de l'impéritie ou de la prévarication du juge. Si donc le vendeur en est tenu lorsqu'il a consenti à venir défendre sur la dénonciation qui lui a été faite, c'est, ainsi que nous l'avons dit, parce qu'il a fait dans ce cas somption de cause, et que c'est lui-même qui a succombé plutôt que l'acquéreur ;

il est ainsi tout naturel que les suites de l'éviction retombent sur lui. Mais alors le vendeur appelé en cause aura tout intérêt à ne pas comparaître, et à éviter ainsi les conséquences d'une intervention active en se tenant renfermé dans une abstention qui, bien loin de lui être nuisible, lui sera au contraire profitable. Il paraît tout d'abord assez difficile de concilier équitablement ces diverses solutions; mais comme il ne faut pas perdre de vue que le contrat de vente est un contrat de bonne foi, et qu'il s'agit d'apprécier ce que le vendeur est tenu de prester *ex æquo et bono*, on pourra aplanir toutes ces difficultés apparentes, car il s'agit toujours, ne l'oublions pas, de dire droit sur un contrat de vente, et la circonstance qu'il y aurait eu *stipulatio duplæ* n'en changerait pas au fond le caractère essentiellement de bonne foi. Même dans le cas où cette stipulation est intervenue, le juge devra rechercher quelle a été l'intention véritable des parties lorsqu'elles l'ont introduite dans le contrat, en vertu de ce principe que, dans les stipulations interposées *ex mente prætoris* ou dérivant simplement de l'usage, il ne faut pas faire abstraction de la commune intention des parties pour s'en tenir uniquement à la rigueur des paroles prononcées. Or, comme il est parfaitement certain que le vendeur n'a pas entendu prendre à sa charge les cas fortuits qui pourraient compromettre l'existence de l'objet vendu ou des droits de l'acquéreur, et qu'il y a une grande analogie à ce point de vue entre le cas fortuit et une sentence injuste, il est tout naturel qu'on ait décidé d'une manière générale que la sentence injuste ne retomberait pas sur le vendeur : « Fortuitum casum emptori nocere non debet ». Et qu'on ne dise pas que le vendeur a alors tout avantage à ne pas comparaître pour défendre l'acheteur; s'il s'abstient, ce sera à ses risques et périls, et il entrera dans l'office du juge d'apprécier si cette abstention peut être considérée comme ayant entraîné la commise de la *stipulatio duplæ* dans le cas où il y en aura eu, ou bien a pu légitimer l'exercice de l'action *ex empto*.

III. On comprend que l'acheteur ne pourra se prévaloir d'une sentence de dépossession pour recourir contre le vendeur, qu'autant qu'il n'aura lui-même apporté aucune négligence dans la défense, et il sera toujours déclaré non recevable dans sa demande si on peut arguer contre lui de quelque faute qui a compromis ses droits. Si par exemple le vendeur l'a prévenu en lui mancipant le fonds d'avoir, en cas de dépossession, à agir par l'action Publicienne, et si le vendeur, ayant agi au au contraire par l'action en revendication, toujours plus difficile, puisqu'il aura eu à prouver non-seulement un fait mais un droit, vient à échouer dans sa demande et ne peut, pour quelque motif, revenir alors à l'action Publicienne, il ne sera point admis à agir en garantie contre le vendeur, car il est en faute : « Omnimodo nocebit ei dolus suus, nec committitur stipulatio duplæ. » (L. 66, Pr., D., *De evict.*).

Le fragment de Papinien, dans lequel se trouve rapporté le principe que nous venons d'énoncer, prévoit plusieurs hypothèses qu'il importe de préciser avec soin : « Si cum venditor admonnisset emptorem ut Publiciana potius vel ea actione, quæ de fundo vectigali proposita est, experiretur..... ». Il faut supposer que le vendeur avait fait mancipation ou cession *in jure* et tradition à l'acquéreur d'un fonds italique : donc à ce moment, puisque personne n'élevait de prétentions sur ce fonds, il ne pouvait être question pour le vendeur d'un avertissement quelconque à donner à l'acheteur ; c'est plus tard que l'acheteur a perdu la possession et se trouve ainsi dans la nécessité d'agir par une action réelle contre un tiers détenteur qui se prétend propriétaire, et c'est alors que, pour pouvoir triompher avec avantage de la défense de ce tiers, il est forcé d'en référer à son vendeur qui, dans ces circonstances, lui recommande d'agir par l'action Publicienne ou par l'action *de fundo vectigali*, plutôt que par l'action en revendication. Si le vendeur s'était borné à manciper à l'acquéreur un fonds italique se trouvant au moment de la mancipation au pouvoir d'un tiers, il est certain que la revendication, indépendamment de la tradition qui n'aurait pas été effectuée, appartiendrait à l'acquéreur ; mais dans ce cas il ne pourrait agir par la Publicienne, puisqu'il n'a pas été mis en possession : donc il ne saurait être question, dans cette hypothèse, d'un choix à faire entre les deux actions, et l'espèce prévue par le texte est bien celle que nous avons tout d'abord établie.

Mais, continue Papinien, il n'en sera pas de même si le vendeur a donné mandat à l'acheteur d'agir par l'action Servienne : « Non idem in Serviana quoque actione probari potest », et la différence de position est en effet bien facile à expliquer : soit un bailleur qui a vendu à un tiers des objets apportés par le fermier (*invecta et illata*), et par conséquent grevés d'un gage tacite : si l'acquéreur vient à perdre la

possession de ces objets, qui retourne au véritable propriétaire, le fermier, et veut agir contre ce dernier par l'action en revendication, le
vendeur, qui prévoit avec raison qu'il succombera, lui conseille d'intenter plutôt l'action Servienne. Mais l'acquéreur, au lieu de suivre ce
conseil, se pourvoit par l'action en revendication et succombe, sera-t-il
privé du recours en garantie contre le vendeur, sous prétexte qu'il est
en faute pour n'avoir pas suivi ses instructions ? Papinien répond néga-
tivement ; et, en effet, il est bien vrai que l'action Servienne est une
action réelle, mais elle tend uniquement à faire avoir au demandeur la
nuda possessio ; et ce n'est pas là ce que l'acquéreur cherchait à obtenir : « Hæc enim, etsi in rem actio est, nudam tamen possessionem
avocat ». Bien plus, le défendeur n'a qu'à payer le montant des fer-
mages échus au vendeur lui-même pour faire évanouir l'action Servienne : « Et soluta pecunia venditori dissolvitur ». Ce n'est pas d'ailleurs en son propre nom, mais seulement au nom et comme procureur
fondé du vendeur, que l'acquéreur pourrait intenter l'action Servienne,
à la différence de ce qui aurait lieu pour la Publicienne : « Unde fit
ut emptori suo nomine non competat ». L'hypothèse prévue et examinée par Papinien est donc, comme on le voit, particulière à l'action
Servienne, mais on devrait étendre la même solution au cas où il
s'agirait de l'action quasi-Servienne ou hypothécaire ; par exemple si
l'on suppose que l'objet de la vente a été un fonds qui se trouvait spécialement hypothéqué au vendeur.

Toutes les fois donc que l'acheteur ne s'est pas conformé aux prescriptions utiles du vendeur, ou qu'il n'a pas employé tous les moyens de
défense qui étaient en son pouvoir, sa responsabilité seule se trouvera
engagée, et il ne pourra faire retomber sur son vendeur une éviction à
laquelle il paraît, jusqu'à un certain point, s'être volontairement soumis.
Il en est ainsi, par exemple, lorsqu'il laisse porter l'affaire devant un
juge qui le condamne ; lorsqu'il accepte une transaction, un compromis, d'où résulte la dépossession de la chose vendue ; car le vendeur
n'est pas tenu d'accepter de tels actes pour légitimes, et rien ne prouve
que l'acheteur eût été réellement dans la nécessité d'abandonner la chose
s'il eût régulièrement contesté les prétentions de son adversaire : « nulla
enim necessitate cogente id feci » (L. 56, § 1, D., *De evict.*); n'est-il
pas évident en effet que ces prétentions étaient au moins douteuses,
puisque l'on a cru devoir recourir à une transaction ou à un compro-

mis pour faire cesser toute incertitude? « Qui transigit, quasi de re
dubia et lite incerta neque finita transigit » (L. 1, D., *De transact.*).
Il en sera encore de même si l'acheteur, au lieu de défendre, acquiesce
immédiatement à la demande, sans attendre une sentence du juge, car
nous avons posé en principe que l'éviction ne peut résulter que d'une
dépossession légalement prononcée. Cependant, dans cette dernière
hypothèse, une distinction parait devoir être admise : lorsque le droit
du demandeur se trouve si clairement établi que toute contestation ne
servirait qu'à occasionner de nouveaux frais, sans offrir d'ailleurs la
moindre chance de succès, on ne peut faire un reproche à l'acquéreur
d'avoir, par cet abandon volontaire, prévenu une condamnation inévitable ; tel est l'exemple cité par Nératius et rapporté par Ulpien dans la
loi 11, § 12 (D., *De act. emp.*) : « Sive noxali judicio defendat, sive
non, quia manifestum fuit noxium servum fuisse, nihilominus vel ex
stipulatione vel ex empto agere posse ». Néanmoins on ne devrait pas
généraliser cette solution ; il faut en effet remarquer qu'il s'agit dans
l'espèce d'une action noxale, dirigée au sujet d'un esclave vendu, et on
dit que l'acheteur pourra, dans tous les cas, exercer son recours,
même s'il n'a pas jugé à propos de défendre l'esclave, pourvu qu'il soit
manifeste que l'esclave était coupable : « quia manifestum fuit noxium
fuisse servum ». Or, la question litigieuse était uniquement celle de
savoir si en réalité l'esclave était *noxius*, question de fait facile à
apprécier et à l'égard de laquelle l'équivoque n'était pas possible, aussi
est-il certain que l'acquéreur peut parfaitement se faire lui-même juge
d'une telle question. Mais il ne saurait en être de même si l'esclave,
au lieu d'être réclamé par une action noxale, était revendiqué ; ici il y
aurait à trancher une question de droit, par conséquent plus délicate,
et pour laquelle on pourrait craindre l'équivoque ; aussi nous paraitrait-il
contraire à tous les principes d'admettre que l'acquéreur pût s'en faire
lui-même le juge. C'est donc à tort, pensons-nous, que la solution que
nous venons d'examiner a été étendue par les commentateurs ; il faut
la restreindre au cas spécialement prévu par Nératius et aux autres cas
analogues, où la question débattue ne porterait pas sur le droit de
propriété. Mais, même dans ces hypothèses, l'acquéreur devra toujours
agir avec la plus grande prudence, car, en se faisant le juge de l'évidence des droits de son adversaire, il court facilement le risque de voir
son appréciation contredite par le vendeur, qui, plus directement inté-

ressé que lui , refusera peut-être de reconnaître des droits qu'une sentence n'a pas formellement consacrés. L'acheteur prendra donc toujours
une sage précaution en appelant son vendeur avant de consentir à cet
abandon amiable.

IV. Nous avons dit que l'éviction ne consistait pas seulement dans
l'acte juridique, dans la sentence prononçant la dépossession, qu'il
fallait en outre un fait matériel, l'exécution même de la sentence, car
jusque-là l'acheteur n'a pas cessé de pouvoir avoir la chose, ainsi que
le remarque Julien : « Julianus eleganter definit duplæ stipulationem
tunc committi quotiens res ita amittitur ut eam emptori habere non
liceat propter ipsam evictionem. » (L. 21, § 1, D., *De evict.*). Donc
en principe tant que la sentence n'aura pas été ramenée à exécution,
tant que la chose demeurera entre les mains de l'acquéreur, aucun
recours ne sera donné contre le vendeur, car on ne peut dire que son
obligation ait cessé d'être remplie ; il est seulement tenu de procurer à
l'acheteur la libre possession de la chose, « rem uti habere liceat, »
et cette possession lui appartient jusqu'à l'exécution effective de la sentence ; c'est là un principe parfaitement établi, et sur lequel le caractère reconnu par le droit romain à l'obligation du vendeur ne permet
d'élever aucune difficulté : « Qui rem emit et post possidet , auctorem
suum , proterea quod aliena vel obligata res dicatur, convenire non
potest. » (L. 3. Cod., *De evict.*). En effet, l'acheteur qui détient la
chose en vertu du contrat n'a plus rien à réclamer au vendeur ; c'est
seulement au moment du contrat, à raison même de la bonne foi qui
doit toujours présider à l'accord des parties, qu'il aurait pu contraindre
le vendeur à dégager la chose vendue et non encore livrée de toute
obligation envers des tiers, et même refuser, au moyen de l'exception
de dol, le paiement du prix, lorsqu'il aurait découvert que la chose
appartenait à autrui et que des garanties suffisantes ne lui seraient pas
offertes. Dans tous les cas enfin le vendeur pourrait être actionné,
avant qu'il y eût dépossession, s'il s'était rendu coupable de dol. (L. 5
et 24, Cod., *De evict.* ; — L. 18, § 1, D., *De peric. et comm. rei
vend.* ; — L. 30, § 1, D., *De act. emp.*).

En outre, il faut remarquer qu'il n'y aura véritablement éviction que
lorsque tout espoir de recouvrer la chose sera absolument perdu , quelle
que soit d'ailleurs la sentence qui ait amené la dépossession : « Deni-

que generaliter. a quocunque judicii genere effectum est quo minus emptori rem habere liceat, et ejus recuperandæ spes omnis abscissa appareat ». Il n'y aura donc pas éviction donnant lieu au recours si l'acheteur, qui a échoué dans une première action, la revendication, je suppose, peut encore, par quelque autre moyen, faire valoir utilement ses droits : par exemple, par l'action Publicienne. C'est pourquoi, lorsque l'acheteur a été dépouillé par l'action Servienne, parce que la chose vendue était engagée à un tiers, le vendeur pourra échapper à l'action en garantie dirigée contre lui et la repousser par une exception de dol, s'il désintéresse le créancier qui avait saisi ce gage : alors en effet l'acheteur, pouvant reprendre sa chose ainsi dégagée, ne sera plus recevable à exercer son recours. (L. 35, D., *De evict.*). Il faut assimiler à ce cas celui où **le** demandeur, dont les droits ont été reconnus, fait immédiatement abandon de la chose à l'acquéreur par don ou par legs, avant de l'en avoir dépouillé; mais il en serait autrement si la libéralité était postérieure à un acte de dépossession, car alors on ne pourrait plus voir dans ce fait la confirmation du premier contrat, et la stipulation du double aurait été définitivement encourue par le vendeur : « Scilicet, si antequam abduceret vel auferret, donaverit aut legaverit : alioquin semel commissa stipulatio resolvi non potest. » (L. 57, § 1, D., *d. t.*)

Les motifs de décider sont les mêmes et les conséquences seront identiques, soit que l'éviction s'étende sur la totalité ou seulement sur une partie de la chose, sauf, dans ce dernier cas, à apprécier, pour fixer la quotité de l'indemnité due, si l'éviction a porté sur une partie indivise du tout, ou sur une partie déterminée. (L. 1, D., *d. t.*).

Quant aux servitudes établies au profit d'un fonds, il faut admettre en principe que le vendeur n'est point tenu à la garantie, si une clause expresse ne le rend responsable de leur existence; car cette obligation ne résulte pas de la nature du contrat et n'est pas même renfermée dans l'engagement qu'il aurait pris de délivrer le fonds dans le meilleur état possible : « In vendendo fundo quædam etiamsi non condicantur præstanda sunt..... quædam ita demum si dicta sint, veluti viam, iter, actum.... » (L. 66, Pr., D., *De contr. emp.*). « Qui optimum maximumque fundum tradidit, liberum præstet, non etiam deberi alias servitutes : nisi hoc specialiter ab eo accessum sit. » (L. 75, D., *De evict.;* — L. 90 et 169, D., *De verb. sig.*). Le vendeur serait néanmoins res-

ponsable si, par une réticence volontaire, il n'avait point fait connaître
à l'acquéreur une servitude dont celui-ci ignorait l'existence, et qui,
faute d'usage, se trouverait ensuite perdue. (L. 66, § 4, D., *De act.
emp.*). Des règles analogues furent admises au sujet des servitudes pouvant grever le fonds. Leur constatation n'empêchant pas l'acquéreur de
conserver le fonds, ne parut pas devoir constituer un cas d'éviction.
Aussi reconnaissait-on qu'il n'était pas tenu des servitudes dont il avait
ignoré l'existence, et que par suite il n'avait pas révélées à l'acquéreur.
(L. 21, § 4; — L. 39, D., *De act. emp.*). Mais il était tenu des servitudes non apparentes qu'il connaissait. C'est ce qui résulte de la loi 75,
D., *h. t.* Cependant on a opposé à cette loi l'opinion de Celse, qui
rapporte en l'approuvant le sentiment de Quintus Mucius : « Verum
est quod Quinto Mucio placebat, non liberum sed qualis esset
fundum præstari oportere. » (L. 59, D., *De contr. empt.*). Il semblerait résulter de là qu'en l'absence de clause spéciale, le vendeur ne
s'oblige qu'à livrer le fonds *tel quel*, c'est-à-dire dans l'état où il se
trouve, et par conséquent grevé des servitudes occultes qui peuvent
exister, quand même il en aurait eu connaissance. Cette interprétation
ne paraît pas exacte. Le jurisconsulte examine la valeur de certaines
clauses qui étaient ordinairement insérées dans les actes de vente, comme
on le voit dans la loi 75, D., *De evict.* Dans certains cas, le fonds était
vendu *optimus maximus*; dans d'autres, *qualis esset*. Si le fonds est
vendu *optimus maximus*, le vendeur est tenu plus rigoureusement,
c'est-à-dire qu'il répond des servitudes apparentes; au contraire, lorsque le fonds est vendu *qualis est*, *comme il se poursuit et comporte*,
ainsi que s'exprimerait la pratique moderne, il ne répond pas des servitudes apparentes; mais la bonne foi, qui préside au contrat de vente,
l'oblige à répondre des servitudes cachées qu'il connaît : il pourra donc
être recherché par l'action *empti*. En ce qui touche les servitudes apparentes, le vendeur ne les prend à sa charge que s'il a déclaré vendre le
fonds dans le meilleur état possible : « Nec enim evictionis nomine
quemquam teneri in eo jure quod tacite soleat accedere, nisi ut optimus
maximusque esset traditus fuerit fundus, tunc enim liberum ab omni
servitute præstandum. » (L. 48 et 75, D., *De evict.*; — L. 59, D.,
De contr. emp.; — L. 69, § 3, D., *De leg. 1°*). Dans tous ces cas, la
servitude ne pouvant être regardée comme une partie de la chose, on
n'appréciera pas le dommage de la même manière que pour une évic-

tion partielle, mais on tiendra compte de la détérioration du fonds, et par suite de la diminution de valeur : « Quanti minoris emisset emptor si scisset hanc servitutem impositam. » (L. 61, D., *De œdil. ed.*).

Il est une exception aux principes que nous venons d'établir sur les caractères essentiels de l'éviction, et, dans un cas spécial, l'acheteur sera admis à intenter son recours en garantie, sinon par l'action *ex stipulatu* que son caractère *stricti juris* rend ici inapplicable, du moins par celle de bonne foi, bien qu'il n'y ait eu ni sentence du juge, ni dépossession matérielle. C'est lorsque, postérieurement à la vente, il vient à acquérir la chose *ex causa lucrativa* : ainsi quand il succède, soit à titre universel, soit à titre particulier, au tiers qui en était le véritable propriétaire : « Si fundum mihi alienum vendideris, et hic ex causa lucrativa meus factus sit, nihilominus ex empto mihi adversus te actio competit. » (L. 13, § 15; L. 29, D., *De act. emp.*; — L. 9 et 11, § 1, D., *De evict.*). Si en effet on ne peut dire qu'il y ait ici, à proprement parler, une éviction «quoniam evinci ei non potest, nec ipse sibi evincere videtur », la bonne foi ne permet pas néanmoins que le vendeur soit à l'abri de tout recours; car ce n'est plus maintenant en vertu du contrat de vente, mais bien à raison d'un nouveau titre que la chose demeure entre les mains de l'acquéreur, et dès lors le vendeur a cessé de remplir envers lui son obligation qui devait être continue : « Non jam praestat emptori rem habere licere ».

Si l'acte juridique ordonnant la dépossession et le fait matériel qui en consacre l'exécution sont en principe toujours nécessaires pour constituer une éviction, ils ne peuvent cependant suffire pour qu'il y ait lieu à recourir contre le vendeur, si d'autres conditions ne se trouvent également remplies quant à la cause et aux circonstances de l'éviction.

V. Il faut d'abord que la cause de l'éviction soit antérieure au contrat, et on comprend en effet que le vendeur ne saurait nullement avoir à répondre de faits survenus postérieurement à la vente, absolument imprévus à cette époque, et qui dès lors ne peuvent en aucune façon lui être imputables. C'est là une application toute naturelle de ce principe élémentaire du contrat de vente, d'après lequel tous les risques de la chose passent sur la tête de l'acquéreur, dès l'instant que la convention est parfaite entre les parties : « Cum autem emptio et venditio contracta sit... periculum rei venditae statim ad emptorem pertinet, tametsi adhuc emptori ea res tradita non sit » (§ 3, Inst. Just., *De emp. et vend.; —* L. 8, D., *De per. et com. rei vend.*). Ainsi lorsque la chose périt après le contrat, fût-ce même avant la tradition, le vendeur n'a pas moins le droit de conserver le prix, s'il lui a été payé, de le réclamer, s'il est encore dû, et la perte de la chose aura en outre pour effet de le mettre dès lors à l'abri de tout recours en garantie, puisque son obligation n'a plus d'objet : « Si servus venditus decesserit antequam evincatur, stipulatio non committitur quia nemo cum evincit sed factum humanae sortis » (L. 21, Pr., D.; — L. 26, Cod., *De evict.*). Sauf toutefois le cas où le vendeur, connaissant les risques auxquels il exposait l'acheteur, aurait agi frauduleusement en effectuant cette vente; mais alors c'est à raison de son dol qu'il serait tenu : « de dolo tamen poterit agi, si dolus intercesserit ». Donc la perte survenue depuis le contrat par un évènement de force majeure sera toujours à la charge de l'acheteur, si, au moyen d'une clause expresse, les parties n'ont exprimé leur volonté qu'il en fût autrement.

On devra assimiler à la force majeure tout acte de l'autorité qui aura pour effet de dépouiller l'acquéreur de la chose vendue, par exemple l'expropriation pour cause d'utilité publique, car ce mode de dépossession existait déjà à Rome; de même lorsque, par un acte arbitraire de sa puissance, le souverain enlève une chose à celui qui l'avait légitimement acquise. Il n'en serait plus ainsi toutefois si le souverain, au lieu d'agir d'une manière arbitraire, avait rendu une véritable décision judiciaire, car alors la position serait analogue à celle d'une dépossession par sentence du juge.

Donc le vendeur sera à l'abri de tout recours, soit quant à une indemnité, soit même quant à la restitution du prix, lorsque, par suite d'une confiscation opérée sur la tête de l'acheteur, la possession de la chose aura cessé d'appartenir à ce dernier : c'est d'après ces principes que Paul résout une question de ce genre dans la loi 11, Pr. (D., *De evict.*) : « Lucius Titius praedia in Germania trans Rhenum emit, et partem pretii intulit : cum in residuam quantitatem heres emptoris conveniretur, quaestionem retulit dicens has possessiones ex praecepto principali partim distractas, partim veteranis in praemia adsignatas : quaero, an hujus rei periculum ad venditorem pertinere possit? Paulus respondit futuros casus evictionis post contractum emptionem ad venditorem non pertinere... ». La circonstance que Paul a

en vue se rattachait à une espèce toute particulière : il est évident
qu'il ne s'agit pas ici d'une confiscation prononcée pour une cause personnelle au vendeur, car alors il n'y aurait pas de question, ni pour
une cause personnelle à l'acquéreur, il ne pourrait, dans ce cas, y en
avoir davantage ; mais c'est une confiscation ayant son origine dans la
nature même de l'objet vendu. Il s'agissait en effet, dans l'espèce prévue
par ce fragment, de ces possessions de l'*ager publicus* concédées à
titre précaire et sous la réserve perpétuelle du droit de l'État, et dont
la confiscation avait lieu souvent d'une manière générale : « Ainsi
Appius fit vendre une immense quantité de domaines pour subvenir
aux dépenses énormes de ses gigantesques travaux : sans doute que les
familles dépossédées maudirent les entrepreneurs, cause de leur mal-
heur ; cette mesure a pu amener des froissements bien pénibles. S'il ne
se fût agi que de biens hérités du premier occupant, on aurait pu se
consoler de perdre une possession acquise sans dépenses ; mais si cette
possession était achetée ou si, de tout autre manière, elle représentait
une valeur numérique, elle périssait pour l'acquéreur. Il n'y avait point
d'éviction à exercer, et Paul, consulté dans le cas spécial qui vient d'être
reproduit, répond que le possesseur expulsé est même tenu de payer
le terme encore dû de son acquisition : « Et ideo secundum ea quæ
proponuntur pretium prædiorum peti posse » (NIÉBUHR, HIST. ROM.,
t. III, p. 196).

Les principes généraux que nous venons d'établir semblent pourtant
contredits par la loi 33 Pr. (D., *De loc. cond.*), car nous voyons
qu'Africain permet à l'acquéreur, lorsque la chose vendue a été confis-
quée avant la tradition, de réclamer le prix qu'il avait payé, mais non
une indemnité, assimilant cette position à celle du bailleur qui, en
pareille circonstance, est tenu de rendre au locataire le prix payé pour
un temps de jouissance qu'il n'est plus possible de lui procurer, bien
qu'il n'y ait point faute de la part du bailleur : « Quamvis per te non
stet quo minus id præstes ». Mais cette loi ne peut être prise comme
fondement sérieux d'une théorie particulière à Africain et contraire à
toutes les idées reçues en matière de vente : on ne peut supposer que
le jurisconsulte ait méconnu la règle d'après laquelle la vente est parfaite et les risques incombent à l'acheteur par l'effet de la convention,
indépendamment de tout acte d'exécution, et qu'il ait voulu établir sur
ce point une analogie impossible entre le louage, composé de presta-

lions multiples et successives, et la vente où la prestation est unique mais continue. Il faut donc, pour trancher cette difficulté, qui ne doit pas nous étonner dans un texte d'Africain « Africani ergo difficile », supposer que le jurisconsulte n'a envisagé la question que d'une manière spéciale, et ne l'a résolue qu'au point de vue de l'espèce particulière qui lui était soumise. Ce n'est pas évidemment qu'il suppose le vendeur en faute, car alors il y aurait lieu à réclamer des dommages-intérêts et non pas seulement le prix ; mais il est probable qu'il s'agissait encore ici de cet *ager publicus*, l'expression *publicatus* l'indique suffisamment, dont la propriété appartenait à l'Etat, et sur lequel les citoyens n'avaient qu'un simple droit de possession, en sorte que, s'ils voulaient l'aliéner, c'était cette possession seule qu'ils pouvaient transférer ; et pour cela la convention ne suffisait pas, il fallait en outre la tradition. On sortait donc alors des règles ordinaires en matière de vente : la convention n'avait par elle-même aucun effet direct pour l'acquisition de la chose qui en faisait l'objet, et voilà pourquoi, jusqu'à ce que la tradition eût été effectuée, la vente n'étant point réputée *perfecta*, les risques restaient sur la tête du vendeur qui devait, en cas de perte de la chose, restituer le prix, s'il l'avait reçu.

VI. Bien que la cause de l'éviction soit antérieure au contrat, il peut arriver que la dépossession ou la sentence du juge intervienne dans des conditions telles que la responsabilité du vendeur ne doive pas se trouver engagée : il en sera ainsi quand il y aura une faute imputable à l'acheteur, ou encore quand la cause pour laquelle l'éviction est prononcée a été exceptée de l'obligation de garantir.

Il y aura faute de la part de l'acheteur quand il n'apportera pas tout le zèle possible à la défense ou qu'il négligera quelqu'un des moyens qui sont en son pouvoir : on devra lui appliquer la règle énoncée par Papinien : « Omnimodo nocebit ei dolus suus nec committitur stipulatio. » (L. 66, Pr., D., *De evict.*). Nous en avons déjà vu des exemples pour le cas où, n'obéissant pas aux prescriptions du vendeur, il aurait employé une action autre que celle qui lui avait été indiquée afin de faire valoir ses droits (*d. l.*), pour celui où il se serait laissé condamner par défaut, car son absence devrait être considérée comme la principale cause de cette condamnation (L. 55, D., *d. l.*), et enfin s'il a négligé d'appeler en garantie le vendeur qui aurait eu des moyens de le défendre. De même nous dirons que le vendeur n'est sujet à aucun recours de la part de l'acheteur qui, n'exécutant pas une des conditions du contrat, vient à perdre par ce fait la possession de la chose, car il ne peut alors s'en prendre qu'à lui de la perte qu'il éprouve. (L. 34, Pr., D., *d. t.*). L'acheteur est encore en faute s'il a laissé imprudemment échapper la possession, et se trouve ainsi dans une position plus désavantageuse, peut-être même dans l'impossibilité d'intenter désormais aucune action, parce que tout son droit reposait sur cette possession : « Vel ipso jure promissor duplæ tutus erit, vel certe doli mali exceptione se tueri poterit, sed ita si culpa vel sponte duplæ stipulatoris possessio amissa fuerit. » (L. 29, § 1, D., *d. t.*), et il en est ainsi même si l'acheteur prétend agir par l'action *ex stipulatu*, car, bien que ce soit là une action de droit strict, nous avons dit qu'on devait toujours tenir compte de la bonne foi, pour apprécier si la commise doit était encourue : « Dicemus non committi stipulationem propter viri boni arbitrium quod inest huic stipulationi. » (L. 3, § 6, D., *Si cui plus quam.....*) Il en sera de même si l'acheteur a volontairement souffert que le lieu vendu devînt *religiosus* (L. 51, § 2, D., *De evict.*); s'il a négligé d'arrêter l'usucapion en voie de s'accomplir contre lui, pourvu toutefois que cela fût possible (L. 66, 1, D., *d. t.*); si lui-même n'a pas eu le soin, quand il en avait la faculté, d'usucaper la chose à son profit : c'est ce que décide Paul en ces termes : « Si cum possit usucacapere emptor non cepit, culpa sua hoc fecisse videtur, unde si evictus est servus non tenetur venditor. » (L. 56, § 3, D., *d. t.*). Mais pour bien entendre ce texte il importe d'examiner diverses hypothèses qui peuvent se présenter. — S'il s'agit de la vente d'une chose *mancipi* simplement livrée par le vendeur, qui en était propriétaire, à l'acquéreur qui s'est trouvé ainsi placé *in conditione usucapiendi*, la décision de Paul ne peut s'appliquer à cette hypothèse : il est positif en effet que, quand même l'acquéreur aurait négligé de posséder la chose d'une manière continue, de façon à l'usucaper dans le temps ordinaire, comme nous avons supposé que la chose appartenait au vendeur, ce dernier ne pourra jamais utilement intenter l'action en revendication, puisqu'il serait repoussé par l'exception *rei venditæ et traditæ;* ou bien, avant l'introduction de cette exception, il encourrait la commise de la stipulation *per se venientesque a se personas.....* Il faut donc prévoir une autre hypothèse : il peut être question d'une chose *mancipi*, n'appartenant pas au vendeur, mais que celui-ci aurait mancipée de bonne foi à l'acheteur. Si l'acheteur, par une négligence inexplicable, ne réclamait pas tradition de la chose et ne se mettait pas ainsi en position d'usucaper, faudrait-il appliquer la décision de Paul, dans le cas où le véritable propriétaire viendrait intenter l'action en revendication plus d'un an ou plus de deux ans après, c'est-à-dire à une époque où il aurait perdu le droit d'intenter cette action, si l'acheteur n'avait pas été négligent et eût usucapé ? Voici la distinction véritable qui nous paraît devoir être admise : ou le vendeur est demeuré lui-même en possession malgré la mancipation qui a eu lieu, ou bien il n'est pas demeuré en possession. S'il est demeuré en possession, il faut remarquer qu'il ne pourra pas, dans ce cas, continuer de posséder *ad usucapionem*, puisqu'il n'a plus l'*animus domini*, et qu'il reconnaît l'acheteur comme propriétaire; mais commencera-t-il de posséder utilement *ad usucapionem* pour le compte de l'acquéreur, comme s'il y avait eu *constitutum possessorium ?* On peut répondre affirmativement, si telle a été l'intention des parties, mais non dans le cas inverse : par conséquent, dans cette dernière espèce, le véritable propriétaire devrait triompher, et l'acquéreur ne pourra pas alors se plaindre, puisqu'il dépendait de lui d'empêcher ce résultat en réclamant la tradition immédiate. Si au contraire ce n'est pas le vendeur qui est demeuré en possession, mais un tiers de mauvaise foi, un *prædo*, la même solution devra être admise *à fortiori*, car c'est évidemment la faute de l'acquéreur. Enfin on peut prévoir une troisième hypothèse, qui sera certainement la plus fréquente, et à laquelle s'applique directement le texte de Paul : il faut supposer que la chose d'autrui a été vendue et livrée à un tiers de bonne foi; ce dernier a donc été mis *in conditione usucapiendi*, mais par sa négligence il n'a pas possédé l'objet acquis d'une manière continue, de sorte que le véritable propriétaire a pu agir en revendication même après que, depuis la tradition, il s'est écoulé un temps suffisant pour fonder l'usucapion ou la prescription. L'acquéreur aura évidemment perdu tout recours, car il est certain que le vendeur a dû compter qu'il ne se montrerait pas négligent, et par conséquent il a dû penser qu'il serait exonéré de tout recours après l'expiration du temps requis pour usucaper ou prescrire. C'est donc à l'acquéreur

à bien employer son temps, et Gaïus confirme cette règle en disant
de la manière la plus expresse que toute action en garantie cessera en
pareil cas contre le vendeur : « Qui alienam rem vendidit, post longi
temporis præscriptionem vel usucapionem desinit emptoris teneri de
evictione. » (L. 54, D.; L. 19, Cod., *De evict.*)

VII. Toute action en garantie sera également non recevable si, à
l'époque où un tiers fera valoir ses droits de propriété sur la chose,
l'acquéreur avait volontairement renoncé aux droits qu'il aurait pu lui-
même invoquer : « quia non evincitur quo minus habere tibi liceat
quem ipse ante voluntate tua perdideris » (L. 25 et 34, D., *d. t.*);
il en est ainsi, par exemple, quand il abandonne la chose et qu'elle
devient *derelicta ;* si plus tard un tiers ou le véritable propriétaire
s'en empare, il ne peut évidemment se prétendre évincé : « Si alienam rem mihi tradideris, et eamdem pro derelicto habuero, amitti
auctoritatem, id est actionem pro evictione, placet. » (L. 76, D.,
d. t.). Lorsqu'en effet il y avait eu abandon volontaire d'une chose,
celui qui s'en emparait en devenait propriétaire immédiatement par
l'occupation, suivant l'opinion des Sabiniens, qui finit par prévaloir,
ainsi que nous l'apprend le § 47 des Inst. de Just. (*De div. rer.;* —
L. 1, D., *Pro derel.*). Mais dans l'espèce, comme il s'agissait de la
chose d'autrui, le premier occupant n'a pas pu acquérir cette propriété
instantanée : il s'est trouvé seulement *in conditione usucapiendi pro
derelicto.* Or si le véritable propriétaire a agi contre lui en revendication avant l'entier accomplissement de l'usucapion, il est certain qu'il
eût pareillement triomphé, que le résultat du procès eût été le même
dans le cas où il aurait agi contre l'acquéreur. La question était de
savoir si cette circonstance suffisait pour que l'acquéreur pût agir en
garantie contre le vendeur; la négative est certaine : si l'acheteur
est privé de la chose, c'est uniquement par l'effet de l'abandon
volontaire qu'il en avait déjà fait, et non par l'effet de l'action en
revendication du véritable propriétaire, car il en eût été également
privé si la chose avait appartenu au vendeur lui-même; ainsi donc,
l'action de garantie ne saurait être donnée.

Si l'acheteur s'est dépouillé de la chose en faveur d'une autre personne
qui ne pourra pas, en cas d'éviction, recourir en garantie contre lui,
par exemple un donataire, on se demande si l'éviction opérée sur la

tête de cet acquéreur à titre gratuit permettra au donateur un recours contre son vendeur. Il semble, d'après les principes rigoureux du droit, que la négative ne peut souffrir aucune difficulté, car il est évident que, dans cette hypothèse, il n'a pas plus d'intérêt que dans celle où il aurait fait abandon de la chose, à réclamer une indemnité, puisque c'est par un fait volontaire, et non par suite de l'éviction, qu'il a éprouvé le préjudice résultant de la perte de la chose. Mais si cette assimilation des deux espèces est vraie sous le rapport de l'intérêt pécuniaire, il n'en est pas de même si on envisage la question à un point de vue plus élevé, et si on considère le but moral de l'acte qui a fait perdre la possession : autre chose est l'abandon d'un objet parce qu'on ne veut plus le conserver en son pouvoir, autre chose la libéralité par laquelle on s'en dépouille pour enrichir un tiers, et il serait faux de supposer que celui qui traite de la sorte un objet dont la valeur peut être fort considérable, cesse désormais, à tous égards, d'être intéressé à sa conservation : il aura toujours un grand intérêt d'affection à voir maintenir dans cette possession celui qu'il en a investi, et il éprouvera, sinon quant à ses biens, au moins quant aux sentiments de bienveillance et de générosité qui l'ont porté à faire cette gratification, un préjudice réel qui nous paraît devoir être pris en considération. Si l'action *ex stipulatu* est ici inapplicable, l'exercice de l'action *ex empto* doit se trouver du moins suffisamment justifiée par ces motifs; car il entre dans le devoir du magistrat, appelé à statuer d'après les principes de bonne foi qui règlent les droits de chacun, de tenir également compte de toute espèce de préjudice éprouvé, quelle qu'en soit la cause et la nature : « Placuit enim prudentioribus affectus rationem in bonæ fidei judiciis habendam ». (L. 54, Pr., D., *Mand. vel con.*). Cette opinion est d'ailleurs confirmée, quoi qu'en dise Pothier, par les derniers mots de Paul, dans la loi 71 (D., *De evict.*) : indépendamment de tout intérêt pécuniaire, il donne au père l'action en garantie, en cas d'éviction, pour la dot qu'il avait constituée à sa fille, déclarant que l'affection paternelle est un motif suffisant pour intenter cette action : « Quod magis paterna affectio inducit ». Cette dernière loi montre, en outre, d'une manière certaine, que le dotant, fût-il même le père, obligé civilement de doter, n'est pas tenu à garantir, car, d'après Paul, c'est uniquement la *paterna affectio* qui sert de base à l'action dirigée par le père contre son vendeur. Or, il est incontestable que si le père était lui-même soumis à un recours en garantie de la part de sa fille, ce serait ce recours qui servirait de base à son action, et il aurait alors, non plus un simple intérêt d'affection, mais un véritable intérêt pécuniaire. Enfin remarquons encore que le donataire évincé pourra exercer contre le garant l'action qui appartenait au donateur, si elle lui a été cédée ou si elle est censée l'avoir été.

Si l'acheteur, quand il réclame la chose, se voit repoussé par une exception qui a pris naissance dans sa personne, il sera également privé de tout recours; mais il en serait autrement si l'exception lui était opposée du chef du vendeur ou même si elle était inhérente à la chose, *rei cohærens;* et dans le cas où il y aurait lieu à des exceptions, tant de la part du vendeur que de celle de l'acheteur, il faudrait voir si en définitive le rejet de la demande a été fondé sur celles *ex parte auctoris* ou bien sur celles *ex parte emptoris :* « et sic aut committetur aut non committetur stipulatio. » (L. 27 et 28, D., *d. t.*).

Ajoutons, enfin, qu'à l'époque où l'appel fut admis, l'acheteur sera réputé en faute et seul responsable, s'il n'a point appelé d'une sentence dont l'équité n'était pas incontestable. (L. 63, § 1 et 2, D., *d. t.*).

VIII. Il peut également résulter de la convention même que l'acheteur n'aura pas de recours en cas d'éviction. Nous avons dit que l'obligation de garantir était de la nature du contrat de vente et des autres contrats engendrant des rapports de droit analogues, et par ce motif nous avons reconnu qu'elle devait toujours être sous-entendue quand on ne l'avait pas formellement stipulée; mais il ne s'ensuit pas qu'elle soit en même temps de l'essence de ces contrats, en sorte qu'on ne puisse les concevoir indépendamment d'une telle obligation. Il ne s'agit en effet ici que de l'intérêt privé de l'acheteur, et on comprend dès lors que les parties doivent avoir toute liberté de modifier, par un accord réciproque, l'étendue des sûretés établies par la loi et même de les supprimer complètement : « Pacisci contra edictum ædilium omnimodo licet. » (L. 31, D., *De pactis;* — L. 69, Pr., D., *De evict.*). « Remittentibus enim actiones suas non est regressus dandus. » (L. 14, § 9, D., *De æd. ed.*). Une telle convention pourra résulter, soit des termes exprès du contrat, soit des circonstances qui prouveront l'intention des parties à cet égard.

La clause de non garantie peut être générale pour tous les cas d'éviction, ou bien spéciale à un cas particulièrement prévu; mais, quel que soit son caractère, ce qu'il importera surtout d'apprécier, c'est la véritable étendue que les parties ont voulu lui donner, car la garantie sera due pour tout évènement qui ne rentrera pas dans l'exception; cette précision se trouve développée par des exemples dans la loi 69 (D., *De evict.*) du jurisconsulte Scévola : c'est ainsi que le vendeur, qui déclare ne pas répondre de telle cause pouvant amener la liberté de l'esclave vendu, exclut par là même, de la clause de non garantie, toute autre cause que celle ainsi exprimée, et pourra être recherché si c'est par quelque autre motif que l'esclave obtient la liberté. (L. 51, D., *d. t.*). Il faut du reste que le vendeur agisse toujours avec bonne foi et fasse connaître, en exceptant une cause d'éviction, toutes les circonstances qui pourraient, quant à cette cause, aggraver les risques de l'acheteur : si donc, dans l'espèce que nous venons de citer, il a simplement déclaré d'une manière générale, *perfusorie*, ne pas répondre de l'éviction résultant de la liberté que pourra obtenir l'esclave, et s'il n'a pas fait connaître la position particulière dans laquelle se trouve cet esclave quant à la liberté, on aura toujours contre lui, en cas d'éviction, sinon l'action *ex stipulatu*, au moins l'action *ex empto*, à raison de la mauvaise foi qu'il aura apportée dans ses réticences (L. 69, § 5, D., *De evict.*); et il en sera de même toutes les fois que le vendeur excepte une cause d'éviction sans que l'acquéreur ait été mis en mesure d'apprécier son étendue.

La clause de non garantie pourra être tacite et résulter de cette considération que l'acheteur, ayant eu connaissance d'une cause d'éviction qui menaçait la chose vendue et s'étant abstenu de toute précision à cet égard, a voulu évidemment prendre ces risques sur lui « fundum emere censetur qualis est »; on doit même remarquer que, dans ce cas, le vendeur, auquel l'acheteur n'aurait pas fait part de sa découverte, pourrait se défendre par l'exception de dol, s'il était poursuivi comme garant en vertu d'une stipulation expresse relative à cette espèce d'éviction, car la bonne foi impose aux deux parties, aussi bien à l'acheteur qu'au vendeur, l'obligation de s'éclairer sur le véritable état de la chose qui fait l'objet du contrat, et ici on aurait à reprocher à l'acheteur une mauvaise foi manifeste, puisqu'il a caché au vendeur des circonstances qui l'auraient sans doute empêché d'engager sa responsabilité quant à cette éviction. Du reste, comme la bonne foi se présume toujours, on ne pourrait supposer l'existence d'une fraude, de la part de l'acheteur, par cette seule raison qu'il a stipulé la garantie, car il n'a fait qu'user du droit commun en prenant cette mesure de prudence, et il faudrait d'autres preuves pour établir qu'il était réellement de mauvaise foi, qu'il savait et l'existence du vice et l'ignorance du vendeur à ce sujet : « Non ex eo quod duplum, qui a matre mancipium comparavit, evictionis nomine stipulatus est, alienæ rei scientia convincitur, nec opinio ejus ex hoc læditur, ut malæ fidei emptor existimetur. Allis itaque hoc indiciis, si vis, probare debes » (L. 30, COD., *De evict.*). La question ne pourrait pas même se présenter si le vendeur savait aussi bien que l'acquéreur l'éviction qui menaçait la chose vendue, et aucune fraude ne serait imputable à ce dernier s'il avait stipulé la garantie pour ce cas spécial dont la connaissance était également acquise aux deux parties.

La présomption de remise de la garantie, résultant de ce que l'acheteur connaissait les vices de la chose quand il a contracté, n'est pas du reste invincible, et il faut toujours s'attacher à l'intention des parties : c'est pourquoi le vendeur pourra n'être pas affranchi de la garantie par cette seule raison qu'il a déclaré les vices au moment de la vente, si d'ailleurs il n'a rien été convenu à cet égard : « Nec te conventione remisisse periculum evictionis fuerit comprobatum » (L. 21, COD., *d. t.*).

Nous aurions maintenant à nous demander si la clause de non garantie a pour effet d'exonérer complètement le vendeur de toute responsabilité en cas d'éviction, tant en ce qui touche le paiement des dommages que le remboursement du prix. Mais cette question se liant d'une manière intime à celle de savoir quel est le caractère précis de l'obligation du vendeur vis-à-vis de l'acquéreur évincé, nous en renvoyons l'examen au moment où nous nous occuperons des prestations que le vendeur doit supporter.

IX. Ajoutons enfin que le vendeur sera en principe toujours tenu à la garantie, soit que l'éviction ait une cause antérieure ou postérieure au contrat, si c'est par son fait que l'acheteur se trouve dépossédé ; et il en est de même si c'est par le fait de ses héritiers, car ils ont succédé à ses obligations, et, comme lui, ils sont tenus d'assurer la continuité de la délivrance. Voilà pourquoi celui qui a vendu la chose d'autrui, venant à succéder au véritable propriétaire, pourra être repoussé par l'exception de dol, d'après cet axiome si connu : « Quem de evictione tenet actio eumdem agentem repellit exceptio », lorsqu'en vertu de son droit nouveau il voudra dépouiller l'acquéreur; ou, si cette exception n'a pas été opposée et qu'il triomphe comme héritier, il pourra ensuite être actionné en garantie et condamné comme vendeur. C'est par ce motif que le vendeur sera responsable d'une éviction qu'il aurait pu empêcher s'il s'était présenté sur la dénonciation qui lui a été adressée ou qui n'a pu l'être parce qu'on a vainement cherché à le découvrir, n'y eût-il d'ailleurs aucune fraude de sa part (L. 55, § 1; L. 56, § 6, D., *De evict.*). A plus forte raison doit-il être tenu s'il a lui-même fait naître la cause d'éviction, par exemple si, depuis que la vente est *perfecta*, il a, avant la tradition, livré la chose à un autre ou l'a grevée d'hypothèques. En un mot il aura à répondre de tout fait à lui imputable qui mettra un obstacle à la continuité ou à l'efficacité de la délivrance réalisée ou promise.

CHAPITRE IV.

Mode et étendue du recours en garantie.

SOMMAIRE.

I. Comparaison entre l'action *empti* et l'action *ex stipulatu*.
II. Règlement de l'indemnité réclamée par l'action *empti* — Des augmentations de valeur.
III. Des diminutions de valeur et détériorations.
IV. Règlement de l'indemnité réclamée en vertu de la *stipulatio duplæ*.
V. Règlement dans le cas d'éviction partielle.
VI. De la garantie invoquée par voie d'exception.

I. Deux actions, nous l'avons dit, appartiennent à l'acheteur évincé: l'une née naturellement du contrat et fondée sur ces principes d'équité qui en sont la base, l'autre due à la convention des parties, mais qui, par la consécration formelle qu'elle reçoit au moyen des solennités du droit civil, se trouve revêtue d'un caractère tout particulier et rentre dans la classe des actions de droit strict. La première est l'action générale de la vente, l'action *ex*

empto ; la seconde est une action toute spéciale à l'éviction , l'action
ex stipulatu.

De la différence fondamentale que nous avons signalée tout d'abord
entre ces deux actions, doivent résulter des différences non moins
profondes quant à leur application. Du moment en effet que l'obligation du vendeur aura manqué d'être pleinement exécutée, que par
fraude, par réticence, par simple négligence même de sa part,
l'acheteur aura éprouvé quelque préjudice, que par une cause quelconque enfin, pourvu qu'elle soit imputable au vendeur, les principes de bonne foi et d'équité qui doivent toujours se retrouver
et dominer dans le contrat auront été violés, l'action *ex empto*
pourra être intentée, et c'est alors au juge que sera laissé le soin
d'apprécier la portée du dommage et l'étendue de la réparation. Au
contraire, lorsqu'une stipulation est intervenue, plus d'appréciation
ex æquo et bono touchant le préjudice et l'indemnité: les contractants ont eux-mêmes tout réglé sur cette matière, et le seul point
laissé à l'examen du juge est un point de fait sur lequel il doit
prononcer: les parties sont-elles dans une position telle, d'après les
circonstances survenues, que la commise de la stipulation soit encourue? Cette question vidée, l'office du juge est rempli; les choses sont
ou ne sont pas dans la situation prévue; il n'y a point de milieu à garder, point de tempérament à admettre.

Donc l'action *empti* sera recevable, d'une manière générale, toutes
les fois que le vendeur n'aura pas exécuté une des obligations nées du
contrat, et c'est parce que parmi ces obligations figure celle de garantir qu'il pourra aussi être recherché par cette action quand l'acheteur
aura été évincé. On dit souvent qu'il y a cette différence entre l'action *ex empto* et l'action *ex stipulatu*, que la dernière ne peut être
motivée que par une éviction résultant d'une sentence judiciaire,
tandis que cette sentence n'est pas le moins du monde nécessaire
pour légitimer l'exercice de la première. Cela est vrai en ce sens que
l'action *ex empto* sera possible dans beaucoup de cas où l'action
ex stipulatu ne saurait avoir lieu; mais alors l'action *ex empto*
ne sera pas motivée par une éviction proprement dite, car, lorsqu'il
s'agira réellement d'une éviction, il faudra nécessairement qu'elle
résulte d'une sentence judiciaire; et cela qu'il y ait eu ou non *stipulatio duplæ.* C'est en vain que, pour soutenir le contraire, on voudrait

invoquer la loi 11, § 1 (D., *De evict.*), qui dénie l'action *ex stipulatu*
à celui qui, après avoir acheté la chose d'autrui, devient héritier du
véritable propriétaire, et lui accorde néanmoins l'action *ex emplo*:
dans ce cas, il n'y a point à proprement parler éviction, ainsi que
nous l'avons remarqué déjà, puisque l'acheteur n'a pas été dépossédé,
et les textes le disent clairement : « evinci ei non potest, nec ipse sibi
evincere videtur », et dès lors on ne saurait avoir d'action pour une
éviction qui ne peut avoir lieu, comme le fait observer Paul : « amis-
sam actionem pro evictione quoniam servus non potest evinci » (L. 9,
D., *d. t.*). Donc l'action *ex stipulatu*, toute spéciale au cas d'éviction,
ne pouvait trouver place dans cette espèce; mais l'action *ex emplo*,
permettant d'envisager la question au point de vue de l'équité, d'examiner la cause réelle et non pas seulement le fait matériel de la possession, pourra au contraire être exercée, car cette situation blesse la
bonne foi, puisque le vendeur a cessé de remplir son obligation à
l'égard d'une chose que l'acheteur détient désormais à un autre titre;
c'est un cas analogue à celui où un vendeur viendrait réclamer le prix
de la chose d'autrui qu'il aurait vendue, et dont l'acheteur aurait été
obligé, pour la conserver, de payer la valeur à un tiers propriétaire;
en vain le vendeur dirait-il que l'acheteur lui doit le prix puisqu'il ne
l'empêche pas de posséder « quasi habere rem liceret », il serait
repoussé par l'équité : « quia nec bonæ fidei conveniret, et ego ex alia
causa rem haberem ». (L. 29, Pr., D., *d. t.*). Mais l'action *ex emplo*
ne peut pas plus que celle *ex stipulatu* être intentée, dans ces deux
hypothèses, du chef d'une prétendue éviction : elle aura pu seulement
être exercée à raison du préjudice causé à l'acquéreur, et dans cette
situation le juge ne pourra pas appliquer, pour la condamnation, les
principes relatifs au cas d'éviction; par conséquent, dans l'espèce de la
loi 11, il ne saurait être question d'une condamnation pouvant s'élever
au double de la valeur de la chose. Il faut remarquer d'ailleurs que,
lorsque l'acquéreur, héritier du véritable propriétaire, agira contre le
vendeur par l'action *ex emplo*, il ne pourra triompher que si le vendeur
se trouve dans l'impossibilité d'établir son droit de propriété sur la
chose vendue, et dans ce cas il ne pourra être réclamé contre ce dernier que le prix de la chose, et non les frais que l'acquéreur aurait
exposés pour y effectuer des améliorations: il aurait pu en effet réclamer ces frais du véritable propriétaire dont il est l'héritier, suivant les

règles que nous exposerons bientôt, et sa créance à ce sujet se trouve éteinte par confusion.

C'est par une application des mêmes principes sur la différence de caractère de ces deux actions, que nous n'étendrons pas à l'action *ex empto* la règle édictée par Gaïus pour la *stipulatio duplæ* dont la commise une fois encourue est irrévocable : « Alioquin semel commissa stipulatio resolvi non potest » (L. 57, § 1, D., *d. t.*). Dès l'instant en effet que la sentence aura été suivie d'exécution, le juge, auquel on n'adressera qu'une seule question, celle de savoir s'il y a eu dépossession, devra forcément répondre affirmativement, quand même postérieurement l'auteur de l'éviction aurait de son plein gré remis l'acquéreur en possession, au moyen d'une libéralité ou de tout autre acte juridique, car la commise encourue par le vendeur a donné à l'acquéreur un droit définitif. Le vendeur ne saurait donc se soustraire aux effets de la stipulation en offrant une satisfaction quelconque : ce qu'il doit désormais, c'est le montant de la stipulation. Au contraire, s'il s'agit de l'exercice de l'action *ex empto*, nous savons qu'il faut reconnaître alors au juge toute latitude d'appréciation ; voici en effet comment s'exprime la loi 15 (D., *De doli mali et met. excep.*) : « Fidejussor evictionis nomine condemnatus, id prædium quod evictus est, et omnia præstare paratus est, quæ jure empti continentur : quæro an agentem emptorem exceptione ex causa judicati doli mali summovere potest ? Respondit exceptionem quidem opponi posse, judicem autem æstimaturum, ut pro damnis emptori satisfiat ». Nous ferons d'abord remarquer qu'il faut lire, ce semble : « quæro an agentem emptorem ex causa judicati exceptione doli mali summovere potest ». Il s'agit du fidéjusseur d'un vendeur qui a déjà été condamné à raison de l'éviction éprouvée par l'acheteur ; mais il n'y avait pas eu *stipulatio duplæ* entre les deux parties contractantes, donc la responsabilité du fidéjusseur, comme celle du vendeur lui-même, doit être appréciée d'après les principes relatifs à l'action *ex empto*, et non d'après ceux qui régissent la *duplæ stipulatio*. Or lorsque l'acheteur veut agir par l'action *judicati* contre le fidéjusseur, la question est de savoir si ce dernier, qui a la possibilité de remettre en possession l'acquéreur évincé et de l'indemniser de tous les dommages résultant de l'éviction, pourra, en faisant cette offre, paralyser par l'exception de dol les poursuites de l'acquéreur : oui, répond Scévola ; mais il appartiendra au juge de vérifier si la satisfaction proposée par le fidéjusseur est suffisante. La solution serait identique si l'action était dirigée contre le vendeur lui-même qui ferait des offres analogues, mais elle doit toujours être restreinte évidemment à l'hypothèse où il n'y a pas eu *stipulatio duplæ*.

Le juge, en présence de la formule de droit strict que donne la stipulation, ne pourra que renvoyer le vendeur absous et déchargé de toute obligation, s'il est constant que la chose même, objet principal du contrat, se trouve en effet dans la possession de l'acquéreur ; mais il en sera autrement lorsque, par la formule générale de l'action de bonne foi, le juge aura été appelé à apprécier dans toute leur étendue les obligations imposées au vendeur : son examen devra porter alors aussi bien sur l'accessoire que sur le principal, et si, lorsqu'il était saisi de l'affaire par l'action de droit strict, il a dû déclarer le vendeur quitte de toute obligation parce que la chose, une maison ou un navire par exemple, était effectivement possédée par l'acheteur, ici au contraire il envisagera la question d'une manière plus large, il recherchera si, d'après l'équité, l'intention des parties, quant à cette chose, ne doit pas également en embrasser les accessoires aussi bien que le principal; et si, par exemple, une colonne a été détachée de l'édifice ou un agrès du navire, il condamnera le vendeur à indemniser, parce que la bonne foi veut que la chose parvienne à l'acquéreur avec tout ce qui en dépend. L'action *ex empto* s'applique donc à toutes ces choses « quæ rei accedere debent », et il n'est pas nécessaire qu'une convention expresse soit intervenue à cet égard, ce qui serait indispensable au contraire si on voulait agir par l'action *ex stipulatu* en pareil cas, car on ne saurait prétendre en droit rigoureux qu'il y ait éviction tant que la chose, fût-elle d'ailleurs dépouillée de tous ses accessoires, reste en la possession de l'acheteur : « Ideoque nec evictionis nomine obligatur venditor » (L. 36, D., *De evict.*). « Si autem columna evicta fuerit, puto te ex empto cum venditore recte acturum, et eo genere rem salvam habiturum » (L. 23, § 1, D., *De usurp. et usucap.*).

C'est par suite des mêmes principes que Paul décide que celui qui a été évincé d'une partie seulement de la chose vendue ne peut agir par l'action *ex stipulatu* si, cette chose n'étant pas d'ailleurs susceptible de division matérielle, il continue à la détenir en totalité, car on ne peut dire rigoureusement qu'il soit alors évincé de la chose, et on ne

rentre pas ainsi dans les termes de la stipulation, à moins qu'elle n'ait
été formellement interposée même pour le cas d'une éviction partielle :
« In stipulatione duplæ, cum homo venditur, partis adjectio neces-
saria est, quia non potest videri homo evictus, cum pars ejus evincatur » (L. 56, § 2, D., *De evict.*); et la décision de Papinien dans la
loi 31, § 1 (D., *d. t.*), n'est point contraire à ce principe : il s'agit
en effet dans l'espèce d'un esclave qui est déclaré commun et adjugé
par le partage à un seul des co-propriétaires, en sorte que celui auquel
l'autre co-propriétaire avait vendu l'esclave se trouve dépossédé ; il y
a là éviction pour une partie seulement, et cependant on accorde à
l'acheteur le recours par l'action *ex stipulatu :* c'est que l'adjudication
aura eu pour effet définitif de le dépouiller, non d'une partie de la
chose, mais de la possession de la totalité, puisque l'esclave aura dû
être abandonné à l'adversaire en vertu du jugement; la commise doit
donc être encourue, car on se trouvera bien alors dans les termes
de la stipulation, et il n'est plus permis en fait à l'acquéreur d'avoir sa
chose, bien qu'au fond et quant à la valeur on ne lui en ait enlevé
que la moitié : « Habebo ex duplæ stipulatione actionem, quia non
interest quo genere judicii evincatur, ut mihi habere non liceat ».

Les fruits n'étant pas une partie de la chose, mais seulement un
accessoire, ne sauraient être compris dans l'obligation résultant de la
stipulatio duplæ, voilà pourquoi on décide que celui qui a acheté un
animal ne peut agir par l'action *ex stipulatu* s'il vient à être évincé
du croît né depuis le contrat (L. 12, 13, D., *d. t.*), et de même s'il
s'agit des fruits produits par un fonds de terre. Mais comme un tel
résultat est contraire à la bonne foi, et que l'obligation née du contrat
doit porter aussi bien sur les fruits ou sur le croît que sur la chose
même, l'action *ex empto* devra dans ce cas être donnée contre le vendeur : « Agi ex empto potest, et sicut obligatus est venditor ut præstet
licere habere hominem quem vendidit, ita ea quoque quæ per eum
adquiri potuerunt præstare debet emptori ut habeat » (L. 8, D., *d. t.*).

Il en serait autrement s'il s'agissait, non de telle quantité de fruits,
mais de l'usufruit même de la chose. L'usufruit en effet est un des
éléments naturels de la possession transmise par le vendeur, et l'action
ex stipulatu pourra être exercée contre lui toutes les fois que, sans
convention à cet égard, la nue-propriété seule sera passée sur la tête
de l'acquéreur (L. 62, § 2, D., *d. t.*). Si donc, par exemple, un acqué-

reur, auquel on n'aura pas déclaré qu'un tiers était usufruitier, a revendu le fonds en se réservant l'usufruit qu'il croyait lui appartenir, le tiers venant ensuite, par une cause quelconque, à perdre son droit d'usufruit, c'est au fonds même que ce droit fera retour et non au vendeur réservataire, car il n'avait pu se réserver ce qu'il n'avait pas ; or dans ce cas le recours pourra être exercé contre le premier vendeur par l'action *ex stipulatu*, car il est évident qu'il n'a pas procuré à son acheteur la libre possession de la chose, telle qu'il devait l'espérer aux termes de la stipulation : « Quia æquum sit eamdem causam meam esse quæ futura esset si tunc ususfructus alienus non fuisset » (L. 46, D., *d. t.*). Nous trouvons à ce sujet des précisions assez curieuses et qui font bien ressortir le caractère distinct de l'action de droit strict et de celle de bonne foi, dans deux autres textes, la loi 7, D., *De act. emp.*, et la loi 39, § 5, D., *De evict.* Lorsque le vendeur a déclaré que la nue-propriété est seule vendue, attendu que l'usufruit appartient à un tiers, l'acheteur, dit Pomponius dans la loi 7, ne pourra pas agir par l'action *ex empto*, sous prétexte que c'est le vendeur lui-même qui en réalité est usufruitier, tant que vivra le tiers faussement désigné comme tel; mais quand ce dernier viendra à mourir ou à encourir une déchéance d'état, ou enfin à entrer dans une situation qui rendrait impossible la persistance de l'usufruit sur sa tête, en le supposant réellement usufruitier, alors l'acquéreur pourra agir, car c'est seulement à partir de ce moment que la réalité vient tromper les espérances que lui donnait le contrat; et il en serait de même si le véritable propriétaire était, non pas le vendeur lui-même, mais une autre personne : « Idemque juris est si dicas eum usumfructum Titii esse cum sit Seii ». Au contraire Julien, dans la loi 39, § 5, donne immédiatement un recours contre le vendeur lorsque l'usufruit sera réclamé par une personne autre que celle qu'il avait désignée comme en étant nantie; mais c'est que précisément, dans l'espèce prévue par ce dernier jurisconsulte, il s'agit d'un recours dirigé contre le vendeur en vertu de la *stipulatio duplæ;* or ici tout est rigoureux, tandis que, dans le premier cas, il s'agissait de l'action *ex empto* où la bonne foi s'opposait à ce qu'un recours fût dès lors intenté.

II. C'est surtout en ce qui concerne le règlement de l'indemnité due à raison de l'éviction qu'apparaît la différence fondamentale entre l'action de bonne foi et celle de droit strict. Examinons d'abord au point de vue de la première, c'est-à-dire à défaut de toute convention spéciale à ce sujet, les conséquences et la portée de la demande en dommages formée par l'acquéreur évincé contre son auteur.

Le jurisconsulte Javolenus a posé en peu de mots la règle qui doit être suivie en cette matière, et qui du reste se retrouve énoncée dans les fragments de tous les autres jurisconsultes, car elle est fondée sur la raison et l'équité : Si les parties n'ont rien précisé, le vendeur, dit-il, sera simplement tenu d'indemniser l'acquéreur de tout le préjudice que lui a causé l'éviction; c'est une obligation qui découle naturellement de l'action *ex empto* : « Si in conditione dictum non sit quantum venditorem pro evictione præstare oporteat, nihil venditor præstabit præter simplam evictionis nomine, et ex natura ex empto actionis hoc quod interest ». (L. 60, D., *De evict.*). C'est donc l'intérêt qu'avait l'acheteur à n'être point évincé qu'il s'agit tout d'abord d'apprécier, mais comme il peut en même temps se rencontrer diverses circonstances dont il importera de tenir compte pour l'exactitude soit de cette appréciation même, soit de la responsabilité qui incombe au vendeur, nous devons rechercher, une fois le principe posé, quant au vendeur, s'il a été de bonne ou de mauvaise foi, quant à la chose, si l'éviction a été totale ou partielle.

Le préjudice « id quod interest », peut être supérieur, égal ou inférieur au prix de vente. En règle générale, le préjudice sera supérieur, et c'est ce qui explique que presque tous les textes envisagent la question à ce point de vue : il en sera ainsi lorsque, depuis la vente, la chose, soit par sa nature même ou par des circonstances extérieures, soit par le fait et par les soins de l'acquéreur, aura acquis une valeur plus considérable, et encore lorsque l'acquéreur, par cette éviction, se trouvera privé d'un gain qu'il avait droit d'attendre, car le préjudice consiste, non-seulement dans la perte subie, mais encore dans le bénéfice non réalisé : « Quantum mea interfuit, id est quantum mihi abest, quantumque lucrari potui ». (L. 13, Pr., D., *Rat. rem hab.*). Dans ce cas, la simple restitution du prix ne pourra évidemment indemniser l'acheteur évincé, et on devra dire avec Paul : « Evicta re ex empto actio non ad pretium duntaxat recipiendum, sed ad id quod interest competit. » (L. 70, D., *De evict.*), car l'action *ex empto* porte non-seulement sur la valeur de la chose au temps de la vente, mais sur tout le dommage éprouvé : « Non enim pretium continet tantum sed omne quod interest emptoris servum non evinci. » (L. 43, in f., D., *De act. emp.*). L'indemnité sera donc supérieure au prix qui a été payé, et en principe elle devra être égale à la perte éprouvée et au bénéfice non réalisé, en se renfermant toutefois dans les limites fixées en cette matière par les principes généraux, quant à la réparation du préjudice causé par l'inexécution des obligations. On ne devra apprécier en effet que le dommage résultant directement de l'éviction, et non celui dont on pourrait trouver dans cette éviction la cause indirecte et plus ou moins éloignée : « Omnis utilitas emptoris in æstimationem venit quæ modo circa ipsam rem consistit ». (L. 21, § 3, D., d. t.); car c'est l'intention présumée des parties qu'il faut considérer, et il est évident, à moins de preuve contraire, que le vendeur n'a entendu répondre que du préjudice qui aurait sa cause immédiate dans la dépossession : « Damni et interesse propter ipsam rem non habitam ». Mais il peut arriver que le dommage, même ainsi limité, soit encore très considérable, par exemple si l'augmentation de valeur a été telle que toutes les prévisions naturelles des parties se trouvent certainement dépassées : faudra-t-il néanmoins décider que le vendeur en sera indéfiniment tenu ? Cette solution rigoureuse est repoussée par le caractère même de notre action, et on ne doit pas perdre de vue ce principe d'équité qui veut avant tout que la décision du juge soit la consécration de la volonté probable des parties : il faut donc reconnaître que la nécessité de garantir ne peut pas produire des obligations absolument indéfinies, et que ses conséquences ne doivent pas être devant la justice autres que celles qu'aurait probablement acceptées le vendeur dans une convention amiable, c'est-à-dire qu'elles ne doivent pas devenir, par leur exagération, ruineuses pour lui. C'est d'après ces considérations qu'on avait fini par admettre, afin de ne pas laisser d'une manière absolue cette appréciation à l'arbitraire du juge, que la somme la plus élevée à laquelle l'acheteur pourrait prétendre serait le double du prix qu'il avait payé; en effet la stipulation du double était en général celle que les parties apposaient comme garantie de l'éviction, et il était naturel de penser que cette indemnité était, même à défaut de convention expresse, celle que le vendeur avait pu s'attendre à payer; bien plus, si l'acheteur avait voulu, au moyen de l'action *ex empto*, le forcer à promettre spécialement une certaine indemnité, c'est seu-

lement à concurrence de cette somme qu'on aurait pu le contraindre à
s'engager. Cette règle établie par l'usage fut bientôt consacrée par les
décisions des jurisconsultes : Paul et Africain reconnaissent l'équité de
ce tempérament : « Plane si in tantum pretium excedisse proponas ut
non sit cogitatum à venditore de tanta summa....., Cum forte idem me-
diocrium facultatium sit, non ultra duplum periculum subire eum
oportet ». (L, 43 et 44, D., *De act. emp.*) ; et enfin une constitution
de l'empereur Justinien, afin de faire cesser toute incertitude à ce
sujet, donna force de loi à cette pratique depuis longtemps admise,
mais qui manquait encore d'une consécration légale : « Cum pro eo
quod interest dubitationes antiquæ in infinitum productæ sint..... San-
cimus itaque in omnibus casibus qui certam habent quantitatem veluti
in venditionibus..... Hoc quod interest dupli quantitatem minime exce-
dere ». (L. 1, COD., *De sent. que pro eo*..... »

On comprend du reste que le bénéfice de cette limitation, quant à la
somme à prêter à titre d'indemnité, ne peut jamais être invoqué que
par le vendeur de bonne foi, et que la même faveur ne saurait être
accordée à celui qui, ayant vendu sciemment la chose d'autrui, a exposé
par son dol l'acheteur à subir des dommages dont il lui devra alors la
réparation pleine et entière, quelle que soit d'ailleurs leur importance :
« Si sciens reticuit et emptorem decepit, omnia detrimenta quæ ex ea
emptione emptor traxerit præstaturum ei ». (L. 13, Pr., L. 45, § 1,
D., *De act. emp.*). Cette différence s'explique tout naturellement ; car,
dans le cas où il y a eu mauvaise foi, ce n'est pas seulement à raison
de la volonté présumée qu'il a eu de s'obliger, c'est par suite de son dol,
et indépendamment de toute intention de sa part, que le vendeur est
tenu, et dès lors sa responsabilité, comme celle de tout délinquant,
doit porter sans ménagements sur tout le dommage résultant de son
dol : « Omnimodo teneri debet », ainsi que le dit Paul. Néanmoins il
importe de noter que, même dans cette situation, le vendeur ne peut
être recherché que pour le dommage dont la cause directe se trouve
dans l'éviction soufferte par l'acheteur ; seulement on n'aura pas à s'inquiéter ici de savoir s'il avait pu ou non le prévoir : il est tenu *propter
delictum* « sive velit sive nolit ». Quant au dommage qui n'est pas une
suite immédiate du dol, il ne doit pas retomber sur le vendeur ; car
l'équité ne peut permettre que les juges, par un enchaînement de dé-
ductions, suivent ainsi les résultats d'un acte jusque dans ses limites

extrêmes : « causa proxima non remota spectatur ». « Et adhuc in doloso intellegitur venire omne detrimentum tunc et proxime secutum, non autem damnum postea succedens ex novo casu ». (DUMOULIN. *De eo quod interest,* nᵒ 179).

L'application de ces principes ne présente aucune difficulté lorsque l'augmentation de valeur résulte d'un évènement fortuit, de circons- tances indépendantes de la volonté de l'acheteur; mais la question peut se compliquer si on suppose que cette augmentation est due aux travaux d'amélioration et aux dépenses faites par l'acheteur : dans ce cas, en effet, on devra avoir égard à diverses considérations pour apprécier la responsabilité du vendeur et déterminer les dommages dont il sera tenu d'indemniser l'acheteur évincé, tout en respectant du reste les règles générales que nous venons de poser quant à l'étendue du recours. Il peut ici se présenter diverses hypothèses, et il y a lieu d'apprécier, soit la nature des dépenses, soit la position de l'acheteur à l'égard de la chose, au moment de l'éviction.

Si en effet la chose vendue, un fonds de terre, par exemple, qui a acquis, par suite de ces améliorations, une plus-value quelconque, se trouve entre les mains de l'acheteur auquel un tiers le réclame en vertu de son droit de propriété, cet acheteur, que nous supposons d'ailleurs de bonne foi, serait en faute si, obéissant aussitôt à une sentence de dépossession, il livrait le fonds au demandeur, et il devrait alors être déclaré non recevable à demander des dommages-intérêts à son ven- deur pour les frais d'amélioration. Ce n'est pas à lui qu'il devait tout d'abord s'adresser, mais bien au revendiquant lui-même; car c'est un principe de droit commun que celui qui profite des améliorations, doit dédommager leur auteur. Il est vrai que, dans ce but, on n'accordait aucune action directe : « Sumptus in prædium quod alienum esse appa- ruit a bona fide possessore facti..... neque a domino peti possunt. » (L. 48, D., *De rei vind.*); mais si l'auteur de ces améliorations était détenteur de la chose, on lui donnait le droit de la retenir jusqu'à ce qu'il eût été désintéressé, et de repousser par une exception de dol toute action tendant à lui enlever la chose, si elle n'était accompagnée du paiement des impenses : « Certe illud constat, si in possessione consti- tuto ædificatore soli dominus petat domum suam esse, nec solvat pre- tium materiæ et mercedes fabrorum, posse eum per exceptionem doli mali repelli ». (INST. JUST., § 30, *De div. rer.;* — L. 27, § 5, et L. 48,

D., *De rei vind.*). Si donc l'acheteur a imprudemment abandonné la possession, renonçant ainsi au seul moyen qui lui fut donné d'obtenir une indemnité du véritable propriétaire, c'est là de sa part une faute, ou du moins une négligence dont les conséquences ne sauraient être imputables qu'à lui-même, et ne doivent en aucune façon retomber sur le vendeur; c'est ce que décide Paul en termes formels : « Nam quia possum petentem, nisi impensam ædificiorum solvat, doli mali exceptione summovere, magis est ut ea res ad periculum venditoris non pertineat ». (L. 15, § 1, D., *De act. emp.*).

Mais dans bien des cas il arrivera que l'acheteur ne pourra obtenir de celui qui l'évince la totalité des dédommagements qu'il était en droit de réclamer; que même il se trouvera dans l'impossibilité de rien réclamer contre lui, bien que d'ailleurs on n'ait aucun reproche à lui faire sur sa diligence : alors il conservera évidemment son recours contre le vendeur. Si par exemple il avait déjà, au moment de l'éviction, perdu la possession par suite de circonstances qui ne permettent pas de l'accuser de négligence, il est incontestable que, nulle action directe ne lui étant donnée contre l'évinçant, et la ressource de l'exception n'étant plus possible, c'est contre son garant naturel qu'il devra se retourner pour obtenir une indemnité : « Quod si emptor non possideat ædificium vel servum, ex empto habebit actionem » (*d. l.*). Il peut même arriver que la possession, qu'il avait conservée jusqu'au moment de l'éviction, lui soit enlevée de telle sorte, par suite de l'action en revendication, qu'il n'ait pu opposer à personne l'exception de dol, afin d'obtenir par la rétention l'indemnité due pour ses dépenses d'amélioration; c'est ce qui a lieu quand un esclave est revendiqué *in libertatem :* nul n'est évidemment tenu d'indemniser l'acquéreur, puisque ses dépenses pour l'éducation de cet esclave, qui ne passe pas à un nouveau maître, ne doivent profiter à personne; c'est donc alors à son vendeur seul que l'acheteur peut demander une indemnité. On comprend qu'il en serait autrement si l'esclave avait été revendiqué *in servitutem ;* et tel est le sens de la précision faite par le jurisconsulte : « Quod et in servo dicendum est, si in servitutem non in libertatem evinceretur, ut dominus mercedes et impensas præstare debeat » (*d. l.*).

Dans d'autres hypothèses, l'acheteur ne pourra obtenir de l'évinçant qu'une indemnité incomplète : ainsi lorsqu'il a perçu des fruits pendant sa possession, ils devront être pris en considération et leur valeur sera comptée en tant moins sur l'indemnité due par le véritable propriétaire ; car si ces fruits ont été acquis au possesseur par le fait de leur perception : « Naturali ratione placuit fructus quos percepit ejus esse » (§ 35, Inst. Just., *De div. rer.*), cela n'est vrai qu'à l'égard des tiers ; mais, à l'égard du véritable propriétaire, il sera toujours comptable de ceux qu'il n'a pas encore consommés ; par conséquent ces fruits, que le propriétaire aurait le droit de revendiquer avec la chose même, doivent entrer en compensation avec les frais d'amélioration dont l'acquéreur demanderait à être indemnisé, et le véritable propriétaire n'aura ainsi à payer à titre d'indemnité, que la différence entre la valeur des fruits perçus et non consommés, et la plus-value résultant des dépenses d'amélioration « habita fructuum ratione » (L. 46, Cod., *De evict.*), en sorte que cette indemnité serait tout entière acquittée par la compensation, si la valeur des fruits perçus était égale ou supérieure à la plus-value : « Scilicet si fructuum ante litem contestatam perceptorum summam excedant, etenim admissa compensatione superfluum sumptum meliore prædio facto dominus restituere cogitur ». (L. 48, D., *De rei vind.*). De même si les améliorations ont produit une plus-value supérieure aux dépenses, le propriétaire revendiquant n'aura à tenir compte à l'acquéreur que de la valeur des dépenses ; car il est uniquement obligé de le rendre indemne quant à ses déboursés dont la chose a profité, mais il n'a point à s'inquiéter d'ailleurs de l'intérêt qu'il pouvait avoir à n'être point évincé en vue d'un bénéfice à réaliser. Dans ces divers cas, il est manifeste que l'acquéreur conservera toujours son recours contre son vendeur pour se faire complètement indemniser du préjudice que lui aura causé l'éviction : celui-ci ne pourra, comme le véritable propriétaire, lui opposer la compensation de ses dépenses avec les fruits perçus ; car les fruits sont, ainsi que nous l'avons démontré, un accessoire dont il lui doit la garantie aussi bien que de la chose même, et il sera tenu de le dédommager, quant aux améliorations, comme si nulle compensation n'avait été effectuée, de même qu'il aurait dû lui faire compte des fruits s'il les avait restitués au propriétaire à défaut de compensation. De même aussi, quand le revendiquant n'aura restitué à l'évincé que ses dépenses, alors qu'une plus-value bien supérieure avait été acquise au fonds, celui-ci conservera son recours contre le vendeur, pour toute la différence entre la dépense et l'amélioration ; car l'obligation du vendeur n'est pas limitée, comme celle du revendiquant, au

paiement de ces déboursés : il doit encore indemniser l'acquéreur de
toute la valeur nouvelle que ces améliorations avaient procurée au fonds,
puisque l'indemnité dont il est tenu à son égard, porte sur toute la
perte qu'il éprouve, sur tout l'intérêt qu'il peut avoir à n'être pas évincé
« omne quod interest emptoris non evinci », c'est-à-dire sur le *lucrum
cessans* aussi bien que sur le *damnum emergens*. Sauf toutefois,
quant à l'étendue de cette obligation, à appliquer les mêmes restrictions d'équité que nous avons signalées pour le cas où l'augmentation
de valeur était le résultat de circonstances indépendantes de la volonté
de l'acquéreur. Paul, à ce sujet, cite l'exemple d'un esclave auquel on
aura fait donner une éducation des plus soignées et qui, au moment de
l'éviction, se trouvera avoir augmenté de valeur au-delà de toutes les
prévisions : « Veluti si ponas agitatorem postea factum vel pantomi-
mum evictum esse eum qui minimo veniit pretio, iniquum videtur in
magnam quantitatem obligari venditorem, et non ultra duplum periculum subire eum oportet ». (L. 43, 44, D., *De act. emp.*). C'est donc
en principe à l'évinçant que l'acheteur devra réclamer des dommages-
intérêts pour les frais d'amélioration sur une chose dont il a la possession, et son recours contre le vendeur ne sera admis que lorsque son
exception contre le véritable propriétaire n'aura pu lui procurer une
entière satisfaction : c'est ainsi qu'il faut entendre la loi 9, Cod., *De
evict.*, qui ne vient nullement contredire ces principes : « Sin autem
evictum fuerit, a venditore successoreve ejus consequeris quanti tua
interest, in quo continetur etiam eorum persecutio quæ in rem emp-
tam a te ut melior fieret erogata sunt ».

Nous avons supposé que la plus-value résultant des améliorations
était supérieure ou au moins égale à la dépense : si elle est inférieure,
il faut reconnaître que l'acheteur ne pourra prétendre qu'à la plus-
value et non à la totalité des dépenses, soit qu'il réclame au véritable
propriétaire, car celui-ci n'a à lui tenir compte des dépenses qu'à concurrence du profit qui en est résulté pour le fonds, soit qu'il actionne
le vendeur; car l'intérêt qu'il avait à n'être point évincé est la mesure
de l'indemnité, et il ne peut avoir d'intérêt que dans la limite de la
plus-value qu'il a procurée à la chose. — Il est du reste bien entendu que nous n'appliquons ces principes qu'aux dépenses utiles et
dans l'hypothèse de la bonne foi de l'acquéreur aussi bien que du vendeur. S'il s'agissait de dépenses nécessaires, l'évincé devrait en être

complètement indemnisé par le véritable propriétaire; si au contraire c'étaient des dépenses simplement voluptuaires, il ne pourrait rien réclamer, ni contre ce dernier, qui n'en retirerait aucun profit, ni contre son vendeur, puisque son intérêt pécuniaire à n'être pas évincé ne s'en trouve point augmenté.

C'est seulement dans le cas où le vendeur aurait été de mauvaise foi, qu'il devrait être déclaré également responsable de toutes les dépenses faites par l'acquéreur, quel qu'en fût d'ailleurs le caractère, puisque c'est par sa fraude qu'il les a occasionnées, et que dès lors il ne mérite aucun égard : « In omnibus tamen his casibus, si sciens quis alienum vendiderit, omnimodo teneri debet ». (L. 45, § 1, D., *De act. emp.*). Mais d'autre part l'acquéreur ne pourrait utilement exercer son recours s'il était de mauvaise foi quand il a fait ces dépenses, et s'il est évident par là qu'il n'a eu d'autre but que de grever le vendeur du paiement d'une indemnité plus considérable : « dolosis lex non succurrit, ne invitet homines ad delinquendum ». Il ne pourrait non plus, étant de mauvaise foi, se faire rembourser par le véritable propriétaire : « Nam scienti alienum solum esse potest objici culpa quod ædificaverit temere in eo solo quod intelligeret alienum esse » (§ 30, INST. JUST., *De div. rer.*), décision rigoureuse qui du reste n'était pas admise sans quelque tempérament *benignius* dans la pratique ; « non debet enim petitor ex aliena jactura lucrum facere ». (L. 38, D., *De hered. petit.*).

Si la valeur de la chose est la même à l'époque de l'éviction qu'à celle de la vente, il ne peut y avoir aucune difficulté : par une application analogue des principes que nous venons d'exposer, l'acquéreur recevra une somme égale au prix qu'il avait payé, et cette sorte de restitution représentera alors toute l'indemnité à laquelle il a droit.

III. Mais la solution ne paraît pas aussi facile dans le cas où, la chose ayant diminué de valeur depuis la vente, l'intérêt que peut avoir l'acheteur à n'être pas évincé se trouve au-dessous du prix d'achat, en sorte qu'il ne puisse réclamer à titre d'indemnité qu'une somme inférieure à ce prix. On se demande si en effet dans ce cas le vendeur sera entièrement quitte à l'égard de son acquéreur en lui restituant une partie du prix égale au préjudice que lui cause l'éviction, tout en conservant l'excédant du prix qu'il aurait reçu. Dumoulin, Pothier, et après eux le Code Napoléon, se sont prononcés pour la négative et veulent que, dans tous les cas, le vendeur soit tenu à la restitution de la totalité du prix. Nous aurons à examiner plus tard quelles sont les raisons qui peuvent justifier cette théorie dans le droit français; mais pour le moment nous devons rechercher si telle était aussi l'opinion admise par les jurisconsultes romains, ou si ce n'est pas plutôt au moyen d'une interprétation forcée de quelques textes qu'on a prétendu l'y retrouver.

La loi 70 (D., *De evict.*) tranche la question de la manière la plus formelle en faveur de l'opinion contraire à celle de Dumoulin : Paul déclare que, si la chose a diminué de valeur depuis la vente, cette dépréciation sera supportée par l'acheteur : « Ergo et si minor esse cœpit damnum emptoris erit », et Papinien, dans la loi 66, § 3 du même titre, vient confirmer cette disposition en des termes plus explicites encore : le prix d'estimation sera augmenté ou diminué, dit-il, selon que le fonds se trouvera détérioré ou amélioré au moment de l'éviction : « Scilicet ut melioris aut deterioris agri facti causa finem pretii, quo fuerat tempore divisionis æstimatus, deminuat vel excedat ». Mais on a contesté la force concluante de ces textes, et on a prétendu que les jurisconsultes romains avaient toujours établi une distinction entre la restitution du prix et le paiement d'une indemnité : que c'étaient là deux chefs parfaitement distincts de l'action *ex empto;* que le premier devait invariablement sortir effet, parce que le prix ne saurait être conservé à aucun titre par le vendeur qui est en faute de n'avoir pas pleinement exécuté son obligation, que dès lors il y a lieu d'intenter contre lui une *condictio sine causa;* quant au second chef, c'est celui-là qui seul pourra varier dans ses effets et qui même devra n'en produire aucun, parce qu'il se trouvera confondu dans le premier, lorsque l'indemnité étant inférieure au prix sera tout entière comprise et au-delà dans la restitution de celui-ci. Cette distinction entre les deux effets de l'action *ex empto*, l'un invariable et constant, l'autre tout éventuel, a paru résulter des termes employés par Paul dans la loi 13, in f. (D., *De act, emp.*), où il est dit que l'action *ex empto* ne comprend pas seulement le prix, mais encore le préjudice résultant de l'éviction: « Non enim pretium continet tantum; sed omne quod interest emptoris ». Mais une telle opinion, fondée uniquement sur ce texte, ne nous paraît rien moins qu'incontestable et évidente : il importe en effet de remarquer l'espèce toute particulière à laquelle Paul se référait en s'exprimant de la sorte, et on verra facilement que cette phrase est tout simplement le développement du principe général dont il veut rendre l'application plus manifeste dans la question qui lui était soumise; car de l'ensemble de la loi et de son titre même il résulte clairement que c'est là une réponse à une consultation. Il s'agissait de dépenses faites pour l'éducation d'un esclave qui avait acquis ainsi une très grande valeur depuis la vente, et on se demandait si l'acheteur avait droit de demander une indemnité pour la plus-value qui se trouvait fort considérable : il est probable que le vendeur se prétendait quitte en restituant le prix et soutenait que l'on n'avait rien à lui réclamer au-delà, à quoi Paul répondait que, dans l'action *ex empto*, les prétentions du demandeur ne sont pas limitées à la restitution du prix, mais qu'il a droit en outre à demander une indemnité pour laquelle cette restitution ne saurait être suffisante. On le voit donc, ce texte ne préjuge rien en faveur de l'opinion de Dumoulin : dans l'espèce, l'indemnité devait être très supérieure au prix : « Planc si in tantum pretium excedisse proponas », et Paul n'avait nullement à s'occuper du cas inverse, de celui où la chose avait diminué de valeur. Ce cas, le même jurisconsulte l'a réglé ailleurs, dans la loi 70 (D., *De evict.*), et Papinien a confirmé sa solution dans le § 3 de la loi 66 (*d. t.*). Il est impossible de ne pas voir dans ces deux lois la condamnation du système de Dumoulin : comment en effet comprendre ces mots : « Damnum emptoris est », si on ne les applique qu'au paiement de l'indemnité ? en quoi y aura-t-il un dommage souffert par l'acheteur dans le cas où, la valeur de la chose étant diminuée au moment de l'éviction, on lui refusera une indemnité, si d'autre part on lui accorde toute la valeur qu'avait la chose au moment de la vente? Loin de lui faire subir une perte, il faut bien reconnaître que c'est lui accorder un bénéfice, puisqu'il recevra plus qu'il ne lui a été enlevé : il serait aussi vrai de dire et on pourrait à plus forte raison soutenir qu'il éprouve également un préjudice lorsque, la valeur de la chose n'ayant ni diminué ni augmenté, il ne peut recevoir aucune indemnité et doit se contenter de la restitution du prix d'achat sans prétendre à rien au-delà. Ces expressions du jurisconsulte ne peuvent donc recevoir une explication raisonnable que si on les entend dans leur sens naturel, c'est-à-dire si on admet que la restitution du prix et le paiement de l'indemnité ne sont pas choses distinctes dans l'action *ex empto*, mais que cette action ne contient en définitive qu'un seul chef : l'obligation d'indemniser, obligation qui tantôt sera exécutée par la simple restitution du prix, non à titre de restitution mais à titre d'indemnité, tantôt s'élèvera à une somme supérieure, tantôt demeurera au-dessous et alors sera pleinement remplie du moment que l'acquéreur aura reçu, indépendamment de toute restitution, car il est bien établi que le vendeur n'a pas à en faire, une somme égale à l'intérêt qu'il avait à n'être pas évincé, *id quod interest*. Quant à la loi 66, § 3, on a essayé de la réfuter en se fondant sur la prétendue différence qui sépare le partage, auquel elle se réfère, de la vente ; mais si cette différence est complètement tranchée dans notre droit, il ne faut pas oublier que dans le droit romain au contraire l'assimilation de la vente et du partage était à peu près parfaite : « Divisionem prædiorum vicem emptionis obtinere placuit ». (L. 1, Cod., *Comm. utr. jud.*), et que dès lors cette loi doit aussi bien s'entendre pour le cas d'une vente que pour celui d'un partage.

Ce n'est donc point par des arguments de textes que l'opinion de Dumoulin peut être sérieusement soutenue, et en adoptant l'opinion contraire nous croyons ne blesser ni la raison ni l'équité, car, même au point de vue de la bonne foi, l'acquéreur ne doit être admis à réclamer que la valeur de la chose au moment de l'éviction : n'est-ce pas en effet une règle de droit commun que toute perte éprouvée par la chose depuis la vente est pour le compte de l'acheteur : « Periculum rei venditæ statim ad emptorem pertinet »? et nous ne pouvons admettre qu'il soit exact de prétendre, ainsi qu'on l'a voulu, que le vendeur allait se trouver détenteur du prix sans cause, ce que du reste aucun texte ne déclare, parce que l'obligation pour laquelle il l'a reçu n'est pas exécutée. Le vendeur a reçu le prix parce qu'il lui était dû en vertu du contrat de vente : l'obligation du vendeur, telle est la cause du paiement fait par l'acquéreur, et il suffit que cette cause ait existé au moment du paiement pour qu'il ne puisse plus y avoir lieu à répétition contre le vendeur. Par conséquent, même dans l'hypothèse où la délivrance de la chose vendue ne serait pas effectuée, il ne saurait être question d'une action en remboursement : on actionnera tout simplement le vendeur en délivrance de la chose, au moyen de l'action *ex empto*. Donc il faut bien reconnaître que, s'il a déjà fait la délivrance, il ne doit que des dommages.

Dans les développements qui précèdent, nous avons toujours supposé qu'il s'agissait d'une vente faite dans les conditions ordinaires, mais faudra-t-il appliquer la même règle en présence d'une clause de non garantie? C'est le moment d'examiner quels sont, au point de vue du règlement de l'indemnité, les effets d'une telle clause. Il résulte évidemment de la loi 11, § 18, D., *De act. empti*, que cette clause ne saurait avoir pour conséquence d'exonérer le vendeur de toute obligation envers l'acquéreur évincé, mais qu'elle le décharge seulement du paiement des dommages qui pourraient excéder le prix. Donc, malgré la clause de non garantie, le vendeur, en cas d'éviction, sera tenu de payer une somme égale au prix, si nous supposons que la valeur de la chose n'a pas varié depuis la vente. C'était là incontestablement la doctrine de Julien reproduite par Ulpien dans la loi 11, § 18 précitée. Mais, d'après plusieurs auteurs, Ulpien ne reproduirait la décision de Julien que pour l'improuver. Voici en effet quelle serait l'économie de ce texte : Ulpien commence par poser le principe que, si le vendeur a déclaré ne vouloir répondre que de l'éviction provenant de son chef, il sera à l'abri de toute action si l'éviction provient du fait d'autrui; il mentionne ensuite l'opinion de Julien ; or, d'après ce dernier jurisconsulte, la clause de non garantie ne libère pas le vendeur de l'obligation de rendre le prix, excepté quand la vente est faite aux risques et périls de l'acheteur, ce qui doit être toujours présumé dans certaines hypothèses qu'il indique, où la vente présente les caractères d'un contrat aléatoire, et alors Ulpien, reprenant la parole, ajoute immédiatement : « Sed in suprascriptis conventionibus contra erit dicendum, nisi forte sciens alienum vendidit: tunc enim, secundum supra a nobis relatam Juliani sententiam, dicendum est ex empto eum teneri quia dolo fecit ». De telle sorte qu'Ulpien approuverait la solution de Julien pour le cas où la vente a un caractère aléatoire, mais la repousserait dans son application à la clause pure et simple de non garantie. Une pareille interprétation est tout-à-fait forcée, il suffit de lire le texte avec attention pour se convaincre qu'Ulpien a voulu seulement faire remarquer que la doctrine de Julien, bien qu'il l'approuve, ne saurait néanmoins être étendue aux hypothèses qu'il a tout d'abord présentées au début, celles où le vendeur a déclaré ne prendre à sa charge que l'éviction provenant de son chef, il est clair que, dans ce cas, il ne devra rien si l'éviction provient d'une autre cause. Par con-

séquent, dans l'espèce prévue au texte, le vendeur, malgré la clause
de non garantie, sera tenu de restituer le prix. Les lois 10 et 11, D.,
De hered. vel act vend., qui refusent toute action à l'acquéreur
évincé, bien loin d'être contraires à ce système, le confirment, puisqu'elles se réfèrent à des hypothèses où la vente était faite aux risques
et périls de l'acheteur et présentait le caractère d'un contrat aléatoire.

Mais s'il en est ainsi, si dans le cas de non garantie le vendeur est
tenu à la restitution du prix, que devient le système, que nous avons
cru devoir accepter comme vrai, d'après lequel le vendeur, en cas
d'éviction, n'est jamais tenu envers l'acquéreur qu'à concurrence de
l'*id quod interest?* La contradiction entre la loi 11, § 18, *De act.
empt.*, telle que nous l'avons expliquée, et le système par nous soutenu
sur l'obligation du vendeur est manifeste : quelques auteurs se bornent
à déclarer que, dans le cas de non garantie, le vendeur est obligé,
par exception, à restituer le prix, tandis que, dans les autres cas,
il ne sera tenu que des dommages, lesquels seront tantôt supérieurs,
tantôt inférieurs au prix. Mühlenbruch, qui enseigne sur tous ces
points la doctrine que nous avons suivie, n'a pas l'air de s'apercevoir
de cette contradiction et n'en dit rien (*Doct. Pandect.*, § 399 et 401).
Il serait possible, ce semble, de faire disparaître cette antinomie.
La clause de non garantie a en effet pour but direct d'exonérer le vendeur de payer des dommages supérieurs au prix, donc pas de difficulté si la chose a augmenté ou n'a pas changé de valeur : la somme
que devra payer le vendeur sera toujours égale au prix. Mais, si la
chose a diminué de valeur, devra-t-il encore le prix ou seulement
la valeur actuelle? Si on décide qu'il devra encore le prix dans ce
cas, on consacrera cette bizarre solution que le vendeur, qui a été
affranchi par une clause spéciale de l'obligation de garantie, sera plus
rigoureusement tenu que s'il était demeuré obligé à la garantie. Cette
conséquence est absurde. Mais alors comment expliquer la loi 11, § 18,
qui semble l'approuver? Le voici : dans la loi 11, § 18, le jurisconsulte
ne se propose pas d'examiner ce qui arrivera dans le cas où la chose
évincée aurait diminué de valeur depuis la vente, mais uniquement de
la question de savoir si la clause de non garantie doit ou non exonérer
le vendeur de toute obligation; et il décide que le vendeur sera seulement exonéré de l'obligation de payer des dommages supérieurs au
prix; que par conséquent la somme des restitutions qu'il pourra être

tenu d'opérer ne devra jamais dépasser le prix et sera égale au prix lui-même dans les hypothèses ordinaires. Mais maintenant si on suppose que la chose a diminué de valeur, il faudra alors appliquer la règle générale que nous avons établie, et la loi 11, § 18, qui n'est pas faite pour ce cas exceptionnel, ne saurait le réglementer. D'où il résulte que la clause de non garantie ne peut produire des effets juridiques que dans le cas d'augmentation, et non dans le cas de diminution de valeur.

En résumé, nous déciderons donc, d'une manière générale, que l'obligation du vendeur, contre lequel l'acheteur évincé exercera son recours en garantie par l'action *ex empto*, consistera dans le paiement d'une indemnité égale au préjudice éprouvé, sans que d'ailleurs la question du prix d'achat puisse être prise en considération pour régler le *minimum* de cette indemnité. C'est du reste ainsi que les empereurs Dioclétien et Maximien ont tranché la question par un rescrit inséré au Code, et dans lequel se trouve formellement énoncé le principe que nous venons d'établir : « Quod sive præsentibus his fundus quem emisti fuerit evictus, sive absentibus postea, quanti tua interest rem evictam non esse, teneri, non quantum pretii nomine dedisti, si aliud non placuit, publice notum est » (L. 23, *De evict.*).

IV. C'est afin d'éviter les difficultés nombreuses auxquelles pouvait donner lieu dans la pratique le règlement d'une indemnité où tout était laissé à la libre appréciation du juge, que les parties étaient dans l'usage de déterminer par anticipation et d'une manière définitive la somme qui devrait être payée en cas d'éviction : c'était ordinairement le double du prix, bien qu'on eût toute liberté de convenir d'une somme plus considérable, du triple et même du quadruple. Cette sorte de forfait ou de clause pénale puisait en général toute sa force dans la forme même qui était employée, dans la solennité des paroles de la stipulation, et on n'était point tenu, à moins de convention expresse, d'assurer au moyen de fidéjusseurs l'efficacité de la promesse : « Non tamen ut vulgus opinatur, etiam satisdare debet qui duplam promittit, sed sufficit nuda repromissio, nisi aliud convenerit » (L. 56, Pr.; L. 37 et 1, D., *De evict.*). « Stipulatio duplæ repromissio est, nisi si convenerit ut satisdetur » (L. 1, § 8, D., *De stip. præt.*). Ainsi cessent de se présenter toutes les complications qui pouvaient résulter soit

d'une augmentation soit d'une diminution de valeur survenue dans la
chose depuis la vente : la base fixe et invariable de l'indemnité, c'est
le prix, tel qu'il a été réglé au moment du contrat, et qui doit être
rendu au double en cas de dépossession : c'est là tout ce que l'acheteur
sera en droit de réclamer, le dommage qu'il souffre fût-il d'ailleurs
très supérieur ; mais c'est aussi cette somme entière que le vendeur
sera tenu de lui compter dans le cas où l'intérêt qu'il aurait à n'être
pas évincé serait très inférieur même à la valeur de la chose à l'époque
de la vente : il ne s'agit plus en un mot que d'établir le fait de l'éviction et dès lors la commise est encourue.

V. Nulle difficulté d'application ne peut donc être élevée tant qu'il
s'agira d'une éviction totale ; mais si l'éviction n'a porté que sur une
partie de la chose, il faut reconnaître que la commise de la stipulation ne peut évidemment être encourue pour le tout, car il s'agit ici
d'une de ces stipulations où la forme rigoureuse de l'expression n'ex-
cluait pas cependant une certaine latitude d'interprétation, à raison
même du caractère de bonne foi du contrat et de l'intention présumée
des parties que le magistrat dans sa sagesse devait toujours prendre en
considération. Or on ne pouvait mettre en doute que les parties, en
cas de dépossession partielle, n'eussent voulu sauvegarder leurs droits
dans la proportion même de l'atteinte qui y serait ainsi portée et non
au-delà : c'était donc seulement le double du prix de la partie évincée
qui pouvait être réclamé, et pour établir le rapport entre la quantité
dont l'éviction avait été effectuée et la portion correspondante du prix,
il fallait suivre la même distinction que nous avons indiquée pour le
règlement en pareil cas de l'indemnité par l'action *ex empto*, selon
que c'était une partie déterminée ou seulement une quote-part du tout
qui avait fait l'objet de l'éviction ; mais la valeur au moment de la vente
étant ici la seule dont on ait à se préoccuper, c'est à ce moment et non
à celui de l'éviction, comme pour l'action *ex empto*, qu'il faudra se
placer pour déterminer la proportion entre la fraction de la chose qui
a été enlevée et la fraction du prix qui doit être doublée. Si l'éviction
comprend simplement une partie indivise de la chose, l'appréciation,
en se reportant au moment du contrat, devra être faite, non d'après
la valeur propre de cette partie, puisqu'elle n'est pas spécialement
déterminée, mais bien d'après son étendue comparée à celle qu'avait

la chose entière à cette époque, et il importera peu d'ailleurs que, par suite d'événements survenus dans un temps postérieur, cette étendue se soit trouvée restreinte.

Papinien a parfaitement reconnu en principe cette règle dans la loi 64 (D., *De evict.*). Il suppose un champ de mille arpents qui, se trouvant bordé par un fleuve, a subi, à la suite d'une irruption des eaux, une diminution de deux cents arpents, ou qui, par l'effet de l'alluvion, a été augmenté de deux cents arpents, et il décide, conformément aux règles de la *stipulatio duplæ*, à laquelle il est évident que cette loi se réfère, que si, après cette diminution ou cette augmentation, l'acheteur est évincé de la totalité du fonds, il aura droit, aussi bien dans le premier cas que dans le second, au double du prix entier, rien de plus, rien de moins : il admet en effet avec raison qu'on doit toujours considérer le terrain comme étant dans le même état qu'au moment du contrat, et on n'a pas à rechercher l'intérêt réel qu'avait l'acheteur à n'être point évincé, le *id quod interest,* car il n'est plus question, en présence de la stipulation, d'apprécier *ex æquo et bono* les conséquences du fait, mais seulement de constater l'existence de ce fait dont les conséquences sont déjà toutes réglées : il y a eu éviction pour le tout, il doit donc aussi y avoir commise pour le tout : « Si totus fundus quem flumen diminuerat evictus sit; jure non diminuetur evictionis obligatio,...... nam et e contrario non augetur quantitas evictionis si res melior fuerit effecta. »

Donc aussi lorsque l'éviction n'aura été que partielle, mais bien entendu *pro indiviso,* la même proportion devra encore être gardée, et on n'aura à tenir compte ni du *damnum* ni du *lucrum* survenus depuis le contrat ; cependant il ne nous paraît pas que Papinien soit demeuré rigoureusement fidèle aux conséquences naturelles de ce principe dans tous les exemples qu'il a cités à l'appui de sa théorie. Dans l'hypothèse où le fonds a été diminué par le fleuve de deux cents arpents, il se demande pour quelle partie du prix le vendeur sera tenu, si le fonds ainsi diminué subit en outre une éviction de deux cents arpents, et il décide que ce sera non pour un quart, mais seulement pour un cinquième; car, dit-il, ces deux cents arpents ne sont que le cinquième du terrain vendu, et si on admettait le recours pour un quart, on rendrait le vendeur responsable d'une partie de la perte causée par l'irruption du fleuve, tandis qu'elle doit être tout entière

à la charge de l'acheteur ; cette solution et le motif sur lequel le jurisconsulte l'appuie ne sauraient être acceptés. Puisque en effet l'acheteur
a été évincé *pro indiviso* de deux cents arpents alors qu'il n'en pos-
sédait plus que huit cents, il faut supposer que le revendiquant agissait
pour deux cent cinquante, sans quoi, s'il n'eût en réalité agi que pour
deux cents, il n'aurait évidemment pris sur les huit cents restant qu'un
cinquième, c'est-à-dire cent soixante, car la perte étant toute fortuite
et nullement imputable à l'acheteur, il devait en supporter une part
proportionnelle dans ce qu'il avait droit d'obtenir. Donc ici, comme
dans le cas d'éviction totale, il fallait prendre, pour les deux termes
du rapport, et le terrain et le prix tels qu'ils étaient quand les parties
ont fait la stipulation ; or, si le terrain n'eût point été déprécié, c'est
une étendue de deux cent cinquante arpents que le revendiquant aurait
retirée, et comme nous n'avons pas plus à nous inquiéter de la dépréciation quant à la partie que quant au tout, que la règle « quod periit
damnum emptori non venditori attulit » n'a ici rien à faire, ainsi que
Papinien lui-même l'a bien compris quand l'éviction était totale ; il faut
reconnaître que c'est le rapport de deux cent cinquante à mille qui doit
être pris en considération, et nullement celui de deux cents à mille qui
détruirait toute égalité dans la proportion, puisque, dans le premier
terme, on tiendrait compte de la dépréciation, et non dans le second.
Il faudrait, si on voulait trouver un second terme correspondant à deux
cents, apprécier aussi la diminution quant au tout, et alors l'égalité
serait rétablie, car le rapport se trouverait ainsi de deux cents à huit
cents, c'est-à-dire encore du quart ; c'est donc bien pour le quart du
prix et non pour le cinquième que le vendeur actionné en vertu de
la *stipulatio duplæ* devra être tenu dans cette hypothèse. L'erreur
du jurisconsulte viendrait-elle de ce qu'il n'a pas remarqué que, pour
évincer de deux cents arpents, quand le terrain était réduit à huit
cents, il fallait en réalité avoir droit à deux cent cinquante? Aurait-il
confondu le résultat définitif de la demande avec son objet même, ce
qui l'amène à la présenter comme n'ayant eu pour objet que le cinquième de la totalité du terrain ?

Papinien n'a pas fait la même confusion dans l'hypothèse inverse,
dans celle où, avant l'éviction, le terrain a reçu, par l'effet de l'alluvion, une augmentation de deux cents arpents : il suppose que l'action en revendication porte sur un cinquième, et il se demande si ce

cinquième doit être calculé, pour apprécier la quantité correspondante du prix, d'après l'étendue actuelle du fonds, douze cents arpents, car c'est du cinquième de cette dernière contenance, c'est-à-dire de deux cent quarante arpents que l'acheteur aura été évincé. Faudra-t-il donc, pour régler l'obligation du vendeur actionné en garantie, établir le rapport de deux cent quarante à mille, en sorte que ce soit le quart et non le cinquième du prix dont le double devra être payé. Papinien ici reconnaît parfaitement l'inexactitude des deux termes d'un tel rapport : on ne doit pas plus tenir compte de l'alluvion pour le premier, c'est-à-dire pour l'estimation de la partie évincée, que pour le second, c'est-à-dire pour le terrain considéré dans son ensemble : donc le rapport doit être de deux cents à mille; il a été tel dans l'intention des parties au moment où la stipulation a été interposée, et depuis il n'a pas dû subir de modifications : c'est pourquoi le vendeur sera tenu seulement à concurrence d'un cinquième du prix.

Dans une troisième hypothèse, Papinien complique l'espèce, mais la solution qu'il adopte nous paraît mériter les mêmes critiques que la première. Prenant toujours pour exemple un terrain de mille arpents, il suppose que le fleuve en a enlevé deux cents, mais en a rapporté par alluvion une quantité égale; l'acheteur est ensuite évincé d'un cinquième, c'est-à-dire de deux cents arpents, toujours *pro indiviso*, pour quelle partie du prix aura-t-il son recours? Afin d'être conséquent avec lui-même et de résoudre cette question, comme les précédentes, en se fondant sur des raisons analogues, « consequens superioribus », il décide que ce sera seulement pour la valeur de cent soixante arpents, car, les quarante autres ayant été pris sur la portion de terrain fournie par l'alluvion, le vendeur ne peut avoir à en répondre, et la proportion sera ainsi de cent soixante à mille. Mais nous remarquerons que le jurisconsulte, en admettant une telle solution, a méconnu encore une fois et cette égalité qui doit exister entre les deux termes du rapport, et cette règle d'après laquelle c'est le terrain et le prix, tels qu'ils étaient au moment de la stipulation, qu'il faut envisager tant pour l'éviction partielle que pour l'éviction totale. En effet il est bien évident que si le fonds, ainsi augmenté d'une part après avoir été diminué de l'autre, était évincé en totalité, on n'examinerait pas, puisqu'il s'agit de l'action *ex stipulatu*, si la perte portant sur le fonds vendu est seulement de huit cents arpents, parce que sur les mille dont l'acheteur est ainsi dépouillé il y en a deux cents qui proviennent de l'alluvion, pour en conclure que l'obligation, quant à la valeur à payer, est aussi dans la proportion de huit cents à mille : on déciderait, c'est incontestable, que le double du prix total est dû puisqu'il y a eu éviction pour le tout; donc, lorsqu'il y a eu éviction du cinquième, il faut également décider que c'est pour le cinquième du prix que le vendeur est tenu au double : qu'importe que ce cinquième vaille aujourd'hui plus ou moins? les parties n'ont pu et le juge ne doit pas prendre en considération ces modifications survenues postérieurement dans l'état des choses. Dans l'espèce, on ne doit tenir compte ni de la dépréciation première ni de l'amélioration qui depuis est venue la compenser, mais, en considérant le terrain comme s'il n'avait rien perdu ni rien gagné, on reconnaîtra que c'est un cinquième égal à deux cents qui lui est enlevé par l'éviction, donc aussi c'est dans la proportion de deux cents à mille que le double du prix doit être payé par le garant. La balance, comme dans la première hypothèse, ne serait point égale si l'on établissait le rapport entre cent soixante et mille, ainsi que le fait Papinien, puisque ici encore on tiendrait compte de la dépréciation pour la partie et non pour le tout : il faudrait, si on veut avoir égard à cette dépréciation pour le premier terme, l'admettre aussi pour le second, et prendre alors le rapport de cent soixante à huit cents, or le résultat est le même que lorsque nous avons pris celui de deux cents à mille, qui est le rapport véritable auquel nous conduisent les principes de la *stipulatio duplæ* : c'est un cinquième du terrain qui est évincé, c'est un cinquième du prix total qui sera dû.

Il faut donc procéder de la même manière pour l'éviction d'une partie aliquote que pour celle du tout, et la méthode adoptée par Papinien pour le calcul de l'indemnité, dans la première et dans la troisième hypothèse, relativement à l'éviction partielle, aurait en outre cette conséquence que l'acquéreur se trouverait avoir ainsi un très grand intérêt à être toujours évincé de la totalité de la chose vendue. Supposons, en effet, que le fleuve ait emporté la totalité du fonds sauf un arpent, et qu'un tiers revendique les $\frac{99}{100}$ du fonds, il est certain qu'il n'obtiendra que les $\frac{99}{100}$ de l'arpent qui reste. D'après le système de Papinien, si le prix est de mille pièces d'or, l'acheteur ne pourra obtenir par l'action *ex stipulato* que les $\frac{99}{100}$ d'une pièce d'or. Si la revendication avait au contraire porté sur la totalité, c'est le prix tout entier que pourrait réclamer l'acheteur, et cependant, dans cette seconde espèce, la perte pour lui n'aurait été que d'un centième de plus. Certains auteurs, pour aplanir ces difficultés que présentent les diverses solutions admises par Papinien, ont prétendu que, dans la première hypothèse, il fallait supposer que le revendiquant faisait porter sa demande sur un cinquième de la contenance totale égale à mille arpents; mais comme l'action du fleuve avait réduit cette contenance à huit cents, il s'ensuivait que les deux cents arpents revendiqués devaient eux-mêmes être réduits à cent soixante, et si le texte parle de deux cents arpents, c'est seulement pour indiquer que la revendication était d'un cinquième. Cette explication ingénieuse ne paraît pas cependant pouvoir être admise : l'ensemble du raisonnement du jurisconsulte prouve clairement que ce n'est point ainsi qu'il avait envisagé la question, et il est évident qu'il s'est plutôt proposé d'établir une parfaite identité dans le nombre d'arpents enlevés que dans les revendications exercées; mais les solutions auxquelles il aboutit ne sont pas, à notre avis, logiquement explicables.

Quand l'éviction partielle a porté sur une fraction divise de la chose vendue, Papinien reconnaît sans difficulté, comme Paul, dans la loi 13 (D., *De evict.*), l'application du principe d'après lequel c'est au moment du contrat et non à celui de l'éviction qu'il faut se placer pour apprécier l'étendue du dommage causé; et comme ici la partie se trouve toute déterminée, ce n'est point sa quantité comparée à celle du tout, mais sa qualité et par suite sa valeur réelle qui servira de base pour le règlement de l'indemnité : « Cum pro diviso pars aliqua fundi evincitur, tametsi certus numerus jugerum traditus sit, tamen non pro modo sed pro bonitate regionis præstatur evictio ». (L. 64, § 3, D., *d. t.*).

Les principes seraient les mêmes si la chose, dont une partie est enlevée par l'action en revendication ou par toute autre action réelle, avait été achetée de plusieurs personnes. Soit par exemple, suivant l'hypothèse de Julien dans la loi 39, § 2 (D., *d. t.*), une chose dont je vous ai vendu les deux tiers et Titius l'autre tiers : si l'éviction vient à avoir lieu pour la moitié, il faudra, afin de déterminer contre qui et dans quelle mesure doit être donné le recours, distinguer s'il s'agit d'une moitié de la chose *pro indiviso*, ou bien si cette partie est spécialement déterminée : dans le premier cas, chacun des deux vendeurs est tenu pour une partie de cette moitié proportionnelle à la partie du tout dont il a effectué la vente : donc je serai tenu pour deux sixièmes, moi qui ai livré les quatre sixièmes du tout, et Titius, qui en a livré deux sixièmes, sera tenu pour un sixième : d'où il résulte que, pour les trois sixièmes restant, il devait y avoir encore deux propriétaires, les deux vendeurs qui me les ont livrés, et qu'ainsi le fonds entier appartenait à trois personnes avant la vente, bien qu'il fût tout entier entre les mains de deux. Dans le cas d'éviction *pro diviso* d'une partie du fonds, la contribution de chacun des vendeurs se trouve naturellement réglée par la sentence même qui prononce la dépossession de telle fraction spécialement désignée : il est évident que, si cette moitié est prise tout entière sur les deux tiers que j'ai livrés, je serai tenu seul pour la totalité de l'éviction; si au contraire elle a absorbé le tiers vendu par Titius, je ne serai tenu que pour un sixième et Titius pour les deux autres, c'est-à-dire pour toute sa part. De même que, si l'éviction portait sur la totalité du fonds, chacun des vendeurs serait tenu dans la proportion de ce qu'il a vendu : moi, pour les deux tiers, Titius pour le tiers; car les deux termes du rapport doivent toujours être coordonnés d'une manière analogue, afin de régler d'une part la responsabilité du vendeur, de l'autre le droit de recours de l'acheteur.

VI. Ce n'était pas seulement par voie d'action, ainsi que nous venons de le voir, que l'acheteur pouvait faire valoir ses droits à la garantie : il pouvait aussi les soutenir en défendant, au moyen soit de l'exception de dol, soit de l'exception si connue et que nous avons eu déjà occasion de mentionner : « Quem de evictione tenet actio, eumdem agentem repellit exceptio ». Nous n'avons rien à dire de particulier sur les cas où il peut y avoir lieu de faire usage de cette exception : son emploi est possible dans toutes les circonstances où l'action elle-même pourrait être exercée; mais nous devons faire quelques observations sur la manière dont cette exception devait se produire, car il est certain que son emploi ne pouvait pas être aussi fréquent sous l'empire du système formulaire qu'à l'époque où fut introduite la procédure des *judicia extraordinaria*. Voyons donc quelle fut, aux diverses époques, la forme de cette exception.

Il est infiniment probable que, sous le système des actions de la loi, l'exception *quem de evictione.....* se produisait, comme toutes les autres, sous la forme d'un simple moyen de défense : il ne paraît pas en effet qu'à cette époque la théorie des exceptions, telle quelle fut admise plus tard, eût pu recevoir son application. L'introduction du système formulaire eut pour conséquence, on le sait, de diviser les moyens de défense en deux classes : la défense au fond et l'exception, qui n'était autre chose qu'une limitation de l'*intentio* de la formule : dès lors l'obligation de garantie dont se prévalait le défendeur, prit place dans la catégorie des exceptions proprement dites; mais il faut remarquer que cette exception devait toujours concorder avec l'*intentio*, par conséquent elle ne pouvait évidemment venir y apporter une limitation que lorsque le demandeur en revendication était personnellement tenu de la garantie ou agissait en qualité d'héritier de celui pour lequel il existait à cet égard une obligation personnelle. Mais si l'héritier de celui auquel incombait cette obligation personnelle, soit comme vendeur, soit comme fidéjusseur du vendeur, agissait non pas en sa qualité d'héritier, mais uniquement de son chef personnel, l'énonciation de la formule se trouvant alors contenir l'indication d'un droit à lui propre et rien de plus, il n'était pas évidemment possible de lui opposer une obligation qui, bien qu'elle reposât aussi sur sa tête, ne pouvait en aucune façon figurer dans la formule, car elle n'avait nul rapport avec le droit invoqué : par conséquent le défendeur devait toujours subir l'action ainsi dirigée contre lui; mais il restait nanti du droit d'agir ensuite en garantie. Par les mêmes raisons, il ne paraît pas que le défendeur eût pu, dans cette hypothèse, exercer le droit de rétention; car ce droit se faisait valoir au moyen de l'exception de dol, et les motifs que nous venons d'examiner devaient se reproduire en pareil cas. — Ce n'est donc que sous le système des *judicia extraordinaria* que, dans toutes les situations et sans qu'on eût à se préoccuper de la forme, l'acquéreur pouvait opposer l'exception *quem de evictione*....., soit que le demandeur se présentât en qualité d'héritier du débiteur originaire de la garantie, soit qu'au lieu d'invoquer cette qualité il fit valoir ses droits personnels.

Ces observations nous fournissent une explication facile de certains textes, qui évidemment se réfèrent au système formulaire, bien que nous les trouvions insérés dans le recueil de Justinien : c'est ainsi que le jurisconsulte Paul nous dit que, lorsque le véritable propriétaire a succédé au vendeur, il peut, en invoquant simplement sa qualité de propriétaire, agir en revendication et dépouiller l'acheteur : « Jure quidem proprio non hereditario controversiam fundorum facere posse »; mais, comme héritier, il pourra ensuite être actionné en garantie; de même que, s'il avait agi tout d'abord en cette qualité, il aurait pu être repoussé par l'exception de dol : « eamdem heredem exceptione doli mali summoveri posse » (L. 73, D., *De evict.*); mais c'est seulement dans ce dernier cas que cette exception aurait pu être donnée contre lui, ainsi que le précisent d'autres textes : « Exceptione doli mali recte cum summovebis quem ab auctore tuo fidejussorem accepisti, si ejus nomine controversiam refert ». (L. 11, Cod., *d. t.*). La loi 31 (Cod., *d. t.*) nous paraît devoir être entendue de la même manière, car elle offre évidemment une application analogue des principes que nous venons de poser. L'intelligence de cette loi avait présenté des difficultés et on avait essayé d'en donner diverses explications : elle ne peut évidemment signifier, comme l'avaient prétendu quelques auteurs, que les héritiers du fidéjusseur doivent toujours avoir la faculté d'agir en revendication contre l'acheteur, dont leur auteur avait cautionné le droit à la garantie, sauf ensuite à être actionnés pour avoir à payer une indemnité, parce que, dit-on, le vendeur seul est tenu à faire avoir la chose à l'acheteur « præstare emptori rem habere licere », tandis que la caution est seulement obligée de le désintéresser en cas de dépossession : cette distinction est absolument inadmissible, car il est bien certain que la caution contracte en règle générale la même obligation que le débiteur principal, et la loi 11 (Cod., *h. t.*) prouve qu'en effet il en est ainsi. Cujas a donné de ce même texte une explication ingénieuse; il établit la distinction entre le cas où l'héritier du fidéjusseur agit en qualité d'héritier et celui où il agit en vertu de son droit personnel, et il reconnaît qu'il peut, en agissant en son nom personnel, intenter une action en revendication contre l'acheteur : « Hic quidem heres potest emptori facere controversiam de proprietate rei, non quidem jure hereditario ex persona defuncti, sed jure proprio ex sua persona ». Mais, ajoute-t-il, si l'acheteur, qui aura été ainsi dépouillé, veut agir ensuite en garantie, on pouvait douter qu'il fût recevable à intenter cette action, car le garant aurait pu, dans les cas ordinaires, lui opposer sa négligence, puisqu'il avait eu le tort de ne pas user de l'exception pour se défendre contre l'action en revendication : c'est pourquoi la loi, afin de faire cesser toute controverse à cet égard, a décidé que, l'évinçant étant ici précisément celui qui était tenu de la garantie, ne pouvait être admis à opposer cette fin de non recevoir à l'action en recours dirigée contre lui par l'évincé : « Scilicet evictionis causa durante actione ». Cette loi nous paraît s'expliquer bien plus naturellement d'après les considérations que nous avons fait valoir plus haut : il faut remarquer en effet que ce texte est un rescrit de Dioclétien ; que toutes les dispositions législatives de ce prince ont un caractère éminemment classique, et que d'ailleurs, sous son règne, le système formulaire était encore en vigueur ; donc si dans cette espèce l'acheteur n'a pas opposé l'exception, ce n'est pas évidemment qu'il y eût faute de sa part, mais c'est qu'il y avait pour lui impossibilité à s'en prévaloir à raison de la forme rigoureuse du système de procédure qui ne permettait pas d'envisager dans le revendiquant un titre qu'il n'invoquait pas lui-même, puisqu'il se présentait en vertu de son droit propre « ex sua persona dominium vindicare non impedit » ; mais, comme héritier, il pouvait toujours ensuite être actionné en garantie. Il y a lieu seulement de s'étonner que ce texte se trouve rapporté au Code ; car, à l'époque de Justinien, le système de procédure étant changé, rien ne s'opposait à l'emploi de l'exception contre le revendiquant tenu à un titre quelconque de la garantie, quelle que fût d'ailleurs la qualité en laquelle il se présentait : c'est donc sans doute à une inadvertance des rédacteurs qu'il faut attribuer la reproduction de ce texte.

CHAPITRE V.

A qui et contre qui est donnée l'action en garantie. — De la dénonciation.

SOMMAIRE.

I. Des successeurs universels ou à titre particulier.
II. Divisibilité de l'action en garantie.
III. Dénonciation de l'éviction et appel en garantie.

I. Des principes que nous avons établis et développés en ce qui touche le caractère et la nature de l'obligation de garantir, il résulte, ainsi que nous l'avons vu, qu'un recours doit appartenir, en vertu de

cette obligation, à toute personne qui, par la nature même de son contrat ou par une clause spéciale de l'acte, a droit d'exiger une délivrance
continue, et ce recours sera donné contre tous ceux qui se trouveront
ainsi tenus d'effectuer cette délivrance. Le même rapport de droit existe
à l'égard des héritiers soit du garant soit du garanti, car ils sont les
continuateurs de la personne de leur auteur et participent aux mêmes
obligations tant activement que passivement; mais il n'en est pas ainsi
des successeurs à titre particulier, qui, n'ayant point la même qualité
vis-à-vis de leur auteur, ne peuvent être tenus des obligations de ce
dernier ou s'en prévaloir qu'autant qu'une disposition spéciale les aura
fait passer sur leur tête : « Nisi cessæ ei fuerint actiones » (L. 59, D.,
De evict.); en sorte que, s'il y a eu plusieurs acheteurs successifs, le
dernier, venant à être évincé, devra agir contre le vendeur dont il tient
immédiatement la chose et, celui-ci à son tour contre son auteur, pour
remonter ainsi jusqu'au vendeur primitif, mais, d'après les principes
du droit romain en cette matière, le dernier acheteur ne pourrait
omisso medio agir directement contre le premier vendeur.

II. Ce que nous devons maintenant examiner, c'est la manière dont
s'intente ce recours et quelles sont les conditions de son exercice. Mais
ici nous nous trouvons tout d'abord en présence d'une des questions les
plus délicates de notre matière, question qui, de nos jours encore, divise
la doctrine et la jurisprudence, que le droit romain n'a formellement
résolue dans aucun de ses textes, et sur laquelle il importe cependant
de se fixer pour apprécier dans quelle mesure le recours en garantie
peut être exercé contre les personnes qui en sont tenues et pour déterminer en même temps quelle est l'étendue de leur responsabilité: l'obligation de garantir est-elle divisible ou indivisible?

Cette question ne peut avoir d'intérêt pratique, on le conçoit, lorsqu'il y a un seul débiteur et un seul créancier; dans ce cas toute obligation même divisible est en fait indivisible, puisque le débiteur ne
peut se libérer par une exécution partielle que le créancier est toujours
en droit de refuser; mais si l'obligation a été contractée par plusieurs
ou au profit de plusieurs personnes, ou, ce qui revient au même, si
l'une des parties est morte laissant plusieurs héritiers, il devient
important de préciser le caractère de l'obligation : si elle est divisible,
la division s'opèrera de plein droit, chaque débiteur ou chaque repré-

sentant du débiteur d'abord unique ne sera tenu que pour sa part et portion ; si elle est indivisible, chacun des créanciers pourra poursuivre et chacun des débiteurs pourra être poursuivi pour le tout.

Nous l'avons dit, l'obligation de garantir n'est qu'une obligation accessoire, il semble donc parfaitement conforme à la raison d'admettre qu'elle suivra le caractère de cette obligation principale à laquelle elle viendra s'ajouter ; la prestation première étant divisible, pourquoi la continuité de cette même prestation en changerait-elle le caractère? Or la prestation première ne présentera le caractère d'indivisibilité qu'autant qu'elle aura pour objet une chose qui, dans sa livraison, ou un fait qui, dans son exécution, n'est susceptible de division ni matérielle ni intellectuelle, soit par sa nature même, soit par la volonté nettement exprimée des parties. L'obligation de délivrer un corps certain, par exemple, est parfaitement divisible par elle-même, au moins intellectuellement, entre plusieurs héritiers de l'obligé, car s'ils ont tous la possession commune de l'objet, on ne peut exiger d'un seul la délivrance de la totalité ; ce serait demander plus qu'il n'est en état de faire, puisqu'il ne possède évidemment qu'une partie. Si au contraire la prestation est indivisible, on comprend que le créancier ait le droit d'agir contre un seul débiteur pour le tout, *in solidum,* car dans cette situation il n'y a pas de milieu entre exécuter ou ne pas exécuter, entre faire ou ne pas faire : la prestation ne saurait être effectuée en partie, elle sera réalisée ou elle manquera pour le tout, et dès lors il est juste que la responsabilité de l'inexécution puisse retomber tout entière sur un seul, puisque, une division étant impossible à concevoir ou à admettre, elle ne saurait être répartie proportionnellement sur la tête de chacun. Nous soutenons donc que ce n'est pas d'une manière absolue que l'on peut assigner à l'obligation de garantir le caractère de divisibilité ou d'indivisibilité : obligation accessoire, elle ne pourra être exactement appréciée à ce point de vue qu'en tenant compte du caractère même de cette obligation principale dont elle est la sanction. Soit par exemple un contrat de vente par lequel deux personnes s'obligent sans solidarité à effectuer la délivrance d'une chose d'ailleurs parfaitement susceptible de division : nul ne soutiendra sans doute que l'acheteur ait le droit de poursuivre pour le tout un seul de ses vendeurs et de le contraindre à lui délivrer au-delà de sa part ; chacun ne s'est évidemment engagé que pour moitié, et c'est seulement à concurrence de cette moitié qu'il peut être actionné. Or comment, ces principes étant admis, prétendre qu'il en doit être autrement quand il s'agira, non plus de l'obligation de délivrer, mais de l'obligation de garantir qui n'est autre chose, nous le savons, qu'une délivrance continuée ?

On oppose à notre système des arguments de mots, des considérations de forme qui ne sauraient porter sur le fonds même du droit et fournir des raisons sérieuses à l'appui de l'opinion contraire. L'obliga-tion de défendre, dit-on, est principale et ne doit pas être confondue avec celle d'indemniser l'acheteur qui n'est qu'accessoire : cette dernière doit être divisible, car elle se résout en dommages-intérêts, mais la première est indivisible, car on ne peut concevoir un fractionnement dans la défense, on ne comprend pas un litige divisé par portions viriles, de telle sorte que l'on soutiendrait un tiers, un quart de procès, que l'on présenterait un tiers, un quart d'argument. Faisons d'abord justice de cette dernière objection qui est vraiment puérile : il ne s'agit pas en effet de savoir si on peut donner le tiers ou le quart d'un argu-ment, mais bien de savoir si le garant peut donner l'argument tout entier pour faire maintenir le garanti en possession, ne fût-ce que d'une partie de la chose; or en cela quoi de contraire à la raison ? ne recon-naît-on pas très bien qu'un litige peut porter sur la possession de la moitié d'une chose bien qu'on ne puisse concevoir une moitié de pos-session ? la divisibilité existe au même titre, quand il s'agit d'une pos-session, que lorsqu'on veut apprécier l'obligation de garantir. Avec le système de l'indivisibilité absolue, on se trouve en présence d'une obli-gation qui va forcément changer tour à tour de caractère, ainsi qu'on l'a très judicieusement remarqué, selon qu'on l'examine sous telle ou telle face : elle était divisible quand il ne s'agissait que d'opérer la délivrance, elle devient indivisible lorsque la validité de cette déli-vrance fait l'objet d'une contestation, elle redevient divisible quand on arrive au résultat final, le paiement d'une indemnité : et cependant c'est toujours en définitive la même obligation se poursuivant dans toutes ses conséquences.

Y a-t-il donc, à quelque point de vue qu'on se place, une impossi-bilité juridique ou intellectuelle à supposer une défense pour partie ? Mais tout le monde l'admet sans difficulté entre un vendeur et un ac-quéreur : s'il y a eu une dépossession partielle, il faudra bien recon-naître aussi une défense partielle, car elle ne pourra porter que sur cette portion qui a été l'objet du trouble : pourquoi donc en serait-il autrement quand il se rencontre plusieurs vendeurs ou plusieurs héritiers du même vendeur? Ici encore nous dirons qu'il y a seulement des évictions partielles, et telles par conséquent que, pour chaque héritier, la défense se borne à cette part qui le concernait dans la délivrance si elle était encore à faire : l'obligation de délivrer serait divisée entre eux, comme elle se divise entre plusieurs vendeurs avec indication de parts; l'obligation de défendre, suite et conséquence de la première, et non point obligation principale elle-même, ainsi qu'on la prétendu, doit donc subir la même division. Qu'on ne dise pas que c'est là une solution contraire à la bonne foi et à l'équité, qu'en admettant cette défense *pro parte* on expose l'acquéreur à se voir frustré dans ses légitimes espérances et même dans ses droits : que peut-être en effet, l'un des garants venant à triompher, quant à sa part, contre l'auteur du trouble, tandis que l'autre, agissant de son côté et pour une autre partie, succombe, il arrivera ainsi que l'acquéreur, au lieu d'avoir la totalité de la chose due, en recevra seulement une partie, et n'obtiendra pour l'autre qu'une indemnité pécuniaire. Nous répondrons qu'il n'y a là au fond rien qui blesse l'équité, et que l'acquéreur aura toujours moyen de sortir de cette situation complexe : pour le comprendre, ne perdons jamais de vue que la garantie n'est autre chose que la délivrance continuée à tous les instants, et c'est là une idée dont on a le tort de s'écarter trop souvent en raisonnant sur cette matière. Or ne peut-il pas très bien arriver que, la même chose étant vendue par deux personnes, par chacune pour moitié, une seule soit en état d'opérer la délivrance effective de sa part, en sorte que l'acquéreur, n'ayant contre l'autre qu'une action en indemnité, se trouve dans une situation absolument semblable à celle que nous venons de signaler pour le cas de garantie partielle : l'équité n'est pas plus compromise dans cette seconde hypothèse que dans la première; c'est là tout simplement une conséquence inévitable, résultant de la nature même des choses ou des termes de la convention. Mais dans l'un et l'autre cas l'acquéreur aura toujours un moyen de sortir de cette position irrégulière et contraire à son droit : il aura la faculté de renoncer à cette moitié de la chose, qui ne peut le satisfaire, et d'en réclamer la valeur, comme de l'autre moitié.

Ajoutons d'ailleurs que, dans beaucoup d'hypothèses et même dans la plupart des cas, l'obligation de garantir sera un fait indivisible, non point par sa nature même, mais à raison de la manière dont les parties contractantes auront envisagé l'obligation de livrer quant à son exécution. Que si au contraire les parties n'ont pas envisagé la chose sous un rapport qui en rende la prestation indivisible, il en résultera tout naturellement que les inconvénients produits par la divisibilité ne doivent pas être bien graves pour les parties, puisqu'elles ne s'y sont pas arrêtées dans la convention, et dès lors on ne peut dire que l'équité soit blessée d'un résultat qu'il était facile de prévoir et qu'il eût toujours été possible d'éviter.

Cette opinion nous paraît seule conforme aux vrais principes d'une saine doctrine, et nous n'hésitons pas à l'admettre malgré les critiques nombreuses dont elle a été l'objet et l'imposante autorité des jurisconsultes qui se sont énergiquement prononcés contre elle. Devant des textes formels, nous ne pourrions sans doute que nous incliner, mais il n'en est aucun, à notre connaissance, qui renferme la condamnation même implicite de ce système. On invoque, il est vrai, certaines lois : la loi 62, § 1 (D., *De evict.*), les lois 85, § 5 et 139 (D., *De verb. oblig.*), d'où on voudrait faire résulter une obligation de garantir indivisible pour tous les héritiers, puisqu'ils peuvent être actionnés pour la totalité « omnes in solidum conveniendi sunt », et que la condamnation prononcée contre un seul est encourue par tous : « Si de industria non venerint in judicium, unus tamen ex his litt substitit, omnibus vincit aut vincitur ». Il semble au premier abord que ce sont bien là tous les caractères de l'indivisibilité, mais remarquons que ces lois ne renferment pas des expressions aussi générales que l'on paraîtrait le croire : il ne suffira pas en effet qu'on ait attaqué un seul héritier pour que la condamnation *in solidum* soit prononcée contre lui, il faudra au contraire que tous les autres aient été également avertis et mis en mesure de venir défendre « omnes in solidum denunciandi sunt », et c'est parce qu'ils n'ont pas répondu à cette sommation qu'ils doivent porter la peine de leur négligence ou de leur mauvaise volonté « si de industria non venerint », et accepter pour leur part les conséquences du jugement prononcé contre celui ou contre ceux qui se sont présentés pour soutenir le procès ; nous savons en effet qu'il ne peut dépendre d'un garant de se soustraire par son abstention aux suites de la dénonciation qui lui a été adressée : « propter denunciationis vigorem et prædictam absentiam omnibus vincit aut vincitur ». L'héritier qui se présente est donc considéré comme le représentant de tous et condamné en cette qualité plutôt qu'en vertu de son obligation personnelle, et ce qui le prouve, c'est que la prestation de chaque héritier n'est pas moins limitée à sa part héréditaire : « unicuique pro parte hereditaria præstatio injungitur ».

Une autre remarque importante et qui doit rendre en cette matière l'argumentation au moyen des textes extrèmement circonspecte, c'est que les jurisconsultes romains n'ont point en vue le plus souvent, lorsqu'ils traitent de l'obligation de garantir, l'obligation pure et simple, telle qu'elle prenait naissance dans le contrat par sa nature même, et en dehors de toute convention spéciale. Nous avons vu en effet comment, sous l'influence d'un usage constant, l'obligation de garantir se traduisait le plus souvent à Rome par la *stipulatio duplæ*, à l'égard de laquelle l'intention des parties, à défaut d'expression formelle, était même toujours présumée ; or par suite des principes rigoureux du droit strict qui d'abord furent appliqués sans aucun tempérament, il devait alors arriver que le juge, qui n'avait aucune latitude d'interprétation et décidait seulement si la commise de la stipulation était encourue, ne pouvait tenir compte de l'exécution partielle, mais devait prononcer la condamnation comme si l'exécution avait manqué pour le tout : « Stipulationes non dividuntur... idem puto et si quis faciendum aliquid stipulatus sit, utputa fundum tradi... horum enim divisio corrumpit stipulationem » (L. 72, D., *De verb. oblig.*). Or on comprend parfaitement que, si l'on raisonne dans cette espèce particulière, il sera vrai de dire qu'il y aura toujours indivisibilité dans l'obligation de garantir, comme si l'objet même de la prestation était indivisible : « una de evictione obligatio est ». La nécessité de défendre serait alors égale pour tous et chacun en serait tenu pour le tout, car c'est une sorte de clause pénale, et il suffit qu'une partie quelconque de l'obligation n'ait pas été accomplie pour que, dans la rigueur des principes, elle soit due tout entière : « Si ita stipulatio facta sit : Si fundus datus non erit centum dari? Nisi totus detur pæna committitur centum. Nec prodest partes fundi tradere cessante uno ; quemadmodum non prodest ad pignus liberandum partem creditori solvere » (L. 85, § 6, D., *De verb. oblig.*). Mais, qu'on ne l'oublie pas, ce n'est là qu'un mode particulier d'application, et quelle qu'ait été la généralité de son usage, il n'a pu faire fléchir le principe que nous avons établi : l'obligation de garantir, considérée dans l'application, prend le caractère et la nature de la prestation à laquelle elle se réfère; comme la délivrance, elle sera tantôt divisible tantôt indivisible; peu importe qu'elle ait sa sanction dans une action ou dans une exception : le moyen employé pour faire valoir un droit ne peut changer la nature même du droit, et dans tous les cas la règle devra être la même, car les raisons de décider sont absolument identiques.

Il est vrai qu'on oppose encore à notre système les termes de la loi 139 (D., *De verb. oblig.*) d'où semblerait, dit-on, résulter la nécessité de défendre toujours pour le tout: « In solidum defendenda est venditio cujus indivisa est natura ». Ces expressions peuvent en effet donner lieu à quelque équivoque, et c'est principalement cette loi qui est invoquée par les partisans de l'indivisibilité de l'obligation de garantir. Or ce texte nous parait au contraire contenir la preuve la plus manifeste que l'obligation de garantir est divisible par sa nature, et qu'elle ne peut être indivisible que conventionnellement ou bien *solutione tantum*. Vénuléius en effet déclare que la vente a une nature indivisible « venditio cujus indivisa est natura »; or à quelle condition peut-on concevoir qu'il en soit ainsi? Il est certain que le jurisconsulte, lorsqu'il s'est exprimé de la sorte, n'a pas pu avoir l'intention d'envisager l'objet de la vente, car, s'il en avait été ainsi, il lui eût été impossible d'énoncer un tel principe d'une manière aussi générale : la vente, considérée quant à son objet, est divisible ou indivisible, suivant que l'objet lui-même est divisible ou indivisible. Ce n'était donc pas au point de vue de la prestation à effectuer que se plaçait le jurisconsulte, mais uniquement au point de vue de la forme de l'acte juridique intervenu pour régler l'accomplissement de cette prestation : voilà pourquoi il dit au début de cette loi, et afin de bien préciser l'espèce : « Cum ex causa duplæ stipulationis aliquid intendimus »; ce n'est que dans cette hypothèse qu'il admet l'indivisibilité de la défense « In solidium defendenda est venditio », et ce n'est aussi que dans cette hypothèse que l'on peut ajouter : « cujus indivisa natura est. »

Il est donc bien certain que l'obligation de garantir est divisible de sa nature et que, si certains textes la déclarent indivisible, c'est qu'ils se placent toujours au point de vue de la *stipulatio duplæ*, c'est-à-dire au point de vue d'une clause pénale dont l'effet, comme nous l'avons déjà fait remarquer, est de rendre indivisible une obligation divisible, en ce sens seulement qu'en cas d'inexécution même partielle la peine sera encourue également par tous. Mais même dans l'hypothèse de la *stipulatio duplæ*, on avait fini par se relâcher de la sévérité de ces principes primitivement admis : nous voyons en effet que Paul dans la loi 13 (D., *De evict.*), qui ne peut évidemment se référer qu'à l'hypothèse de la *stipulatio duplæ*, reconnaît, en cas de dépossession partielle, un recours partiel et dans la proportion du dommage, et Papinien décide de même dans la loi 64, § 3 (*d. t.*). C'est que l'inflexible rigidité des principes de droit strict n'avait pas été maintenue lorsqu'il s'agissait de ces stipulations qui devaient être interprétées d'après l'équité ou *ex mente prætoris;* or c'était là précisément le caractère de la *stipulatio duplæ*, qui avait passé dans la pratique comme un usage constant et conforme à l'équité, à tel point que nous avons vu qu'elle était supposée être intervenue alors qu'en réalité l'acte ne mentionnait aucune convention des parties à cet égard : par conséquent l'effet de l'indivisibilité de la *stipulatio duplæ* ainsi envisagée fut restreint à l'obligation pour celui qui intentait l'action en garantie de mettre tous les garants en cause, et à l'obligation pour tous ces derniers de comparaître.

Donc l'obligation de garantir, abstraction faite de toutes les modifications de forme qui peuvent y être apportées, n'est imposée à chacun de ceux qui en sont tenus que pour leur part dans la dette de la délivrance, et c'est seulement à concurrence de cette part qu'ils doivent être actionnés par l'acheteur évincé.

III. Pour que l'action en garantie soit utilement exercée contre le vendeur ou tout autre garant, il faut d'abord que celui-ci ait été mis en mesure de défendre l'acquéreur et, par son intervention efficace dans le procès, de faire valoir tous les moyens qui pouvaient se trouver entre ses mains afin d'assurer la libre possession de la chose vendue : de là la nécessité de la dénonciation, « denunciare est palam nunciare », destinée à prévenir le vendeur et à lui faire connaître de la manière la plus positive « certiorem faciendo » le trouble dont la possession de l'acquéreur est l'objet; cet acte ne paraît du reste avoir été soumis à aucune forme particulière, il importait seulement que toutes les précautions fussent prises pour que son exécution ne pût être contestée.

La dénonciation doit être faite à tout obligé principal; quant aux obligés secondaires, aux fidéjusseurs, elle ne saurait être exigée à leur égard, car leur obligation étant intimement liée à celle qu'elle est venue confirmer, ils doivent nécessairement subir les conséquences de cette position accessoire, sans qu'il y ait lieu d'ailleurs à leur donner même connaissance des actes régulièrement accomplis par les obligés principaux : ils seront donc tenus, quoiqu'ils aient peut-être ignoré la dénonciation faite au vendeur et le procès qui a été débattu : « etiam si agi causam ignoraverit » (L. 7, Cod., *De evict.*). « C'est en effet le vendeur plutôt que ses cautions qui est censé instruit des moyens de défense qu'on peut opposer pour maintenir l'acheteur : et les cautions, en cautionnant le vendeur, ont accédé non-seulement à l'obligation principale de défendre, mais aussi à l'obligation secondaire des dommages et intérêts dont sera tenu le vendeur faute d'avoir défendu ».

La dénonciation devra être faite à tous les héritiers du vendeur ou à tous les vendeurs quand il y en aura plusieurs, si l'acquéreur veut obtenir une garantie complète de ses droits, car son recours ne pouvant, ainsi que nous l'avons établi d'après la divisibilité de l'obligation, être exercé contre chacun que pour sa part, il en résulte que la dénonciation n'a d'effet pour chacun que dans la limite de cette part; sauf toutefois le cas où les divers garants seraient tenus en vertu d'une obligation solidaire, car alors la dénonciation faite à un seul autoriserait naturellement le recours pour le tout.

La dénonciation faite au mandataire désigné par le garant aura pour effet d'obliger le garant lui-même, s'il est présent et n'a pu ignorer l'accomplissement de cette formalité. Si le garant est un pupille, la dénonciation devrait régulièrement lui être adressée avec l'*auctoritas* du tuteur, mais on avait admis pour plus de facilité qu'il pourrait la recevoir seul, si le tuteur n'était pas présent : « benignius receptum est ». (L. 56, § 4 et 7, D., *De evict.*).

La nécessité de la dénonciation ne se justifie pas seulement par cette raison que le vendeur qui ignore le procès ne peut être tenu d'en subir les conséquences, elle se fonde aussi sur cette considération que l'acheteur, s'il n'a pas appelé en cause le vendeur, est censé avoir voulu prendre sur lui tous les risques de la contestation, et renoncer dès lors à tout recours en cas de condamnation : c'est pour ce motif que la dénonciation est exigée même dans le cas où le vendeur aurait eu connaissance du débat, eût-il d'ailleurs à quelque autre titre figuré dans l'instance, car on ne peut en conclure qu'il ait fait tout ce qui était en son pouvoir pour défendre l'acquéreur, comme cela aurait dû naturellement avoir lieu s'il avait reçu une sommation à cet effet. La sommation renfermée dans la dénonciation produit donc ce résultat important que l'acheteur s'affranchit par là de toute responsabilité personnelle dans le procès dont le garant est censé dès lors prendre les risques à sa charge, puisque, si la défense n'a pas été suffisante, c'est lui qui sera en faute de n'être pas venu la compléter.

La dénonciation doit être faite en temps utile pour que le garant puisse intervenir efficacement dans le procès, et par conséquent à une époque assez antérieure à la sentence, afin que toute défense ne soit pas déjà impossible : aucun moment précis ne se trouve du reste indiqué par les textes : « Quolibet tempore venditori renunciari potest ut de ea re agenda adsit : quia non præfinitur certum tempus in ea stipulatione; dum tamen ne prope ipsam condemnationem id fiat ». (L. 29. § 2, D., *De evict.; —* L. 29, § 3, D., *De leg.,* 3°). Elle serait évidemment tardive, et comme telle réputée non avenue, si elle était postérieure à quelque acte de procédure qui aurait eu pour effet de restreindre les moyens de défense; aussi faudra-t-il reconnaître qu'elle ne pourra en général avoir lieu après la *litis contestatio,* car la délivrance de la formule a déjà compromis en partie la défense : si en effet le garant avait été appelé tout d'abord dans l'instance, il aurait pu en discuter la rédaction et peut être en faire modifier les termes dans l'intérêt de sa cause en y faisant insérer quelque exception.

Faute de dénonciation, le garant est à l'abri de tout recours : ce principe formulé dans un grand nombre de textes ne nous paraît pas cependant devoir être entendu d'une manière trop absolue, et il ne faut évidemment l'appliquer qu'autant qu'il y a eu là, de la part de l'acheteur, une négligence ou une faute qui doit faire retomber sur lui seul la perte de ses droits, par exemple s'il est établi qu'il a échoué précisément parce qu'il n'a pas réclamé l'intervention du vendeur et n'avait point entre ses mains les moyens de défense que ce dernier aurait pu faire valoir : les termes de la loi 63, § 1 (D., *d. t.*), prouvent qu'on doit admettre ce tempérament : « Si cum possit emptor auctori denunciare non denunciasset, idemque victus fuisset quoniam parum instructus esset : hoc ipso videtur dolo fecisse, et ex stipulatu agere non potest ». En effet l'équité doit nécessairement faire reconnaître que, même lorsque le garant n'a pas été appelé en cause, il pourra cependant être tenu s'il est d'ailleurs prouvé que sa présence n'aurait pas empêché l'éviction, parce qu'il n'avait aucun moyen de défendre l'acquéreur contre l'évidence des droits de l'adversaire ; mais cette preuve sera souvent fort difficile, et dans tous les cas c'est le garanti qui devra supporter les frais nouveaux occasionnés par cette seconde instance et qui auraient été évités s'il avait suivi la marche régulière. Si donc la dénonciation n'a pas eu lieu pour des motifs indépendants de la volonté de l'acheteur, il est incontestable que ce ne sera point sur lui que devront retomber les suites de cette impossibilité : il en sera ainsi soit que le garant ait échappé aux recherches avec une intention frauduleuse, car alors il y aura véritable dol de sa part et il sera traité comme s'il avait en réalité reçu la dénonciation : « Sive autem absit, sive præsens sit et per eum fiat quo minus denuncietur, committetur stipulatio » (L. 55, § 1, D., d. t.), soit même qu'indépendamment de toute fraude à lui imputable, on n'ait pu arriver à le découvrir en temps opportun pour lui faire parvenir la dénonciation : « Sed et si nihil venditore faciente, emptor cognoscere ubi esset non potuit, nihilominus committitur stipulatio » (L. 56, § 6, D., d. t.).

La dénonciation étant une formalité introduite uniquement dans l'intérêt des parties, on pourrait parfaitement en stipuler la dispense, en sorte que le garant, qui se reposera sur la diligence de l'acheteur, sera tenu en vertu de la sentence rendue contre ce dernier bien qu'il n'ait point été appelé à défendre et que même il n'ait pas eu connaissance du procès : « Non obesse ex empto agenti quod denunciatio pro evictione interposita non esset, si pacto ei remissa esset denunciandi necessitas » (L. 63, Pr., D., d. t.). Mais on comprend que dans ce cas, aussi bien que dans l'hypothèse où il a été impossible de découvrir le vendeur, et encore dans celle où le garant n'aura pas jugé à propos de se présenter sur la dénonciation qu'il aura reçue, l'acheteur, agissant en vertu d'une sorte de mandat ou de gestion d'affaires, sera tenu en cette qualité d'apporter toute sa diligence à la bonne défense de sa cause et d'user de tous les moyens qui seront en son pouvoir pour en assurer le succès.

DROIT FRANÇAIS

---·ᴏᴏ⦙ᴏᴏ·---

CHAPITRE PREMIER.

De la garantie et des rapports de droit dans lesquels elle prend naissance.

SOMMAIRE.

I. Notion de la garantie.

II. Étymologie des mots *garant, garantie.*

III. Application aux divers rapports de droit. — Vente volontaire. Comparaison entre la vente en droit romain et la vente en droit français.

IV. De la vente forcée.

V. De l'échange.

VI. Du paiement.

VII. Du louage.

VIII. Du partage.

IX. De la transaction.

X. Actes à titre gratuit. — Constitution de dot.

I. L'obligation d'effectuer une délivrance continue, fondée sur les principes les plus élémentaires du droit commun et de l'équité naturelle, devait apparaître dans notre droit avec le même caractère que dans le droit romain ; aussi la retrouverons-nous dans tous les contrats où l'obligation qui en découle ne peut être regardée comme suffisamment réalisée par un premier acte d'exécution : elle résultera nécessairement et par la force des choses de la convention qui a donné naissance à un tel engagement : « Car en tous marchés de bonne foy loyauté y doit estre entendue, ainsi que le disent nos vieux auteurs coutumiers, et donc puisque du marché qu'on aura vendu aucune chose s'ensuit qui est sourdant sur la chose qui dès ledit vendaige se pouvoit faire et déclarer ; le vendeur et ses hoirs y sont tenus. » (Bouteiller, *Somme rur.*, tit. 33.)

Le principe est le même, le nom seul est changé : les Romains, pour désigner cette obligation, employaient une locution significative : *auctoritatem nominis præstare :* l'obligé venait en quelque sorte ajouter aux droits de celui qui avait reçu la chose, le complément qui devait en assurer l'efficacité : « Auctor ab augendo quia stipulatio evictionis auget primam obligationem » ; de même qu'on disait du tuteur qu'il était *auctor pupilli,* parce qu'il complétait la personne du pupille ; de la possession qu'elle donnait l'*usus auctoritas,* parce qu'elle ajoutait aux droits de celui qui en était nanti. A cette expression a été substituée dans notre langue celle de *garantie,* dont le sens correspond assez bien à celui du mot *auctoritas,* tel que nous venons de le déterminer : c'est toujours cette sûreté, cette confirmation apportée aux effets d'une première prestation, et que les Grecs désignaient par un terme analogue : βεβαίωσις.

II. Quant à l'origine même du mot *garantie,* elle ne saurait être douteuse : nous ne pouvons la voir, comme le prétend Loyseau, dans le verbe *garer :* « Encore, dit-il, que le docte Cujas ait écrit que *garant* est un terme allemand, si est-ce qu'il y a plus d'apparence de dire qu'il vient d'un beau terme français, *garer,* qui signifie mettre en sûreté, d'où vient le mot vulgaire *gare* ou *garez-vous,* que l'on veut corriger mal à propos pour dire *gardez-vous.....* » (*Garantie des rentes,* chap. 1). Heureusement Loyseau jurisconsulte raisonnait un peu mieux que Loyseau étymologiste ; que le participe soit dérivé du verbe, qu'il ait même formé un substantif, c'est assurément chose fort naturelle, mais il eût fallu du moins nous dire quelle était l'origine du verbe lui-même. On comprend que le *docte Cujas* ait en effet voulu remonter plus haut : le mot allemand dans lequel il croit trouver l'origine véritable du mot *garant,* c'est celui de *warandus,* dont les variations se rencontrent dans les divers monuments de la langue celtique, et qui a la même signification que notre mot français : « *Warantus,* qui alteri tenetur de evictione..... *warentizare* nihil aliud est quam defendere et acquietare tenentem qui warentium vocavit in saisina sua.» Dans les lois d'Édouard le Confesseur, dans le *Miroir de Saxe,* on lit également les mots *warendatio, warendia, warendator, warender* (Ducange, *Gloss.*). Que l'influence germanique, qui a été si grande dans notre ancienne législation coutumière, ait amené l'introduction de ce mot dans la langue juridique, c'est là ce qui ne peut donner lieu au moindre doute, et comme, ainsi que le remarque Loyseau lui-même « *W* et *G* se changent volontiers l'un en l'autre », la transformation du terme allemand en une expression parfaitement française trouve son explication facile dans cette simple différence de prononciation ; au xvie siècle même, l'orthographe de ce mot conservait une lettre caractéristique qui suffit à en révéler l'origine : on écrit *garandir, garandie, garand,* souvenir évident de l'ancien *warandus, warandia, warandir* qui, au xiiie siècle, était employé dans cet idiome incertain d'où se dégageait peu à peu la véritable langue française. Enfin il est remarquable que dans la langue commerciale moderne le mot *warants* exprime l'idée de la garantie ou sûreté résultant d'une sorte de gage ; en effet en anglais on désigne sous ce nom le récépissé délivré par les docks aux négociants qui déposent leurs marchandises dans ces magasins publics ; c'est bien là encore le même mot employé dans une situation différente, mais qui offre néanmoins une certaine analogie, car il s'agit également ici d'une sorte de garantie à accorder.

Quoi qu'il en soit, le garant est bien, dans notre droit, celui qui, d'après l'expression de Loyseau, « est tenu d'assurer un autre et de l'acquitter de quelque action ou procès » ; et puisque le principe, sous quelque nom qu'il s'énonce, sous quelque forme qu'il se produise dans l'application, est incontestablement le même, nous n'avons qu'à rechercher, sous l'empire de notre législation moderne, les règles qui le régissent, et dans ce but nous devons examiner d'abord quelle est, d'après la nature des divers contrats ou autres actes juridiques, le caractère de l'obligation qui en découle et l'étendue de la responsabilité de celui qui se trouve ainsi engagé. Si, dans la plupart des cas, l'analogie complète avec le droit romain ne permet d'élever aucune difficulté nouvelle et doit nous dispenser d'entrer dans des développements déjà donnés, il en est quelques-uns cependant où, la loi s'étant placée à un point de vue tout différent, soit quant à la cause de l'obligation, comme dans la constitution de dot, soit quant à la position respective des parties, comme dans le partage, les conséquences du principe ne peuvent évidemment être les mêmes. Des questions spéciales s'élèveront d'ailleurs en ce qui touche le règlement et le mode d'exercice des droits qui peuvent être invoqués contre la personne obligée à la garantie.

III. Ici encore prenons pour type de notre étude le contrat de vente, pour lequel nos lois se sont d'autant plus soigneusement appliquées à définir et à préciser les obligations respectives des parties qu'il apparaît comme l'un des plus fréquents dans les usages de la vie. Le Code Nap. a parfaitement reconnu à l'obligation du vendeur ce caractère de continuité qui se traduit par la nécessité de garantir l'efficacité de la prestation ; c'est une des conditions naturelles sinon essentielles de son existence, et de là les termes de l'art. 1626 : « Quoique lors de la vente il n'ait été fait aucune stipulation sur la garantie, le vendeur est obligé de droit à garantir l'acquéreur de l'éviction qu'il souffre.....» Toutefois, en présence des dispositions réglant les effets du contrat à l'égard du vendeur, on peut se demander si son obligation est bien, dans notre droit, telle que les jurisconsultes romains l'avaient comprise, ou s'il ne serait pas plus exact de lui reconnaître une autre base.

En droit romain, en effet, l'obligation de garantir, nous l'avons vu, est le corollaire de l'obligation de prester une délivrance continue; elle n'a donc trait en définitive qu'à la possession, et, quand même un tiers serait judiciairement reconnu propriétaire, l'acquéreur ne pourrait agir en garantie tant qu'il n'est pas dépossédé. En doit-il être de même dans notre droit, sous l'empire des règles édictées par le Code Nap. ? Si on s'en tenait à la définition donnée par l'art. 1582, aucune difficulté ne pourrait naître : la vente y est représentée simplement comme une convention donnant lieu à des obligations réciproques, ainsi que tout autre contrat synallagmatique, et jusque-là nous ne voyons apparaître aucune différence avec le droit romain. Mais la raison de douter vient de ce que, d'après l'art. 1583, la propriété se trouve transférée par le seul effet de la convention; d'où il semble résulter que les obligations du vendeur, telles que les a comprises le Code Nap., consistent non-seulement dans une délivrance qui mettra l'acheteur en possession de la chose « hactenus tenetur venditor ut rem emptori habere liceat, non etiam ut ejus fiat », mais encore dans une dation, c'est-à-dire, dans un transfert de la propriété : d'où la conséquence qu'en droit français l'action en garantie serait ouverte à l'acquéreur, non-seulement dans le cas de dépossession effectuée, comme en droit romain, mais même dans le cas où en fait la vente ne l'aurait pas rendu propriétaire, quelle que fût d'ailleurs la possession paisible qui lui serait assurée. Une pareille solution nous paraît évidemment erronée : l'art. 1625 déclare que la

garantie due à l'acquéreur a uniquement pour objet la paisible possession de la chose vendue, et il n'est pas le moins du monde question de
propriété. Mais c'est là, dit-on, une inconséquence ou du moins un
oubli : c'est un retour involontaire à des principes dont la nouvelle
législation ne permet plus de faire l'application ; de ce que la propriété
est aujourd'hui transmise par le seul effet de la convention, ne doit-il
pas s'ensuivre que l'action en garantie sera accordée à l'acquéreur chaque fois que le vendeur ne l'aura pas rendu propriétaire immédiatement ? car dans nos mœurs celui qui promet un prix comme acheteur,
le promet pour recevoir aussitôt en propriété la chose qu'il achète ; il
considère comme l'équivalent du prix qu'il promet, non pas seulement
l'obligation que le vendeur contracte de le mettre en possession, mais
encore le transfert instantané de la propriété. — Ce serait gravement
méconnaître le caractère véritable de la vente et surtout la portée des
conventions modernes, que de prétendre arriver au moyen de cette
argumentation à de telles conséquences quant à la garantie. En droit
français, comme en droit romain, la vente n'est qu'un contrat ; or, un
contrat ne peut être que simplement générateur d'obligations, mais la
question est de savoir en quoi consistera cette obligation. En droit
romain, elle consistait pour le vendeur dans la nécessité de transférer
à l'acquéreur tous les droits dont il était investi, et par conséquent la
propriété si lui-même était propriétaire. Il n'est donc pas exact de dire
que l'obligation résultant de la vente se bornait à une simple délivrance,
et il faut bien reconnaître que ce n'est pas sur la nature même et sur
l'étendue de l'obligation qu'a porté la réforme du législateur moderne.
Toute l'innovation de notre Code a donc trait à l'exécution même de
l'obligation, dont le caractère est resté absolument le même.

D'après l'art. 1583, la vente est parfaite, c'est-à-dire exécutée, dès
que l'on est convenu de la chose et du prix, et par conséquent la propriété sera acquise dès ce moment à l'acheteur ; mais, bien entendu, si
elle appartenait au vendeur : d'où il suit que nous pouvons, aussi bien
en droit français qu'en droit romain, formuler la règle suivante : la
vente est un contrat simplement générateur d'obligations ; mais nous
ajouterons, et ce sera là la différence fondamentale tant avec le droit
romain qu'avec notre ancien droit : si le vendeur est propriétaire, la
propriété passe de plein droit à l'acheteur, encore qu'il n'y ait point eu
tradition de la chose. Mais si le vendeur n'est pas propriétaire, il ne

7

peut alors être tenu qu'à effectuer la délivrance de la chose, *rem tra-dere*, et il ne saurait être question d'un transfert de propriété.

Jusque-là nous ne voyons pas de différence réelle entre les deux législations; mais voici où l'on prétend la faire commencer : supposons que la chose vendue appartienne à autrui, faudra-t-il déclarer la vente nulle ou valable? Le doute n'est pas permis sur la solution de cette question en présence de l'art. 1599; mais, pour en expliquer la disposition et justifier cette divergence avec le droit romain, on dit communément qu'à Rome, où le vendeur n'était pas obligé de transférer la propriété, l'acquéreur ne comptait en définitive que sur une possession; que dès lors, tant qu'il n'était pas évincé, il ne pouvait avoir sujet de se plaindre, tandis qu'en droit français l'acquéreur, ne payant un prix qu'afin d'être investi de la propriété, se trouvait frustré dans son espoir légitime, et devait nécessairement avoir une action en nullité. Ce sont même là les motifs mis en avant lors de la rédaction de la loi; mais il faut bien reconnaître qu'ils ne peuvent servir de fondement sérieux au principe consacré par l'art. 1599. N'est-il pas bien évident, en effet, qu'en droit romain, comme en droit français, l'acquéreur n'avait acheté que dans l'intention et dans l'espoir d'obtenir la propriété aussi bien que la possession, et que sans cela il n'eût pas certainement acheté. Il est bien de l'essence du contrat de vente, ainsi que le remarque Pothier, que le vendeur ne veuille pas retenir le droit de propriété de la chose qu'il vend, lorsqu'il en est le propriétaire, et qu'il soit tenu dans ce cas de le transférer à l'acheteur; mais, ajoute-t-il, lorsque le vendeur n'est pas propriétaire et qu'il croit de bonne foi l'être, il ne s'oblige qu'à défendre l'acheteur contre tous ceux qui voudraient lui faire délaisser la chose et l'empêcher de s'en porter pour le propriétaire. (Vente, chap. ii). Le vendeur de son côté entendait également transférer la propriété, aussi bien en droit romain qu'en droit français; car nous supposons la bonne foi de part et d'autre; mais, dans la législation romaine, comme dans la nôtre, l'effet translatif de propriété résultant de la vente ne peut se concevoir que si le vendeur est lui-même propriétaire, puisque nous reconnaissons que l'obligation du vendeur, telle qu'elle existait dans le droit romain, est encore la même dans notre droit actuel, et que le mode d'exécution seul se trouve changé.

Mais de ce que la loi, se mettant en harmonie avec l'état nouveau des mœurs et de la société, a consacré, par la suppression d'anciennes for-

malités qui depuis longtemps se trouvaient réduites en fait à de sim-
ples clauses de style, un système plus simple pour la réalisation des
droits et obligations dérivant du contrat, il ne s'ensuit nullement que
la nature même du contrat ait été ainsi modifiée. Or l'art. 1583 ne
règle qu'une question de forme et non une question de principe, aussi
bien que les art. 711 et 1138, qui contiennent la même disposition
exprimée d'une manière générale : c'est ici un cas particulier d'application, de même que dans l'hypothèse prévue par l'art. 938, au sujet des
donations. Il ne faut donc pas donner à cette transformation, dont
l'importance au point de vue théorique a dû être considérable, mais
qui au point de vue pratique a été presque nulle, une portée que les
rédacteurs du Code n'ont pas sans doute eux-mêmes voulu lui attribuer; car leur but était surtout un but de simplification : « Il s'opère
par le contrat une sorte de tradition civile qui consomme le transport
du droit, disait M. Portalis, et qui nous donne action pour forcer la
tradition réelle de la chose et le paiement du prix. »

Donc la circonstance qu'en droit français la vente est de plein droit
translative de propriété n'exigeait pas nécessairement la déclaration de
la nullité de la vente de la chose d'autrui : c'eût été simplement un cas
où la vente aurait existé sans transfert de propriété, ce qui peut parfaitement se concevoir, même dans notre droit, puisque nous en voyons
des exemples divers : ainsi quand la chose vendue n'a été déterminée,
lors du contrat, que quant à son genre, il n'y a pas moins contrat de
vente, bien que la propriété ne soit pas dès ce moment transférée; et
il en est de même quand, par une condition, ou par une clause du
contrat, cette translation de propriété se trouve renvoyée à une époque ultérieure. Les principes adoptés par le législateur français quant
aux effets de la vente pouvaient donc parfaitement se concilier avec la
validité de la vente de la chose d'autrui, et il n'y avait pas, au point
de vue purement juridique, de raison nouvelle pour proscrire un état
de choses que les jurisconsultes romains n'avaient jamais condamné.
La nullité prononcée par l'art. 1599 trouve bien mieux sa justification
dans des considérations plus élevées d'intérêt public et d'économie politique. Qui ne voit en effet tous les inconvénients que peut avoir, pour
l'agriculture surtout, quand il s'agira, comme dans la plupart des cas,
d'immeubles et de fonds de terre, l'incertitude, prolongée pendant
plusieurs années, de l'acquéreur qui vient à découvrir le véritable

caractère de la chose que le vendeur lui avait livrée comme sienne et qu'il avait reçue comme telle. Cette preuve acquise, il n'en serait pas moins forcé de conserver la chose, si l'art. 1599 ne venait à son aide, car, d'une part, il ne pourrait invoquer, pour obtenir la résolution du contrat, l'inexécution de l'obligation du vendeur, puisque cette obligation, consistant dans la délivrance et la mise en possession, se trouve, pour le moment pleinement réalisée, et, d'autre part, il ne serait pas recevable à agir en garantie, puisque le vendeur serait parfaitement fondé à lui répondre qu'il n'a nul droit de se plaindre dès l'instant que la paisible possession de la chose lui est acquise et que son trouble pourrait seul, aux termes de l'art. 1625, autoriser un recours contre lui. L'art. 1599 a remédié aux inconvénients de cette situation : l'acquéreur ne sera plus condamné à conserver la chose vendue, avec la perspective d'en être dépouillé d'un jour à l'autre, en sorte qu'il ne pourrait avoir aucun intérêt certain à son entretien ou à son amélioration, puisqu'il courrait le risque, tant que le droit n'avait pas été consolidé irrévocablement sur sa tête par la prescription ou par une autre confirmation définitive, de travailler en pure perte pour le compte d'autrui, ou du moins de ne pas recueillir sur la chose même le dédommagement qu'il était en droit d'en attendre pour prix de ses soins. Ce qui prouve bien que ces considérations économiques sont en effet les seules qui puissent justifier l'art. 1599, et qu'il serait impossible d'arriver à en légitimer la disposition en se fondant sur ce motif que l'acheteur comptait obtenir la propriété de la chose dont il payait le prix, c'est que cette nullité s'applique également, on ne peut le méconnaître, au cas où l'acheteur a sciemment acheté la chose d'autrui. Il suit de là que, dans le cas de vente de la chose d'autrui, l'acquéreur pourra prendre deux partis : ou bien agir immédiatement par l'action en nullité et réclamer, s'il est de bonne foi, de justes dommages-intérêts, ou bien attendre l'éviction, et agir alors par l'action en garantie. Mais il faudra bien se garder de confondre l'action en nullité avec l'action en garantie : elles n'ont pas la même base juridique ; elles sont soumises à des conditions différentes, et leurs résultats peuvent ne pas être les mêmes. Tandis que, dans le système que nous croyons devoir repousser, ce serait une véritable action en garantie que le législateur aurait organisée au profit de l'acquéreur sous le nom d'action en nullité de la vente.

L'obligation du vendeur nous apparaît donc bien dans le Code Napoléon avec un caractère absolument identique à celui que nous lui avons
assigné en droit romain : elle a pour effet d'imposer une délivrance
dont l'efficacité ne peut naturellement se concevoir sans la nécessité
d'en assurer la continuité, et comme la convention doit toujours s'interpréter dans le sens qui peut en procurer, d'après la volonté des
parties, la plus complète réalisation, on comprend que cette règle de
droit commun ait amené le législateur moderne à regarder à son tour
la garantie comme une conséquence de toute obligation dont la simple
délivrance de la chose promise ne pouvait offrir qu'une exécution évidemment insuffisante. Il en sera ainsi quel que soit d'ailleurs l'objet de
la vente, et le principe devra toujours recevoir la même application,
sauf, quand il s'agira d'en apprécier les conséquences, et de régler
l'étendue de la responsabilité de l'obligé, à tenir compte de la manière
dont l'objet même a été envisagé, soit comme universalité ou comme
agrégation de choses diverses considérées chacune dans leur individualité, soit comme simple droit dont l'existence seule ou bien un certain
degré d'utilité doit être procuré à l'acheteur.

IV. L'obligation de garantir, telle que nous venons de la déterminer, est parfaitement établie, et aucune difficulté ne peut évidemment
être élevée lorsqu'il s'agit d'une vente volontaire, mais la question devient fort délicate et a donné lieu à de nombreuses controverses lorsqu'on s'est placé dans l'hypothèse d'une vente forcée, c'est-à-dire effectuée à suite de saisie, par autorité de justice. L'adjudicataire sur
expropriation venant à être évincé pourra-t-il avoir une action en
garantie ?

Divers systèmes et diverses solutions ont été proposés : dans un premier système on lui accorde l'action en garantie et contre le poursuivant, qui est considéré comme vendeur, et contre les créanciers qui
ont indûment reçu, et contre le saisi, attendu que l'adjudicataire se
trouve subrogé aux droits des créanciers désintéressés. Dans un second
système, le recours est uniquement ouvert contre le saisi, qui est regardé
comme le véritable vendeur, mais il n'est pas accordé contre les créanciers, qui n'ont en réalité reçu que ce qui leur était dû. Un troisième
système déclare tout recours impossible et contre le saisi, et contre le
poursuivant, et contre les créanciers, seulement il admet que des

poursuites pourront être exercées contre le saisi à concurrence de ce qui a été payé à sa décharge entre les mains des créanciers : on applique ici les principes de la gestion d'affaires. Enfin, d'après un quatrième système, l'éviction ne donne lieu à un recours ni contre le poursuivant ni contre le saisi, seulement l'adjudicataire, ayant payé sans cause, peut exercer la *condictio indebiti* contre les créanciers.

La doctrine et la jurisprudence sont également divisées sur la question, mais la véritable cause de ces variétés d'opinions nous paraît être dans la négligence des vrais principes en matière d'éviction. Il faut donc, pour aplanir la difficulté, examiner la question en s'attachant à préciser les rapports que l'adjudication a établis entre l'adjudicataire d'une part et le saisi, le poursuivant et les créanciers de l'autre. Remarquons d'abord que la question est complexe et doit être formulée de la manière suivante : L'adjudicataire évincé a-t-il un recours en garantie et contre qui peut-il l'exercer? en cas de réponse négative, ne faut-il pas au moins admettre en sa faveur une action en répétition du prix et contre qui?

Nous avons dit que l'obligation de garantir, qui est de la nature mais non de l'essence du contrat de vente, résulte d'une convention, implicitement renfermée dans tout contrat, qui oblige une partie à une délivrance continue : donc, pour savoir si une des parties doit être soumise à l'obligation de garantir, il faut uniquement vérifier si cette convention tacite peut être raisonnablement présumée dans l'acte juridique qui a fondé le droit de l'adjudicataire. Or est-il juste et vraisemblable de prétendre que le poursuivant a entendu se soumettre à une telle obligation? il est impossible de répondre affirmativement. Le poursuivant, il est vrai, n'agit pas au nom du débiteur; il exerce un droit qui lui est propre; mais c'est pour obtenir le remboursement de sa créance qu'il poursuit l'expropriation : l'économie de la loi tout entière démontre qu'il n'entend faire vendre que ce qui appartient ou est réputé appartenir à son débiteur. Les immeubles expropriés sur la tête de ce dernier sont vendus *tels quels* : le poursuivant, qui n'a pas en main les titres de propriété, ne peut vérifier la légitimité de la possession dont le saisi est investi, aussi ne peut-il rien garantir de ce chef à l'adjudicataire. Remarquons, d'un autre côté, que c'est à tort qu'on a voulu faire au poursuivant une position particulière et distincte de celle des autres créanciers : en effet, à partir du moment où le dépôt du cahier des

charges a été dénoncé à tous les créanciers inscrits, la poursuite leur
devient commune, et on peut dire qu'elle a également lieu désormais
dans l'intérêt de tous les créanciers; mais comme la communication
qu'ils sont censés avoir prise du cahier des charges n'a pas pu les rensei-
gner davantage sur l'étendue des droits du saisi, on ne saurait non plus
prétendre qu'ils soient tenus d'une obligation quelconque de garantir
vis-à-vis du futur adjudicataire. Donc, sur ce premier point, il est
parfaitement certain que ni le poursuivant ni les créanciers inscrits ne
peuvent, d'après les principes, être recherchés en garantie par l'adjudicataire qui viendrait à être évincé.

Nous avons du reste toujours supposé jusqu'ici que le poursuivant
n'avait aucune faute à se reprocher : il pourrait en effet être tenu d'une
action en dommage s'il y avait eu de sa part quelque imprudence qui
aurait compromis les intérêts de l'adjudicataire : il en serait ainsi, par
exemple, s'il avait poursuivi la saisie sur un vieil extrait de la matrice
cadastrale, et avait ainsi fait comprendre dans la masse des biens à
exproprier des immeubles déjà sortis du patrimoine du débiteur, et
dont la mutation avait été opérée. A plus forte raison serait-il ainsi,
et il devrait être bien plus rigoureusement tenu, s'il avait fait sciemment entrer dans la masse des biens dont il n'ignorait pas que le saisi
avait cessé d'être propriétaire. Ne pourrait-on pas cependant soutenir que,
depuis la loi nouvelle, qui a introduit la transcription, le poursuivant
devra toujours vérifier avec soin au bureau des hypothèques la situation de son débiteur, et voir s'il n'y a pas eu transcription récente de
quelque acte d'aliénation? Nous ne croyons pas qu'on puisse lui imposer une telle obligation, car il faut reconnaître d'abord que rien dans
la loi ne saurait autoriser à l'admettre, et de plus c'est à celui qui a
l'intention de devenir adjudicataire à faire une semblable vérification.
D'ailleurs, dans bien des cas, cette vérification même serait illusoire :
le plus souvent en effet il arrive que l'adjudicataire est évincé parce que
le saisi était simplement possesseur des biens expropriés, qui n'avaient
jamais figuré dans son patrimoine : par conséquent les registres du con-
servateur ne pourraient alors offrir aucun renseignement.

Examinons maintenant la situation par rapport au saisi. Le saisi ne
saurait être tenu à la garantie qu'à la condition d'être intervenu personnellement dans la vente, par exemple s'il y avait eu sur sa demande
conversion de la saisie en vente volontaire; mais, sauf cette hypothèse,

le saisi est complètement étranger à la procédure : ce n'est pas lui qui
a composé la masse à adjuger, donc il ne peut avoir pris aucune obligation à cet égard ; et bien loin de pouvoir être considéré comme vendeur, c'est malgré lui, contre son gré, que le poursuivant exerce, de
son chef personnel, le droit rigoureux que lui attribue la loi ; car il
importe de ne jamais perdre de vue cette idée que le poursuivant n'agit
pas le moins du monde comme le représentant du saisi ; d'où il suit
que, vis-à-vis de ce dernier, l'action en garantie est absolument inadmissible.

Ainsi, de cette analyse que nous venons de faire de la position respective des parties, il résulte que la vente judiciaire, à suite d'expropriation forcée, a toujours lieu sans garantie, et cela à raison même
de la procédure suivie pour arriver à l'adjudication. On oppose à cette
solution que, d'après l'art. 1596, l'adjudicataire est considéré comme
un véritable acheteur, et que les règles relatives à la vente volontaire
doivent toujours régir la vente faite en justice, chaque fois que la loi
n'a pas décidé le contraire, ainsi qu'elle le fait dans les art. 1649, 1684.
Mais ce raisonnement n'est pas difficile à réfuter : sans doute il est
certain que, chaque fois que l'on achète, que ce soit en justice ou à
l'amiable, on est acheteur ; mais la question est de savoir si tout acheteur, et spécialement l'acheteur en justice, a droit à la garantie. Or
il était d'autres règles de la vente volontaire dont l'application à la
vente forcée pouvait faire difficulté : ainsi on pouvait se demander si
la rescision pour cause de lésion devait être admise dans les ventes
faites d'autorité de justice, s'il fallait également étendre à ces ventes
l'action résultant des vices rédhibitoires, enfin si l'action en garantie
pouvait encore être donnée dans ce cas. Le législateur a décidé la
négative pour les deux premières questions par les art. 1649 et 1684 ;
s'il est muet sur la troisième, c'est que les principes généraux suffi-
saient pleinement, ainsi que nous l'avons démontré, pour faire également adopter une solution analogue : il serait absurde de prétendre
que la négative, formellement admise par le législateur en matière de
lésion ou de vices rédhibitoires, doit nécessairement entraîner l'affirmative en matière d'éviction.

Reste maintenant à examiner la question de savoir si l'adjudicataire
a du moins une action en répétition du prix. Trois hypothèses peuvent se présenter : 1° il se peut que l'adjudicataire ait payé en son

nom, mais non comme adjudicataire, et qu'il ait été conventionnellement subrogé aux droits du créancier contre le saisi (art. 1236, 1250 1°) ;
il est incontestable que, dans ce cas, le créancier qui a reçu son dû
est à l'abri de tout recours, et il ne reste à l'adjudicataire qu'une
action contre le saisi, en sorte que, si celui-ci est insolvable, ce qui
aura lieu dans la plupart des cas, l'adjudicataire évincé en supportera
seul les conséquences et perdra son prix. 2° Il peut arriver que l'adjudicataire, agissant en sa qualité d'acquéreur, mais sans attendre la
clôture de l'ordre, ait employé le prix de son acquisition à désintéresser
les créanciers hypothécaires : si plus tard il vient à être évincé, soit
avant la délivrance des bordereaux, soit après cette délivrance, il faut
remarquer qu'il s'agit ici non d'un cas de subrogation conventionnelle,
mais d'un cas de subrogation légale : l'adjudicataire n'a pas entendu
payer en son propre nom, pour obtenir la subrogation conventionnelle
dont parle l'art. 1250 1°; il a payé en sa qualité d'acquéreur, afin de
bénéficier de la subrogation légale appliquée à cette espèce par l'article 1251 2°; il n'a donc payé que parce qu'il était acquéreur; mais
comme l'évènement démontre qu'il a acquis la chose d'autrui, il en
résulte que le paiement qu'il a fait se trouve sans cause; il doit donc
avoir le droit de le répéter contre le créancier en vertu de l'art. 1599,
et il ne serait même pas obligé d'attendre l'éviction pour agir. Mais, si
le saisi avait d'autres ressources, la bonne foi obligerait l'adjudicataire à
utiliser d'abord contre lui la subrogation légale qu'il a obtenue. 3° Enfin
il se peut que l'adjudicataire ait été évincé après la délivrance et le
paiement des bordereaux, et il faut encore appliquer le même raisonnement : la répétition du prix sera admise contre les créanciers. Sans
doute chacun d'eux peut dire *meum recepi*, sans doute il n'est pas
vrai de prétendre qu'ils ont reçu l'indù; mais si le paiement a été reçu
par un véritable créancier, il a été fait par une personne qui se croyait
débitrice et qui en réalité se trouve ne pas l'être; or d'après l'art. 1377,
lorsqu'une personne qui par erreur se croyait débitrice a acquitté une
dette, elle a le droit de répéter contre le créancier. Tels étaient
aussi en cette matière les principes consacrés par Pothier (*Procéd. civ.*,
p. 258).

V. Tout contrat générateur d'obligations analogues à celles qui
découlent de la vente devra aussi, quant à la nécessité de garantir,

produire des effets semblables. Tel est l'échange, dont l'assimilation complète avec la vente résulte des termes de l'art. 1703. Cependant il importe de bien distinguer, pour déterminer ici les droits et les obligations respectives des deux parties, entre l'échange proprement dit, actuellement réalisé, et la convention synallagmatique ayant pour objet un échange à réaliser dans l'avenir. A proprement parler, la dénomination d'échange ne convient qu'au contrat par lequel les parties se *donnent* réciproquement une chose pour une autre, ainsi que le dit l'art. 1702 : il suit de là que, lorsque l'objet que chacune des parties a eu en vue en contractant est déterminé, la convention, contenant virtuellement en soi la tradition, a procuré immédiatement et de plein droit le transfert de la propriété. C'est dans ce sens que l'article 1703 déclare que l'échange s'opère par le seul consentement, de la même manière que la vente : d'où il suit que, lorsque les deux objets sur lesquels porte la convention ayant pour but un échange sont également déterminés dans leur individualité, il est impossible, en droit français, de distinguer entre le pacte *do ut des* et l'exécution de ce pacte : les deux actes sont concomittants. Mais il n'en est pas de même quand les objets que les parties ont en vue ne sont déterminés que quant à leur espèce : ainsi, par exemple, il est convenu que vous me donnerez l'un des chevaux qui sont dans votre écurie à votre choix, en échange d'une paire de mes bœufs à mon choix : on ne peut ici confondre la convention avec son exécution, et appliquer la dénomination d'échange à cette convention, telle qu'elle apparaît au moment de sa formation. C'est là un de ces contrats dont parle l'article 1107, qui n'ont pas de dénomination propre, mais qui, en droit français, produisent une action, tandis qu'en droit romain ils formaient la nombreuse catégorie des pactes, distinction qui n'existe plus dans notre droit ainsi que le fait remarquer Pothier, tout en donnant son appréciation personnelle d'une manière plus originale que juridique sur l'ancien état de choses : « Cette distinction, dit-il, n'ayant aucun fondement dans la raison et l'équité naturelle et étant une pure invention de la politique des praticiens pour rendre difficile la pratique du droit civil et tenir par là le peuple dans leur dépendance, a été avec raison rejetée dans notre droit. C'est pourquoi, parmi nous, la convention d'échange, dès avant qu'elle ait reçu aucune exécution et aussitôt que le consentement des parties est intervenu, produit de part

et d'autre une obligation civile de même que le contrat de vente »
(*Vente*, n° 621).

Mais, qu'il s'agisse d'un véritable échange ou d'une convention ayant
pour objet la réalisation d'un échange futur, dans tous les cas il est de
l'essence de l'opération qu'il y ait transfert non seulement de la possession mais encore de la propriété, et à ce sujet le Code Napoléon a
confirmé l'ancienne théorie romaine : nous avons vu en effet que, si
la partie qui avait volontairement exécuté le pacte *do ut des* n'avait
pas été rendue propriétaire par l'autre partie, elle pouvait à son choix
ou bien demander le rétablissement des choses en leur ancien état, au
moyen de la *condictio causa data causa non secuta*, ou bien réclamer des dommages-intérêts pour le préjudice résultant de l'inexécution, au moyen de l'action *præscriptis verbis;* mais le coéchangiste
qui s'était déjà acquitté n'aurait pu agir en revendication pour reprendre
sa chose, puisqu'il avait commencé par en faire la *dation*. Il doit en
être de même en droit français, sauf en ce qui touche la revendication qui aujourd'hui doit être, dans tous les cas, attribuée au coéchangiste, et la précision faite par le Code Napoléon n'est pas en réalité
contraire à ces principes ; mais il importe de distinguer, lorsque l'un
des coéchangistes n'était pas propriétaire, entre les cas où il y a eu
éviction et le cas contraire. Si, les deux parties s'étant respectivement
mises en possession, l'une d'elles vient à être évincée, cette dernière
pourra, comme en droit romain, soit réclamer des dommages-intérêts, soit répéter sa chose par la *condictio causa data causa non
secuta;* mais elle peut de plus faire résoudre l'échange et agir en revendication de sa chose contre les tiers détenteurs, qui devront toujours succomber tant que la prescription ne sera pas venue confirmer
leurs droits, car ils ont acquis la chose *à non domino*, et la transcription qui aurait pu être faite de leur titre d'acquisition ne saurait
jamais avoir pour effet d'en détruire les vices (art. 1705). Si au contraire l'un des copermutants a déjà reçu la chose à lui promise à titre
d'échange, et qu'il prouve ensuite que l'autre partie n'en était pas propriétaire, il ne peut pas, dit l'art. 1704, être forcé à livrer celle qu'il
a promise en contre-échange, mais seulement à rendre celle qu'il a
reçue. Ainsi, dans cette hypothèse, le copermutant, mis en possession
d'une chose dont il n'a pas été rendu propriétaire, peut repousser par
une exception l'autre partie qui réclame à son tour l'exécution de

l'acte; mais puisqu'il n'est pas tenu d'exécuter la prestation qui le concerne, il détient donc sans cause la chose qu'il a reçue, et voilà pourquoi l'art. 1704 reconnaît qu'il pourra être forcé à en faire la restitution : il est donc passible et d'une action personnelle de la part de
l'autre contractant du chef duquel il détient, et d'une action réelle de
la part du véritable propriétaire dont le droit s'exerce, comme tout
droit réel, sur la chose en quelques mains qu'elle se trouve. Mais évidemment les termes de l'art. 1704 ne doivent pas nous amener à conclure que là se trouvent limités tous les moyens accordés au copermutant, dans ce cas, pour sauvegarder ses droits ainsi compromis : il ne
sera pas obligé en effet d'attendre l'action de l'autre partie pour la repousser au moyen de l'exception dont nous venons de parler ou bien
pour restituer la chose qu'il a reçue : il est incontestable que, du moment qu'il n'a pas été rendu propriétaire, il a droit à des dommages-
intérêts, et il doit pouvoir agir pour les réclamer; seulement il ne lui
sera possible de triompher dans cette action qu'en offrant de restituer
la chose qu'il a reçue. Telles sont les règles relatives à la garantie en
matière d'échange; il en résulte que, lorsqu'il y a eu tradition réciproque, le copermutant qui n'a pas été rendu propriétaire a le choix ou
bien d'agir immédiatement par l'action en résolution, ou bien d'attendre
l'éviction qui peut-être n'aura jamais lieu. « Convenence d'escange,
disait Beaumanoir, doit estre tele que çascune partie doit garantir à
toz jors ce qu'il bailla; et s'il ne le pot garantir, porce que le coze
qu'il baille en escange n'estoit pas soie, il doit estre en le volonté de
celi à qui il doit garantir, de reprendre ce qu'il bailla en escange, ou
de contraindre celi qui l'autrui coze li bailla, le quele coze il ne li pot
garantir, qu'il li restore son damace d'aussi soufisant coze et d'aussi
aiesié com le coze estoit qu'il ne li pot garantir. » (*Cout. de Beauv.*,
chap. 34, al. 10.)

VI. Tout paiement, pour être valable, suppose que la personne qui
l'effectue était propriétaire de la chose qu'elle donne à ce titre : c'est
ce qu'exprime formellement l'art. 1238, qui doit naturellement recevoir
son application dans tous les cas où le paiement devait en effet produire
une translation de propriété. La garantie due par le débiteur ne sera
donc pas bornée à la délivrance continue de la chose, si d'ailleurs le
créancier n'a été rendu propriétaire, et un recours serait dès lors

donné contre lui, car la première obligation n'ayant pas été éteinte continuerait de subsister avec tous les droit qui en résulteraient; mais le paiement serait pleinement réalisé dès l'instant où, par quelque évènement postérieur, tel qu'une prescription, la propriété se trouverait acquise au créancier, et la garantie cesserait dès lors d'être due pour une délivrance qui a produit ainsi son plein et entier effet. La prescription instantanée admise par l'art. 2279 aura donc pour résultat, dans tous les cas où elle sera applicable, la validation immédiate du paiement fait par un débiteur non propriétaire, et il en sera de même, d'après l'art. 1238, lorsque le paiement aura consisté en choses fongibles pour lesquelles le bénéfice de l'art. 2279 n'aurait pu être invoqué, mais qui ont été de bonne foi consommées par le créancier qui les avait reçues.

Il suit de là que, par lui-même, un paiement effectué au moyen d'une *datio in solutum* ne serait pas valable si la propriété de la chose ainsi livrée n'appartenait pas au débiteur; mais il importera toujours, pour apprécier le caractère et l'étendue du recours accordé au créancier, d'examiner si la délivrance faite entre ses mains avait réellement le caractère d'un paiement, et alors c'est bien la propriété qui lui était due, et, faute de l'avoir acquise, l'ancienne créance continue d'exister; ou si c'était là seulement une vente dont le prix a été acquitté au moyen d'une compensation avec la créance qu'avait l'acquéreur, et dans ce cas il faudra appliquer les principes de la vente, tant pour l'appréciation des dommages que pour les conditions nécessaires à l'éviction donnant lieu à garantie.

VII. Le contrat de louage implique toujours et par sa nature même, aussi bien de nos jours qu'en droit romain, l'obligation pour le bailleur d'effectuer une délivrance continue ou pour mieux dire répétée en quelque sorte à tous les instants de la location; et de là le principe consacré par l'art. 1719, 3° : « Le bailleur est tenu de faire jouir paisiblement le preneur pendant la durée du bail », et comme cette jouissance est précisément la condition essentielle de l'exercice de son droit, « la garantie, ajoute l'art. 1721, est due au preneur pour tous les vices ou défauts de la chose louée qui en empêchent l'usage, quand même le bailleur ne les aurait pas connus lors du bail ». La garantie serait également due au preneur si l'impossibilité pour le bailleur de continuer la prestation de la jouissance avait pour cause l'éviction qu'il viendrait lui-même à souffrir quant à ses propres droits sur la chose. Quant aux faits provenant des tiers et qui ne sauraient en aucune façon être imputables au bailleur, par exemple des troubles apportés à l'exercice du droit de jouissance du preneur, sans que d'ailleurs ce droit lui-même fût contesté, il est bien certain que le bailleur ne peut avoir en principe à en répondre, et c'est au preneur à se défendre en son nom, car c'est lui personnellement qui est attaqué, c'est à sa propre jouissance que les tiers ont porté atteinte.

Ces principes doivent également régir toutes sortes de baux, et il n'y a pas lieu d'établir une distinction particulière en ce qui concerne les baux administratifs, ou plutôt, pour parler plus exactement, les baux passés en la forme administrative : ces faits juridiques, ne constituant pas des actes administratifs, sont de pures conventions privées intervenues entre l'État agissant à raison de son domaine et les particuliers ; il faudrait donc appliquer les principes du droit commun si le bien prétendu domanial, loué ou affermé, venait à être l'objet d'une éviction.

VIII. Le partage, au point de vue de l'effet qu'il produit, offre dans notre droit une grande différence avec le droit romain, et les obligations respectives des co-partageants ne peuvent plus aujourd'hui être assimilées à celles qui naissent de la vente ou de l'échange. L'art. 883, Code Nap., consacre à cet égard une fiction déjà reconnue dans les plus anciens monuments de notre droit coutumier, entrevue même par les vieux jurisconsultes romains, et qui fait cesser toute analogie entre le partage et ces contrats dont les règles, en droit romain, devaient lui être appliquées : « Chaque cohéritier est censé avoir succédé seul et immédiatement à tous les effets compris dans son lot ou à lui échus sur licitation, et n'avoir jamais eu la propriété des autres effets de la succession ». Le partage est simplement déclaratif de propriété : cependant l'art. 884 parle encore d'une obligation de garantie dont les co-partageants demeurent respectivement tenus ; mais, par suite même du caractère nouveau reconnu à l'acte qui donne lieu à cette obligation, la garantie est ici soumise à des règles particulières. Le but unique du principe édicté par l'art. 884 est en effet de procurer au cohéritier la réparation de la perte que lui a causée l'éviction, en tant que cette perte a pu détruire l'égalité qui devait régner entre tous les cohéritiers. C'est donc seulement pour le rétablissement de cette égalité que l'héritier a le droit d'agir par son action en garantie; d'où il suit que, rigoureusement, cette action devrait se borner à provoquer un nouvel acte de partage, puisque le premier, ayant compris des objets qui en réalité ne faisaient point partie de la succession, n'a pas exactement déclaré le droit de propriété qui appartenait à chaque héritier; et c'est seulement par des considérations d'ordre public et de sûreté générale, afin de ne pas amener des perturbations fâcheuses dans l'état des propriétés, que la loi impose simplement aux cohéritiers l'obligation de se faire raison en argent à concurrence de ce qui a été enlevé par l'éviction à la part héréditaire de l'un d'eux : de là aussi la règle que nous trouvons formulée dans les Coutumes : « Entre cohéritiers y a garentage des choses qui sont tombées en partage, et si aucun des cohéritiers est évincé de son partage, ou de partie d'iceluy, sans sa coulpe ou son faict, ses cohéritiers sont tenus de le rescompenser et desdommager chacun pour sa quote et portion ». (Cout. de Bret., art. 119). C'est là ce que Dumoulin reconnaissait également, en ce qui touche le caractère de cette obligation de garantir; mais le motif sur lequel il se fonde, et au moyen duquel il prétend généraliser cette règle et l'appliquer même au partage tel qu'il était compris à Rome, est assurément plus subtil que judicieux : celui qui vend la chose d'autrui, dit-il, est le seul qui a induit l'acheteur en erreur et qui par conséquent doit être tenu sans restriction des dommages-intérêts auxquels l'acheteur a droit pour la réparation de la perte causée par l'éviction, au lieu que, dans le partage, ce n'est pas plus par le fait de mes co-partageants que par le mien que la chose tombée dans mon lot et dont je suis évincé a été mise dans la masse commune; il y a là une erreur également commise par tous : « Neuter magis asserit, neuter magis decipit quam alter, imo dicitur res evinci facto vel culpa communi »; d'où il conclut que le co-partageant évincé ne peut rien imputer aux autres qu'il ne puisse s'imputer à lui-même, et que par suite il ne peut être question, en pareil cas, d'une action en dommages-intérêts. (Dumoulin, *De eo quod interest*, nº 115). Mais Dumoulin, en raisonnant de la sorte, a méconnu le véritable caractère du partage en droit romain, et son système est d'ailleurs condamné par la loi 66, § 3 (D., *De evict.*), dont il essaie en vain d'affaiblir la portée en la restreignant à un cas particulier d'application qui n'est nullement prévu par cette loi dont la portée est générale. Si donc on arrive en droit français à cette solution, c'est que l'on est parti d'un autre principe que Dumoulin fut toujours disposé à combattre, et que la question de garantie se trouve réduite à un rétablissement d'égalité de parts entre tous : c'est précisément pour assurer cette égalité que l'art. 885 veut que, lorsque l'un des cohéritiers se trouve insolvable, la portion dont il est tenu soit également répartie entre le garanti et tous les cohéritiers solvables; que l'art. 886 consacre en cette matière des règles particulières pour la garantie des créances tombées dans le partage, et étend à la solvabilité la responsabilité des co-partageants, tandis que celle d'un cédant ordinaire sera en principe limitée, avec l'art. 1693, à l'existence actuelle du droit.

L'art. 884 régit aussi bien le partage fait en justice que celui qui a été effectué à l'amiable, et il faut en dire de même du partage qui aurait été fait par un ascendant entre ses descendants, conformément aux dispositions des art. 1075 et suiv.; car, ainsi que le fait remarquer Lebrun, « le père fait la fonction en ce rencontre d'un véritable juge; ainsi la même garantie qui aurait lieu dans un partage fait par le juge ou par les enfants mêmes doit s'observer ici. Enfin il serait injuste que, le père ayant voulu que chacun de ses enfants fût partagé de ce qu'il lui destinait, l'un d'eux pût être évincé du total de sa portion et cependant rester sujet aux dettes de la succession..... Donc, quand le père a partagé ses biens entre ses enfants, la faveur de l'égalité que l'on présume qu'il a voulu faire doit être le fondement de la garantie qui est due ». Mais il n'en serait plus ainsi évidemment si le disposant avait clairement manifesté l'intention d'avantager d'une manière spéciale l'un de ses enfants : « si par exemple, comme le dit encore Lebrun, il s'agit d'un seul prélegs fait à un des cohéritiers : en ce cas l'éviction n'est pas due en faveur de l'égalité ». (*Successions,* liv. III, chap. 6, sect. 3, n° 58).

Ces principes ne sont pas seulement applicables aux partages de successions, il faut également les étendre à toutes sortes de partages : la nécessité d'assurer l'égalité entre les co-partageants est toujours le motif dominant sur lequel se fonde l'obligation de garantir, et elle aura le même caractère et les mêmes effets que dans le partage d'une hérédité : c'est ainsi que l'art. 1476, pour le partage des biens de la communauté, et l'art. 1872, pour le partage du fonds social, renvoient aux règles édictées dans les art. 883 et suivants.

IX. La transaction présente dans notre droit le même caractère qu'en droit romain, et il y a lieu d'appliquer, pour la question qui nous occupe, des règles absolument identiques; nous devons donc nous borner à rappeler les principes déjà posés, en les complétant par quelques développements. Il ne peut y avoir de difficulté, nous l'avons établi, quand la transaction a été conclue moyennant la dation d'objets autres que ceux sur lesquels portait le litige : dans ce cas on applique, comme en droit romain, les principes de la vente ou ceux de l'échange; mais il n'en est pas de même quand la transaction s'effectue par l'abandon de la totalité ou d'une partie de la chose litigieuse elle-même : il est certain et tout le monde reconnaît que, dans cette hypothèse, les parties ne sont pas respectivement tenues de la garantie; mais on se demande quel est le motif de cette solution. Généralement on dit que, s'il n'y a pas lieu à garantie, c'est parce que la transaction a un effet purement déclaratif de droits, et on a prétendu, pour établir que tel était réellement le caractère de la transaction, invoquer la loi 33, COD., *De transact.* D'après cette loi, celui qui a été reconnu propriétaire par une transaction, ne peut rien réclamer à son adversaire si plus tard il a été évincé par le fisc : il est facile, en réfléchissant au sens de ce texte, de se convaincre qu'il n'est pas possible d'en déduire une solution en faveur de l'effet purement déclaratif de la transaction, mais qu'il fournit au contraire un argument décisif à l'opinion opposée. La question à résoudre était en effet celle de savoir si l'éviction, dans de telles circonstances, pouvait donner lieu à l'action en garantie; or, elle ne pouvait évidemment se produire qu'autant que l'on admettrait comme incontestable l'effet réellement translatif de la transaction; car comment concevoir que l'on se fût préoccupé de la question de garantie si l'acte avait été considéré comme simplement déclaratif de droits? Si donc le doute avait pu naître, c'est que la question se présentait ainsi : la transaction ayant un effet translatif de droits devrait en principe engendrer la garantie, mais n'y a-t-il pas des raisons spéciales de nature à faire décider le contraire? C'est là précisément ce que l'on doit naturellement reconnaître dans cette matière : sans doute les parties se sont transmis leurs droits respectifs, mais *tels quels*, c'est-à-dire que la transaction contient virtuellement une dispense de garantie, et ne peut même s'entendre que de cette façon.

Ce n'est donc pas par le prétendu effet purement déclaratif de droits

8

que doit s'expliquer le principe de la non garantie en matière de transaction. Cela tient à la nature de l'acte, à tel point qu'il nous paraît même incontestable que les parties ne pourraient, par une clause expresse insérée dans la transaction, se soumettre à l'obligation de garantir. Il est en effet de l'essence de la transaction qu'elle porte sur une chose douteuse; or il y a contradiction entre l'idée d'un doute et l'idée d'une garantie relativement à la même chose et au même droit : l'acte perd ainsi son caractère et se transforme en un autre; ainsi, par exemple, je vous actionne en revendication d'un fonds et nous convenons par transaction que vous le garderez, mais qu'en échange de l'action en revendication que j'abandonne, vous me donnerez telle somme ou tel objet; il est de toute évidence que je puis joindre à ce contrat une clause par laquelle je m'oblige à vous garantir contre toute éviction, mais alors ce sera une vente ou un échange et non plus une transaction; car nous ne pouvons maintenir à l'acte sa signification qu'en ne nous expliquant pas sur la réalité des droits que nous avons considérés comme douteux en transigeant. Donc la clause implicite de non garantie est non seulement de la nature, mais encore de l'essence de la transaction.

X. Quant aux actes à titre gratuit, nous devons aussi reconnaître, comme en droit romain, et pour les mêmes motifs, qu'ils ne peuvent jamais donner lieu par eux-mêmes contre le disposant à une action en garantie, s'il n'est intervenu une stipulation expresse, soit qu'il s'agisse d'une donation, soit qu'il s'agisse d'un legs. Mais il est un acte que les Romains, ainsi que nous l'avons établi, considéraient toujours comme un acte à titre gratuit, ne pouvant engendrer dès lors l'obligation de garantir, et qui apparaît dans notre droit avec un caractère tout différent, nous voulons parler de la constitution de dot. Dans notre ancien droit, l'obligation de garantir imposée au constituant paraît avoir été diversement appréciée : Domat et Lebrun posent de la manière la plus générale le principe que toute personne qui constitue une dot en doit la garantie: « Parmi nous les père et mère sont garants de l'éviction, contre la loi 1, Cod., *De jure dot.* » (Lebrun, *Successions*, liv. III, chap. 6, sect. 3.) « Ceux qui constituent une dot sont obligés à la garantie des fonds donnés, des dettes cédées et des autres choses selon qu'il est convenu ou selon les règles de la garantie que doivent ceux qui vendent ou transportent..... Le père qui a doté et ses héritiers après sa mort sont garants de la dot..... Si la femme avait apporté en dot un effet qui ne lui appartenait pas, le mari, ne pouvant pas conserver cet effet, pourrait demander une indemnité sur les autres biens de la femme ». (Domat, *Lois civ.*, liv. i, tit 9, sect. 3, § 24 et s.). Bourjon est plus explicite encore, et il justifie son opinion : « Le mari a une action pleine et entière contre celui qui a constitué la dot à son épouse, car cette constitution est portée à son égard par un titre plus onéreux que profitable ». (*Droit de la France*, liv. vi, tit. 2, chap. 6). Mais l'opinion contraire compte aussi ses partisans et fut consacrée par des arrêts. « La raison de douter, dit Catelan, était que les donations en faveur du mariage sont regardées comme des donations à titre onéreux par les charges du mariage contracté sur la foi de ces donations; mais elles sont une libéralité pure du côté de ceux qui donnent volontairement et sans y être obligés : ainsi ils doivent jouir du privilége le plus essentiel aux donations qui est de ne laisser point le donateur obligé à garantir ». (*Arr.*, liv v, chap. 66). D'autres auteurs n'admettent la garantie que lorsque la constitution de dot « est considérée comme une légitime avancée pour supporter les charges du mariage, car alors ce n'est pas un don mais un *debitum naturæ* ». Boucheul, *Comm. de la Cout. de Poitou*, art. 203. — Despeisse, art. 1, tit. 14, sect. 3, n. 24.), ou lorsqu'elle émane de personnes tenues de doter; « mais si la dot n'a été promise que par une pure libéralité et sans aucune obligation, le donateur ne peut être inquiété pour faire subsister le bienfait ». (Basnage, *Cout. de Norm.*, art. 431). Le Code Napoléon a tranché la question et toute incertitude a disparu aujourd'hui devant ses dispositions formelles : en réglant les obligations du constituant, il s'est préoccupé surtout du but même de la constitution; il a considéré que ce n'était pas là à l'égard des époux un acte de pure libéralité, mais qu'il s'agissait de leur procurer ainsi les moyens de supporter les charges du mariage « ad onera matrimonii sustinenda », et, partant de cette idée, il a imposé à toute personne sans exception la nécessité de garantir la dot par elle constituée (art. 1440, 1547). Cette sorte de donation prend ainsi pour celui qui la reçoit le caractère d'acte à titre onéreux, comme le voulait Bourjon, quelle que soit d'ailleurs la personne de qui elle émane, puisque ce n'est plus aujourd'hui une obligation même pour le père, le Code ayant admis d'une manière

générale la maxime du droit coutumier « ne dote qui ne veut ». Si
donc la dot est constituée par la femme elle-même, le mari, qui la
recevra à titre onéreux, aura un recours contre elle en cas d'éviction,
ainsi que le remarquait Domat, car elle est tenue de lui procurer
la paisible jouissance de la chose qu'elle aura apportée à titre de dot;
si la constitution a été faite par un tiers, la femme, contre laquelle
mari aura réclamé la garantie quant à la jouissance, aura à son tour
son action en recours contre le tiers pour qu'il lui assure la paisible
possession de la chose qu'il lui a donnée; mais si le mari veut agir
directement contre le tiers constituant, il ne le peut que du chef de sa
femme, en exerçant, conformément à l'art. 1466, l'action en garantie
qu'elle a contre lui. Il faut en outre reconnaître que l'obligation de
garantir ne sera pas limitée à la durée du mariage, en sorte qu'après
sa dissolution l'époux évincé soit privé de tout recours en cas d'éviction :
les charges résultant du mariage ne cessent pas en effet dès le jour où
le lien a été rompu par la mort de l'un des époux, et une éviction
postérieure à cette époque devrait également autoriser le recours en
garantie.

CHAPITRE II.

Des caractères que doit offrir l'éviction.

SOMMAIRE.

I. Nécessité d'une dépossession judiciaire. — *Quid* en cas d'abandon volon-
taire ?
II. La dépossession doit provenir d'une cause antérieure à la vente.
III. *Quid* dans le cas d'hypothèques antérieures à la vente?
IV. Le vendeur est toujours tenu quand l'éviction provient de son fait, même
postérieur à la vente.
V. L'acheteur ne doit pas être en faute.
VI. Des cas de force majeure postérieurs à la vente. — De la dépossession résul-
tant d'une sentence injuste.

I. L'éviction doit présenter dans notre droit le même caractère qu'en
droit romain. Il faut qu'elle résulte d'une sentence judiciaire ayant
pour effet de déposséder le garanti. Le jugement doit être définitif;

quant à la dépossession, elle sera le plus souvent l'effet de l'exécution
volontaire ou forcée du jugement. Il ne faudrait pas cependant croire
que l'exécution réelle de la sentence soit indispensable : l'acquéreur
en effet a manifestement intérêt à agir contre le vendeur aussitôt que
le jugement l'a dépouillé de son titre : sa position ne serait pas tena-
ble, s'il se trouvait perpétuellement sous le coup de l'exécution d'un
jugement, sans pouvoir cependant se plaindre tant qu'elle n'aurait pas
été réalisée. Remarquons en outre qu'il y a pour lui droit acquis à
l'indemnité dès l'instant où sa dépossession a été prononcée en justice ;
par conséquent la perte par cas fortuit de la chose évincée, qui pourrait survenir postérieurement, n'exonérerait pas le vendeur de son
obligation de garantir, seulement, par l'effet de cette perte, l'acquéreur se trouverait déchargé, vis-à-vis de l'évinçant, de son obligation
de restituer.

Nous reconnaîtrons encore que l'abandon de la chose, même avant
tout jugement, à celui qui fait valoir des droits sur elle, doit constituer
une éviction opposable au garant, lorsqu'il a été effectué en présence
de prétentions si évidemment fondées que toute contestation eût été
certainement inutile : tel est, par exemple, le cas où l'acquéreur d'un
immeuble le tenant d'un donataire, la donation se trouve révoquée
par la survenance d'enfants au donateur : tous les droits du donataire,
et par conséquent de ses ayant-cause, étant tombés par ce seul fait et
de plein droit (art. 960), on ne saurait reprocher à l'acquéreur de
n'avoir point opposé à l'action en revendication dirigée contre lui une
résistance absolument inutile. Mais, nous le répétons, dans la plupart
des cas, il faut décider qu'il y aurait imprudence de la part de l'acquéreur à se dessaisir sans contestation de la chose, en substituant sa
propre appréciation à l'appréciation souveraine des tribunaux, et, pour
se mettre alors à l'abri de toute responsabilité personnelle, il devrait
d'abord requérir l'intervention de son garant, afin de n'agir qu'après
avoir obtenu son assentiment, ou du moins après l'avoir mis en mesure
de le donner : « Et d'abondant si le vendeur avait refusé de prendre la
défense et garantie, ainsi que le dit un auteur coutumier, l'achepteur
pourroit, pendant l'instance, recognoistre bonne foy : mesmement s'il
estoit notoire et liquide que la chose contentieuse appartint au demandeur, et agir par l'éviction à l'encontre de son vendeur » (Mazuer,
Pratique). Par une conséquence des mêmes principes, nous décide-

rons encore que l'acquéreur aura perdu son droit à la garantie quand, par une dérogation quelconque à l'ordre commun des juridictions, il n'aura pas donné toutes les sûretés légales à sa défense, ainsi lorsqu'il aura abandonné la décision du débat à des arbitres, lorsqu'il aura eu recours pour terminer la contestation à une transaction, à un compromis. Enfin l'acheteur peut éprouver une sorte de dépossession légale, dont les effets doivent être assimilés à la dépossession réellement prononcée en justice, dans tous les cas où il continue de détenir la chose en vertu d'un titre qui n'est plus celui de son acquisition, et dans lequel on ne peut en voir non plus la ratification. Ainsi lorsqu'il est obligé, pour conserver sa possession, de désintéresser les créanciers hypothécaires inscrits sur l'immeuble; de même lorsqu'il succède à titre gratuit un véritable propriétaire de la chose, alors il la détient indépendamment du contrat de vente et il se trouve, dans ce dernier cas, avoir payé la valeur de son propre bien.

II. Il faut toujours, pour que l'éviction donne lieu à l'action en garantie, qu'elle provienne d'une cause antérieure à la vente ou d'un fait personnel au vendeur, car, suivant la définition de Bouteiller, le recours sera seulement possible lorsque « par la coulpe du vendeur ou de son temps, seroit advenu le dommage sur la chose vendue » (*Somme rur.*, tit. 33). Les principes sur la responsabilité quant aux risques sont en effet les mêmes qu'en droit romain : « L'obligation de livrer rend le créancier propriétaire et met la chose à ses risques dès l'instant où elle a dû être livrée », d'où il suit qu'en principe l'acquéreur doit dès lors supporter seul toutes les pertes éprouvées par la chose pour des causes qui ont pris naissance depuis l'époque où l'obligation s'est trouvée parfaite. « Quand la vente est parfaicte, disait encore Bouteiller, tout le preu appartient à l'achepteur et aussi fait tout le surplus du profit et dommage, car le vendeur n'est tenu depuis la vente faicte pour choses qu'il advienne sur la chose vendue et livrée, si ainsi n'estoit que l'empeschement qu'on lui devroit venist par l'occasion du vendeur ou de choses qui fust avant la vente engendrée des choses qui désirent avoir garandie » *(ibid)*.

Si l'acheteur vient à être évincé par un tiers qui aura acquis contre lui des droits fondés sur une prescription accomplie postérieurement à la vente, mais qui aurait commencé de courir à une époque antérieure, faudrait-il décider qu'il ne peut être recevable à exercer un recours contre son vendeur? La question pourrait, ce semble, donner lieu à des difficultés; elle a même reçu des solutions opposées, et il importe de déterminer les diverses hypothèses où l'on conçoit qu'elle puisse surgir. Il peut arriver que le propriétaire d'un immeuble en opère la vente au moment même où cet immeuble est déjà possédé par un tiers de bonne foi en voie d'usucaper : dans ce cas, il est difficile de concevoir comment l'acquéreur ne cherchera pas à faire valoir contre le possesseur les droits incontestables qu'il vient d'obtenir du vendeur : il est positif que, s'il reste dans l'inaction et s'il ne veut agir comme propriétaire qu'après l'expiration du temps nécessaire au possesseur pour prescrire, il s'interdit la faculté d'agir en garantie contre son vendeur, car c'est sa négligence qui est la cause directe du préjudice éprouvé. Il faut donc supposer que l'acquéreur d'un immeuble s'est mis en possession, que néanmoins il n'a point fait, à l'égard d'une parcelle du domaine vendu, des actes de propriétaire assez souvent répétés pour interrompre la possession d'un tiers qui avait commencé de prescrire; et on peut alors se demander si l'accomplissement de la prescription au profit de ce dernier ne donnera pas à l'acquéreur le droit d'agir contre son vendeur. La raison de douter vient de ce que celui qui achète une chose du véritable propriétaire, et qui par conséquent en devient propriétaire lui-même, ne saurait, ce semble, être tenu à aucun fait personnel pour la confirmation de son droit. En effet, j'achète un immeuble, je suis libre de me comporter comme il me plaît à l'égard de cette acquisition : je puis donc la négliger et tolérer même certaines entreprises de la part des voisins, sans compromettre mon droit, car je saurai toujours quelle est la date de ces actes faits par des tiers sur ma propriété, et en même temps dans quel délai je dois agir pour interrompre la prescription. Mais il n'en est pas de même quand le commencement de la prescription remonte à une époque antérieure à mon acquisition : j'ignore alors quel en est le point de départ, et je puis même croire que les entreprises dont il s'agit n'ont commencé que du jour où je suis devenu acquéreur. Si donc, dans cette fausse croyance, je ne me hâte point d'agir, et si je n'intente l'action qu'à une époque où, d'après mon calcul, elle serait encore recevable, tandis qu'en réalité elle est déjà prescrite, n'est-ce pas par le fait du vendeur que je suis dépouillé? et un exemple va rendre ce raisonnement tout-à-fait décisif : depuis vingt-neuf ans et demi, un voisin faisait des actes de propriétaire sur une parcelle du domaine que j'ai acquis, parcelle qui a été formellement comprise dans la vente; comme j'ignorais cette circonstance, je crois que c'est pour la première fois que le voisin se livre à ces entreprises; mais je ne veux pas agir rigoureusement, et, sans être exposé pour cette raison à un reproche de négligence, je crois pouvoir parfaitement tarder encore à intenter une action possessoire, avant que le voisin ait acquis la possession annale. C'est donc seulement au bout de huit ou dix mois que j'agis au possessoire, et alors, pour la première fois, j'apprends que cette possession, que je croyais ne remonter qu'à l'époque de l'acte de vente, remonte en réalité à plus de trente ans. Il paraît manifeste que, dans cette hypothèse, je suis victime, non de ma négligence, mais de celle de mon vendeur.

Mais si, au lieu de supposer une possession ayant déjà vingt-neuf ans et demi de date au moment de la vente, on suppose une possession de moins longue durée, est-ce que la solution ne devra pas être la même? et, en réduisant ainsi indéfiniment la durée de la possession antérieure à la vente, ne sera-t-on pas logiquement amené à conclure que le vendeur devra être tenu alors même que la possession qui a fondé la prescription aurait commencé la veille de l'acte de vente? Ce serait évidemment absurde. Ainsi donc, d'un côté, il est absurde d'exonérer le vendeur de toute responsabilité quand la possession a commencé longtemps avant la vente, et, d'un autre côté, il est également absurde de le déclarer responsable quand la possession a précédé la vente d'un temps assez court. — Qu'est-ce à dire? c'est que, pour résoudre la question, il ne faut pas se préoccuper du commencement de la prescription plus ou moins rapproché du moment de la vente, mais uniquement du point de savoir à la négligence de qui il faut imputer la prescription qui en a été la conséquence. Ce sera donc là une question de fait plutôt que de droit : si le vendeur connaît les entreprises qui ont déjà été faites par un tiers possesseur, il devra les révéler à l'acquéreur : cela n'est pas douteux; mais s'il ne les connaissait pas, ce qui peut souvent arriver, il faudra voir si ce n'est pas principalement sa négligence, plutôt que celle de l'acquéreur, qui a laissé prescrire le droit de propriété, et on devra décider suivant les circonstances.

C'est donc à tort, selon nous, qu'on a voulu résoudre cette question d'une manière absolue en admettant, tantôt que l'acquéreur évincé par suite de la prescription commencée avant la vente n'a pas d'action en garantie contre son vendeur, attendu que le droit résultant de la prescription a pris naissance, non du jour où la prescription a commencé, mais du jour où elle s'est accomplie, ce qui est manifeste; tantôt qu'il doit au contraire avoir son recours, parce qu'en réalité le tiers, devenu propriétaire par la prescription, est alors considéré comme l'ayant toujours été. Ces deux solutions conduisent, nous venons de le voir, à des résultats également inadmissibles.

III. L'éviction aura encore une cause antérieure à la vente lorsqu'elle résultera de poursuites exercées par des créanciers auxquels le précédent propriétaire avait hypothéqué ou laissé hypothéquer l'immeuble. Soit que l'acquéreur acquitte les sommes pour lesquelles les hypothèques étaient consenties, afin de conserver l'immeuble, soit qu'il remplisse les formalités de la purge, et qu'une surenchère amène sa dépossession, soit enfin qu'il délaisse, pour se soustraire à toute action en paiement, il aura dans tous les cas son recours contre le vendeur. S'il acquitte les créances hypothécaires qui grèvent l'immeuble, il aura, indépendamment de l'action des créanciers désintéressés, à laquelle il se trouve légalement subrogé, aux termes de l'art. 1250 2°, contre les débiteurs, son action en garantie contre le vendeur, mais seulement à concurrence du prix d'achat, car il ne peut le forcer à répondre de paiements auxquels il aurait pu toujours se soustraire en délaissant l'immeuble.

Lorsque c'est par une surenchère que la chose est évincée, on s'est demandé si cette dépossession subie par l'acquéreur volontaire d'un immeuble pouvait être considérée comme une éviction donnant lieu à garantie : les auteurs et surtout la jurisprudence sont partagés; mais si la controverse a pu ainsi s'élever, c'est, croyons-nous, parce que les véritables points à examiner ont été méconnus. On s'est en effet uniquement demandé si le droit du créancier surenchérisseur devait être regardé comme ayant une existence antérieure à la vente, ou bien s'il ne prenait naissance qu'au moment de la notification prescrite par l'art. 2183. Or il est certain que l'hypothèque est

le fondement du droit de requérir la mise aux enchères, et la notification aux créanciers inscrits n'a d'autre effet que de leur fournir l'occasion d'exercer ce droit : aucun doute ne peut s'élever à cet
égard, et il est impossible de comprendre qu'on ait soutenu la doctrine opposée. Mais cela importe peu à la question : il ne suffit pas
en effet, pour que l'acquéreur puisse exercer l'action en garantie,
que les causes en vertu desquelles il a été dépossédé soient antérieures à la vente, il faut de plus qu'il n'ait pas connu l'existence
de cette cause; par conséquent il faut ici faire une distinction.

Le propriétaire qui vend un immeuble est obligé, à peine d'être
considéré comme stellionataire, de faire connaître exactement, dans
la déclaration qu'il pourra avoir à en faire, le nombre et la valeur des
hypothèques grevant son immeuble (art. 2059). S'il s'est conformé au
vœu de la loi, la dépossession résultant de la surenchère ne saurait
donner à l'acquéreur le droit de réclamer des dommages, car il devait
nécessairement s'attendre, lorsqu'il a acheté en connaissance de cause,
à être dépouillé par l'effet d'une surenchère, et il y avait un double
motif pour qu'il en fût ainsi : puisqu'en effet on a surenchéri, c'est
d'une part que le prix de vente était insuffisant pour désintéresser les
créanciers inscrits, d'autre part que ce prix n'était pas en rapport avec
la valeur véritable de l'immeuble : donc l'acheteur faisait en réalité une
spéculation où il avait la chance de rester propriétaire incommutable,
moyennant un prix relativement peu élevé, si les créanciers inscrits
laissaient écouler les délais de la surenchère, ou bien de manquer la
bonne affaire qu'il avait en vue, mais sans subir aucune perte, puisque
il doit dans ce cas être rempli de toutes ses avances : il a donc eu spécialement en vue la chance de gain pouvant résulter de l'inaction éventuelle des créanciers inscrits, or il serait vraiment extraordinaire que
la réalisation d'un évènement qui est formellement entré dans ses prévisions pût lui donner le droit de réclamer des dommages contre le
vendeur.

Reste le cas où la situation hypothécaire de l'immeuble n'a pas été
révélée à l'acquéreur. Dans cette hypothèse, de deux choses l'une : ou
bien il y a eu réticence frauduleuse de la part du vendeur, et alors il
est stellionataire; ou bien il n'a rien déclaré, parce qu'il ignorait lui-
même les charges hypothécaires; ce qui peut fort bien arriver sans
qu'il soit de mauvaise foi ou coupable de négligence : ainsi par exemple

un immeuble, grevé d'hypothèques inscrites à concurrence de 18,000 fr., est vendu 20,000 fr.; il est certain que, dans ce cas, il y a suffisance pour désintéresser les créanciers; mais, avant le paiement du prix, surgit une hypothèque légale dispensée d'inscription et inconnue du vendeur, dont les causes peuvent s'élever à 10,000 fr., par exemple. Désormais le prix d'achat est insuffisant pour dégrever l'immeuble, d'où il suit que l'acquéreur, qui s'était cru dispensé de la purge, sera maintenant tenu d'y procéder. Ici il faut reconnaître qu'il y a véritablement éviction et obligation pour le vendeur de garantir l'acquéreur, et cela uniquement par ce motif que ce dernier, quand il a acheté, n'avait pas connaissance de l'hypothèque. — Donc la raison de décider, quand il s'agira d'apprécier la responsabilité du vendeur à l'égard de l'acquéreur dépossédé par l'exercice d'un droit hypothécaire, devra être puisée, non pas dans l'antériorité de ce droit, mais dans la connaissance qu'avait pu avoir l'acquéreur de ce même droit. Nous aurons seulement à rechercher plus loin comment cette connaissance doit lui être acquise.

Si l'acheteur, au lieu de provoquer ainsi la surenchère, procède au délaissement, y a-t-il dans ce seul fait une éviction donnant lieu au recours en garantie? Il suffit d'examiner quelle est, vis-à-vis de l'immeuble, la position du délaissant, pour se convaincre que la réponse doit être négative : le tiers détenteur en effet, malgré le délaissement, reste propriétaire jusqu'à l'adjudication; c'est la remarque que faisait Brodeau dans son Commentaire sur la Coutume de Paris (art. 102) : « Celui qui fait le simple délaissement par hypothèque, quitte seulement la possession et demeure seigneur et propriétaire de l'héritage jusqu'à ce qu'il soit vendu par décret ; et ce qui prouve bien qu'il en est de même aujourd'hui, c'est qu   si l'immeuble périt par cas fortuit avant l'adjudication, c'est lui seul qui en supporte la perte; si le prix de l'adjudication est supérieur au montant des créances inscrites, l'excédant lui appartient; enfin il peut, tant que l'adjudication n'a pas eu lieu, consentir sur l'immeuble délaissé des hypothèques à ses créanciers person 's : on ne peut donc dire qu'il soit évincé par le seul fait du délaissement. Par conséquent le tiers détenteur ne peut légitimement réclamer des dommages qu'après l'adjudication qui seule lui a enlevé irrévocablement l'immeuble : d'où il suit que l'éviction résulte, non du délaissement, mais de l'adjudication, et que c'est seulement ce dernier acte qui autorise l'action en garantie pour éviction. Quant à la question de savoir s'il faut, comme condition indispensable pour exercer cette action, que l'acquéreur ait prévenu officiellement le vendeur du délaissement qu'il allait faire, elle ne touche pas au caractère même de l'acte de délaissement, au point de vue de l'éviction, et se réfère uniquement aux obligations que la loi impose au délaissant, pour qu'il lui soit possible d'agir en indemnité après l'adjudication : c'est ce que nous examinerons en traitant de la dénonciation que l'acquéreur doit faire au vendeur.

IV. A défaut même de cause d'éviction antérieure à l'aliénation, le vendeur sera tenu si c'est par son fait que l'acheteur est dépossédé : il en sera ai· ·², pour les meubles, toutes les fois que le vendeur aura livré à un autre l'objet qu'il avait déjà vendu; car, en vertu du principe de l'art. 2279, la propriété sera définitivement acquise avec la possession à celui qui en aura reçu la délivrance; en fait d'immeubles, l'application de ces principes est devenue facile depuis que la loi du 23 mars 1855 a rendu la transcription nécessaire pour que la vente soit parfaite à l'égard des tiers : si donc, après que le contrat a eu pour effet de transférer la propriété à un premier acquéreur, le vendeur fait un second contrat analogue avec un autre acquéreur qui se hâte de faire transcrire et devance le premier, c'est au dernier que la propriété se trouve irrévocablement acquise au détriment du premier; mais celui-ci gardera son recours en garantie contre son vendeur, puisque, entre les parties, la vente était parfaite et la propriété transférée par le seul consentement : il y a eu ainsi véritable éviction dont la cause, bien que postérieure au contrat, autorise son action contre le vendeur, car c'est par son fait qu'il est dépouillé de ses droits, et de plus le vendeur dans ce cas est stellionataire. (Art. 2059).

D'autre part, les faits même antérieurs au contrat ne pourraient donner lieu à garantie s'ils provenaient de l'acquéreur lui-même; par exemple, pour prendre l'espèce indiquée par Pothier (Vente, n° 90), si je laisse hypothéquer mon héritage pour la dette de Pierre, qu'ensuite je le donne à Jacques qui le vend à un tiers, duquel je l'achète à mon tour : le créancier de Pierre venant à m'évincer en vertu de son droit hypothécaire, je n'ai point de recours contre mon vendeur, non qu'il puisse m'opposer l'exception *quem de evictione.....,* puisque celui dont il tenait l'immeuble l'avait acquis de moi à titre de donation, mais c'est que, dans ce cas, c'est par mon fait que je souffre l'éviction. La solution serait la même si on supposait que le donateur a directement racheté de son donataire la chose qu'il lui avait donnée.

V. Toute faute, toute négligence imputable à l'acheteur et qui aura compromis ses droits, rendra son recours non recevable ; les principes sont encore les mêmes qu'en droit romain : ainsi il serait en faute s'il n'avait pas profité de la prescription qui aurait pu venir confirmer son droit ; aussi faudrait-il décider, comme le faisaient également nos anciennes Coutumes, que tout recours en garantie doit cesser quand il y a eu possession suffisante pour fonder la prescription ; car si toute personne est libre de renoncer à la prescription accomplie en sa faveur, cette renonciation n'est point opposable aux tiers dont elle blesserait les intérêts (art. 2225) : « Le nouveau acquéreur n'a recours contre son bailleur après qu'il est dûment approprié de la chose par bannie ou laps de temps ». (Cout. de Bret.) : « Tu dois sçavoir, dit aussi Bouteiller, que si l'achepteur a tenu la chose acheptée par prescription et puis lui soit mis plaid dont il puisse demander garand sur le vendeur, ou sur ses hoirs, ou sur ses pleiges, sçachez qu'en ce n'a nul garand ». (Som. rur., tit. 33).

VI. Tout accident fortuit, tout évènement de force majeure survenu depuis le contrat doit naturellement demeurer à la charge de l'acquéreur : n'a-t-il pas, en effet, par son contrat même, accepté la responsabilité de l'avenir ? — Parmi les actes qui présentaient ce caractère, nous avons vu que les Romains plaçaient la sentence injuste, soit que l'équité eût été blessée par suite de la prévarication du juge ou seulement de son incapacité : la règle ne saurait être la même dans notre droit. Il est une maxime générale formulée par cet axiome : « res judicata pro veritate habetur », qui doit ici recevoir son application, et du moment que la partie aura épuisé pour la défense de sa cause toutes les voies de recours légalement ouvertes, il ne peut appartenir aux tribunaux appelés à statuer sur la question de garantie, de procéder à l'examen du jugement qui a prononcé la dépossession ; ce jugement emporte en effet avec lui une présomption de vérité qui ne permet pas de revenir sur le fonds. Le vendeur sera donc définitivement tenu dès

que la dépossession se trouvera résulter d'une sentence désormais inat-
taquable, et on ne pourrait le décharger de sa responsabilité en ren-
voyant l'acheteur se pourvoir contre le juge qui n'est pas censé,
comme en droit romain, avoir mis le procès à ses risques « litem
suam fecisse ». Cependant il nous semble qu'il faudra restreindre cette
solution à l'hypothèse où la sentence injuste est le résultat de l'imprudence, de la légèreté ou de la faute du juge, mais si elle dérivait d'un
dol, d'une fraude, d'une concussion de la part de celui-ci, on se trouverait dans des cas où il s'est rendu passible de la prise à partie, et
alors pourquoi ne pas appliquer les principes du droit romain et décider que l'acquéreur, auquel la loi accorde la faculté d'agir en dommages
contre le juge prévaricateur, se trouve suffisamment protégé et n'a pas
le droit de recourir contre le vendeur qui n'a rien à se reprocher?
Sans doute, si le vendeur n'a pas été partie dans l'instance, il n'a pas
le droit d'agir lui-même contre le juge coupable, mais il pourra du
moins puiser dans la fraude de ce dernier une exception contre l'acquéreur : et voici comment l'affaire nous paraît alors devoir être ins-
truite. Si l'acquéreur, qui n'a pas appelé son vendeur dans l'instance
qu'il a soutenue contre le revendiquant, succombe par la prévarication
du juge et agit directement contre lui par la prise à partie, il est évident qu'il ne pourra plus rien réclamer au vendeur, puisqu'il aura
obtenu du juge la réparation du préjudice à lui causé; mais si au contraire il agit tout d'abord en garantie contre le vendeur, ce dernier, qui
ne peut lui-même prendre le juge à partie, puisqu'il n'est pas intervenu
dans l'instance principale, pourra néanmoins opposer à l'acquéreur
que l'éviction dont il se plaint est la conséquence d'un fait délictueux
du juge, et dès lors il appartiendrait au tribunal saisi de la question de
garantie de vérifier si les obligations du vendeur paraissent assez plau-
sibles pour qu'un sursis soit prononcé, pendant lequel l'acheteur sera
tenu d'agir par la prise à partie devant les juges compétents. On ne
saurait admettre en effet que l'acheteur, qui a la faculté de se faire
indemniser par le juge du préjudice que lui cause sa sentence, ait le
droit de faire retomber le poids de cette indemnité sur le vendeur lui-
même : il faut qu'il puisse être forcé au besoin, dans de telles circonstances, à exercer l'action rigoureuse que lui donne la loi, avant d'attaquer le vendeur. Sans doute il semblerait préférable de reconnaître,
dans ce cas, au vendeur le droit d'agir lui-même contre le juge pré-

varicateur, mais les principes s'y opposent : d'un côté en effet le garant, n'ayant pas figuré dans l'instance, n'a pas été personnellement lésé par le jugement, c'est l'acquéreur seul, et c'est précisément ce dernier qui prétend, à cause du dommage que lui a causé le jugement, agir contre le vendeur; or il est manifeste que l'action en dommage ne peut être intentée que par celui qui a directement éprouvé le préjudice contre celui qui en a été la cause immédiate; d'un autre côté le droit d'agir par la prise à partie doit être rigoureusement circonscrit dans les limites tracées par la loi. Si le vendeur était intervenu dans l'instance et avait pris en outre le fait et cause du garanti, il est certain qu'ayant alors lui-même éprouvé directement le dommage, il serait parfaitement recevable à agir de son chef par la prise à partie.

CHAPITRE III.

Modifications conventionnelles de l'obligation de garantir.

SOMMAIRE.

I. Nous avons vu qu'en droit romain l'obligation de garantir était de la nature mais non de l'essence du contrat de vente et des autres contrats produisant des obligations analogues; c'est aussi le même caractère qui lui a été reconnu dans notre droit : « Evictio substantialis non est in venditione, disait d'Argentré dans son Commentaire de la Coutume de Bretagne, ideoque non semper nec in omni contractu venditionis evictio debetur, quod necesse esset accidere semper et immutabiliter si evictio esset de substantia..... etsi de natura sit contractus, cum naturalium et substantialium magnum sit discrimen ». De là la règle énoncée dans l'art. 1627 : « Les parties peuvent, par des conventions particulières, ajouter à cette obligation de droit, ou en diminuer l'effet;

elles peuvent même convenir que le vendeur ne sera soumis à aucune garantie ».

La renonciation à la garantie peut avoir lieu soit dans l'acte même d'acquisition, soit dans un acte postérieur, mais, quelle que soit la manière dont elle viendra à se produire, il faut remarquer qu'elle ne peut être valablement faite que par des personnes majeures et maîtresses de leurs droits; par conséquent le mineur, l'interdit, la femme mariée, ne peuvent pas renoncer à cette sûreté des acquisitions faites dans leur intérêt.

La dispense de garantie peut être générale ou spéciale, expresse ou tacite. La dispense générale devra toujours être expresse, car on ne peut supposer que l'acheteur ait voulu renoncer d'une manière absolue à un de ces droits qui découlent naturellement de son contrat, si son intention n'a pas été nettement énoncée à cet égard; aucune formule sacramentelle n'est, du reste, indiquée par la loi : la manifestation de la volonté doit être évidente, quels que soient d'ailleurs les termes employés. L'art. 1628 apporte cependant une certaine restriction à cette faculté laissée aux parties de supprimer l'obligation de garantir : « Quoiqu'il soit dit que le vendeur ne sera soumis à aucune garantie, il demeure cependant tenu de celle qui résulte d'un fait qui lui est personnel : toute convention contraire est nulle ». Par fait personnel il faut entendre tout fait émané du vendeur lui-même, de nature à fonder un droit au profit de tiers autre que l'acheteur et opposable à ce dernier. Il est certain qu'il y aurait dol de la part du vendeur à prétendre, à l'aide d'une clause générale de non garantie, se soustraire à l'obligation de réparer le dommage résultant de son fait, et la nullité édictée par l'art. 1628 n'est que l'application du principe de droit commun mentionné par Ulpien : « Excepto eo, quod Celsus putat, non valere si convenerit ne dolus præstetur : hoc enim bonæ fidei judicio contrarium est ». (L. 23, D., *De div. reg.*); principe qui fut également rappelé lors de la discussion de cet article : « Une règle incontestable, disait le tribun Faure, est que le vendeur doit toujours répondre de son propre fait : quand même le contrat porterait qu'il ne s'est soumis à aucune garantie, la clause ne pourrait s'étendre à ce cas particulier. La règle prend sa source dans la bonne foi qui doit présider à tous les contrats. Il serait contre toute justice que le vendeur profitât de sa fraude, et contre toute raison de présumer que l'acquéreur a bien voulu lui permettre de le tromper impunément ». Par conséquent la clause générale par laquelle il serait convenu que le vendeur ne serait pas tenu de l'éviction, même dérivant d'un fait à lui personnel, devrait être dans tous les cas et sans distinction frappée de nullité. — Mais il ne saurait en être de même de la clause spéciale qui exonérerait le vendeur de l'obligation de garantir, dans le cas particulier où l'éviction proviendrait de tel fait à lui personnel, formellement prévu par le contrat. Ainsi, par exemple, antérieurement à la vente, le vendeur a constitué au profit d'un voisin une servitude conditionnelle des plus onéreuses sur le fonds : la clause qui l'affranchirait de toute éviction provenant de son fait personnel serait radicalement nulle à tous égards; mais celle qui l'exonérerait spécialement de l'éviction éventuelle pouvant résulter de l'exercice de la servitude serait parfaitement valable. Le motif qui doit faire admettre cette solution, c'est que la clause de non garantie énoncée d'une manière générale, dans cette circonstance, pour tous les faits personnels du vendeur, équivaudrait à la convention par laquelle on déclarerait ne pas répondre de son dol, convention manifestement contraire à la bonne foi qui est de l'essence du contrat, tandis que la clause spéciale, relative à une clause d'éviction qui serait révélée à l'acquéreur, ne saurait impliquer aucune fraude de la part du vendeur : c'est le cas de dire avec Cicéron : « Ubi judicium emptoris, ibi fraus venditoris quæ potest esse? » C'est donc avec ce tempérament qu'il faut entendre l'article 1628, qui n'est du reste que la reproduction de la règle énoncée par Domat, en termes non moins absolus : « Le vendeur ne peut être déchargé de ses faits, non pas même par une convention expresse, car il serait contre les bonnes mœurs qu'il pût manquer de foi ». (*Lois civ.*, liv. 1, tit. 2, sect. 10). Il est positif qu'on ne peut décider ainsi que dans le cas de fraude, et la rigueur de ces principes n'exclut pas des modifications faites de bonne foi; c'est ce que Pothier avait beaucoup mieux précisé : « Si le vendeur, dit-il, avait stipulé *généralement* qu'il ne serait tenu d'aucune garantie, sans excepter les évictions qui procéderaient de son fait, l'exception serait facilement sous-entendue; car il serait contre la bonne foi que le vendeur, qui ne peut ignorer son propre fait, exposât l'acheteur aux évictions qui peuvent arriver par son fait *sans le lui déclarer* ». (*Vente*, nº 184).

Remarquons du reste que toutes ces questions relatives à la garantie et à l'extension plus ou moins grande des obligations qui en découlent

9

ne seront pas de nature à se présenter aussi fréquemment, sous l'empire des principes nouveaux établis par la loi du 23 mars 1855. Aujourd'hui, en effet, les concessions de droits réels émanés du vendeur lui-même ne pourront constituer une cause d'éviction qu'autant qu'elles reposeront sur un titre opposable à l'acquéreur, et une condition indispensable pour qu'il en soit ainsi, c'est qu'elles aient été rendues publiques par la transcription; si donc cette formalité a été remplie, il est presque certain, vu les habitudes de la pratique des affaires, que l'acquéreur aura été instruit avant le contrat, et dès lors l'acte d'acquisition passé dans ces conditions réglera d'une manière précise les obligations respectives des parties. Cependant il peut encore se présenter des cas où la cause d'éviction offrira le caractère d'un fait personnel au vendeur, dans le sens de l'art. 1628, sans néanmoins qu'elle pût être portée à la connaissance de l'acquéreur par quelque formalité légale destinée à la rendre publique. On peut en effet assimiler au fait personnel, dont nous avons déterminé plus haut le caractère, les diverses causes de nullité pouvant infirmer le titre du vendeur à raison d'un fait à lui imputable : ainsi, par exemple, le vendeur était devenu propriétaire par l'effet du dol, de la violence, ou de la lésion; il ne peut transmettre à l'acquéreur qu'un titre soumis à chances d'annulation qui, si elles viennent à se réaliser, amèneront la dépossession de ce dernier : il est certain que, malgré la clause générale de non garantie insérée au contrat, le vendeur sera responsable de cette éviction; car c'est bien par un fait à lui personnel qu'elle est effectuée, fait qui, le plus souvent, sera demeuré inconnu à l'acheteur. C'est donc cette dernière hypothèse qui offrira aujourd'hui les cas les plus ordinaires d'application de l'art. 1628.

II. La dispense de garantie relative à un cas spécial peut, nous l'avons vu, être tacite, et il en est ainsi toutes les fois que l'on ne peut supposer à l'acquéreur qui a traité dans telles conditions particulières l'intention de se faire garantir de certaines causes d'éviction : cette présomption résulte d'ordinaire de la connaissance acquise, au moment du contrat, du danger qui menace la possession transmise : ce sera au vendeur à établir, pour mettre sa responsabilité à couvert, les faits d'où résulte cette présomption qui, du reste, ne saurait être invincible, car l'acheteur sera toujours admis à prouver à son tour qu'il n'avait pas l'intention d'affranchir le vendeur de son obligation de

garantir. Mais en principe la connaissance acquise d'une cause d'éviction a pour effet de libérer à cet égard le vendeur de tous les
risques qui en résultent, et il importe peu que cette connaissance
vienne d'une déclaration faite par le vendeur lui-même ou qu'elle ait
toute autre cause indépendante de la volonté de ce dernier : cette
théorie, parfaitement admise dans les cas ordinaires, a pourtant soulevé quelques controverses quand il s'agit d'hypothèques grevant l'immeuble vendu : on s'est demandé si la connaissance personnelle que
pouvait avoir l'acheteur de la véritable situation hypothécaire de l'immeuble devait le rendre irrecevable à agir en garantie, absolument
comme la connaissance officielle résultant du contrat de vente et des
déclarations du vendeur. Il nous paraît incontestable que le vendeur
sera à l'abri de toute atteinte du moment que l'acheteur aura eu connaissance de ces hypothèques, même sans déclaration de sa part : en
effet, dans la pratique, l'acquéreur ne s'en rapporte jamais aux énonciations du vendeur; il exige toujours la production d'un état des inscriptions hypothécaires pouvant grever l'immeuble, et c'est sur le vu
de cet état qu'il traite : si donc, en fait, l'acquéreur a lui-même
requis, avant la vente, un état des inscriptions, et qu'il traite sans en
parler, il ne peut être recevable plus tard à se plaindre du silence gardé
par le vendeur, puisque ce dernier n'aurait pu rien lui apprendre de
plus, et se serait borné à lui montrer un état pareil à celui qu'il pos-
sédait déjà. Cependant certains auteurs ont voulu faire une distinction
et restreindre la solution que nous venons de donner aux hypothèques
grevant l'immeuble pour des dettes au paiement desquelles le vendeur
n'était pas personnellement obligé, et ils ont refusé de l'étendre à
celles dont il était tenu comme débiteur personnel. En aliénant l'immeuble, en effet, il reste seulement obligé au paiement de ces dernières,
et se trouve, quant aux autres, complètement libéré : or, dit-on, il
faut voir sur quoi a dû compter l'acquéreur qui, en fait, connaissait
l'existence de ces diverses hypothèques : il a dû nécessairement compter que le vendeur désintéresserait les créanciers inscrits de son chef,
et si celui-ci ne le fait pas, il occasionne l'éviction par sa faute et doit
en être responsable : au contraire l'acquéreur n'a pu compter qu'il
s'occuperait de rendre taisant un créancier à l'égard duquel son obligation avait complètement cessé dès l'instant de la vente, et on ne peut
lui imputer une inaction à laquelle on pouvait s'attendre et dont les

conséquences étaient prévues. Cette distinction, quoique assez juridique en elle-même, ne nous paraît pas devoir être admise : le vendeur en effet est obligé également de faire valoir la vente soit vis-à-vis de ses créanciers personnels, soit vis-à-vis des autres créanciers hypothécaires, et il s'agit uniquement, pour apprécier son obligation en cas d'éviction, de savoir si l'acquéreur a pu prévoir le danger de dépossession dont il était menacé ; s'il l'a réellement prévu, peu importe qu'il se réalise par le fait d'un créancier hypothécaire personnel au vendeur ou de tout autre, car dans les deux cas la position est la même.

Il est des cas où la connaissance légalement présumée d'une cause d'éviction doit nécessairement entraîner pour l'acheteur la privation de tout droit à la garantie, fût-il d'ailleurs établi qu'en fait il a ignoré ces risques, car on appliquera cet axiome vulgaire : « nemo censetur ignorare legem ». C'est ainsi que l'on décidait, dans notre ancien droit, que l'acquéreur n'avait nul recours en garantie quand il était dépouillé de la chose par suite de l'exercice du retrait lignager : « Le vendeur, dit la Coutume de Bretagne, n'est tenu garantir l'acheteur de celui qui a retiré la chose vendue soit par retrait lignager soit par puissance de fief ». Et Tiraqueau nous en donne le motif : « Nec enim tunc aget de evictione nisi expressim convenerit... ideo aut sciebat aut scire debebat ex consuetudine nota lippis et tonsoribus », pourvu que d'ailleurs, en pareil cas, le vendeur soit exempt de toute fraude. Les art. 844 et 1699 présentent, dans notre droit, des situations analogues : celui qui a été dépouillé, par l'exercice du retrait successoral ou du retrait litigieux, des droits dont il était cessionnaire, ne peut agir contre son vendeur pour se faire indemniser du préjudice que lui cause cette éviction, en ce qui touche le *lucrum cessans*, car il ne peut être recevable à invoquer son ignorance ; quant au *damnum emergens*, il en sera toujours rendu indemne par l'évinçant, puisque c'est là précisément une des conditions indispensables, dans l'un et l'autre cas, pour l'exercice du retrait.

III. Les principes que nous venons de développer relativement à la dispense de garantir sont applicables sans difficulté dans les contrats, mais ils doivent recevoir quelques modifications quand il s'agit de la garantie due en matière de partage : l'art. 884 édicte à cet égard des règles qui s'écartent de celles du droit commun à un double point de vue : « La garantie n'a pas lieu, dit-il, si l'espèce d'éviction soufferte a été exceptée par une clause particulière et expresse de l'acte de partage »; d'où il résulte que toute clause de non garantie doit ici être spéciale, puisqu'on suppose que c'est l'*espèce* d'éviction soufferte qui a été prévue dans l'acte, et d'autre part que la clause ne peut être tacite, puisque la loi veut qu'elle soit *expresse et insérée* dans l'acte; d'où aussi cette conséquence que le cohéritier peut agir en garantie, bien qu'il eût connaissance, au moment du partage, du danger d'éviction. Cette dernière solution était cependant rejetée par plusieurs auteurs dans notre ancien droit : Lebrun déclare l'héritier privé en pareil cas de tout recours, alors même que, dans l'acte de partage, on n'aurait pas eu égard à ses risques, et à plus forte raison si on en a tenu compte et que la chose ait été comprise, par cette raison, dans le lot de l'héritier, pour une valeur moindre; d'ailleurs, ajoute-t-il, on doit toujours présumer que la composition des lots a été faite en tenant compte de l'éviction possible, et, lors même qu'il n'en serait pas ainsi, le cohéritier se doit imputer sa propre faute (*Des Succes.*, liv. IV, ch. 1). Si cette opinion est inconciliable avec les termes très précis de l'art. 884, il ne faut pas non plus exagérer les conséquences de l'opinion contraire : c'est donc à tort, selon nous, qu'on a soutenu que, même dans le cas où l'héritage aurait été donné pour une valeur moindre, à raison des risques d'éviction, mais sans clause expresse de non garantie, il y aurait lieu à recours, parce qu'on peut croire que la diminution de valeur donnée à l'objet a eu pour unique motif d'indemniser l'acquéreur de la crainte qu'il pouvait avoir d'être évincé, sans que de là on dût conclure avec certitude que la diminution de valeur a été comptée pour l'équivalent de l'éviction; ces considérations ne nous paraissent rien moins que décisives, et nous croyons au contraire avec Lebrun que, dans une telle hypothèse, la position du co-partageant serait, en règle ordinaire, la même que s'il avait accédé à une clause expresse de non garantie; du moment en effet qu'il est évident que, non seulement les parties ont eu connaissance du danger d'éviction, mais encore que, précisément pour obvier aux conséquences éventuelles de ces risques prévus, des modifications ont été apportées dans la composition et dans la distribution des lots, ne faut-il pas nécessairement conclure que nulle garantie ne doit être due, parce que le cohéritier a accepté ainsi un règlement anticipé de l'indemnité à laquelle il pourrait plus tard avoir droit, et ne faut-il pas voir, dans cette acceptation même, sans réserve ni protestation de sa part, une dispense de garantie aussi formelle que celle qui résulterait d'une clause expresse ?

Quant aux motifs qui peuvent justifier les dispositions exceptionnelles de l'art. 884, ils sont faciles à découvrir : le législateur, qui tenait particulièrement à faire respecter le grand principe de l'égalité dans les partages, a voulu éviter les surprises auxquelles pourraient être entraînées les parties par une clause dont la généralité même les empêcherait souvent d'apprécier l'importance réelle, et qui aurait pu, avec plus de facilité encore que dans les contrats à titre onéreux, devenir une clause de style : voilà pourquoi aussi les présomptions qui peuvent résulter de l'intention supposée des copartageants doivent être, aux termes de cet article, confirmées par une disposition expresse. Il faut remarquer en effet que la simple clause de non garantie produira ici des résultats plus considérables que dans les contrats où elle intervient d'ordinaire, puisque, la garantie n'ayant pour but que d'assurer l'égalité du partage, la renonciation enlève tout droit à demander le rétablissement de cette égalité, et prive par suite le co-partageant de tout dédommagement pour la perte éprouvée, même dans la limite de la valeur de la chose au moment du partage, puisqu'il ne peut être question ici d'une restitution quelconque analogue à celle que prévoit l'article 1629.

IV. La clause de non garantie, générale ou spéciale, expresse ou tacite, insérée dans un contrat de vente, n'a pas pour effet d'exonérer absolument le vendeur de toute responsabilité en cas d'éviction : Loyseau nous fait connaître la portée qui doit être attribuée à cette clause : « Or tout ainsi, dit-il, que par le recours en garantie on obtient deux choses, à savoir le prix et les dommages et intérêts, ainsi il y a deux choses pour s'exempter de la garantie : l'une concernant la restitution du prix, l'autre les dommages et intérêts ; car si le contrat porte cette clause : sans garantie, ou bien sans garantie fors les faits et promesses du vendeur ».... Cela est bon pour s'exempter des dommages et intérêts ; mais il faut passer plus outre si l'on se veut exempter de rendre le prix, et il faut dire : « sans garantie ni restitution des deniers » ; et il s'appuie sur le § 18 de la loi 11 (D., *De act. emp.*).

Telle est aussi la décision de Dumoulin, de Pothier et enfin du Code Napoléon qui, dans l'art. 1629, déclare le vendeur tenu en cas d'éviction à la restitution du prix, même s'il y a eu clause de non garantie : nous aurons bientôt à rechercher, en déterminant l'étendue des obligations imposées au vendeur chargé de la garantie, comment la loi française a envisagé, soit dans l'hypothèse de l'art. 1629, soit dans celle de l'art. 1630, l'obligation de restituer le prix, et nous serons amenés à reconnaître, en présence de l'art. 1631, une divergence complète avec le système que nous avons cru devoir adopter en droit romain. Pour le moment, nous constatons, avec l'art. 1629, que la stipulation de non garantie n'implique de la part de l'acheteur que la renonciation à une indemnité, mais non à la restitution du prix, et le vendeur ne pourra être exonéré de cette seconde obligation que si, à cette clause générale, vient se joindre quelque autre précision relative au prix, ou s'il résulte d'un concours de circonstances que l'acheteur a également entendu l'affranchir de l'une et de l'autre de ces obligations. L'article 1629 mentionne ces deux cas d'exonération complète du garant : « à moins, dit-il, que l'acquéreur n'ait connu lors de la vente le danger de l'éviction, ou qu'il n'ait acheté à ses périls et risques ». Dans le premier cas, l'acquéreur, par la connaissance qu'il avait du danger d'éviction, se trouvait déjà privé de toute action pour obtenir autre chose que la restitution du prix : on doit donc naturellement supposer que, s'il a néanmoins accédé à la stipulation, c'est pour renoncer ainsi même à cette restitution. Si la cause d'éviction avait été déclarée dans le contrat par le vendeur lui-même, mais sans qu'il fût d'ailleurs intervenu de clause de non garantie, cette déclaration seule ne pourrait, quoi qu'on en ait dit, être considérée comme l'équivalent de la stipulation jointe à la connaissance, en sorte que l'acheteur dût alors être privé même du droit de réclamer le prix : la position de ce dernier devrait au contraire être la même que dans le cas où il aurait acquis de toute autre manière la connaissance du danger, et c'est en vain qu'on invoquerait l'art. 1626 qui n'admet, dit-on, la garantie qu'autant qu'il s'agit de charges *non déclarées* lors de la vente : on ne doit pas en effet perdre de vue que cet article ne s'occupe que des obligations générales en cas d'éviction, mais que si le vendeur est affranchi de certaines de ces obligations quand il a déclaré le vice de la possession qu'il transmet, il ne suit pas de là qu'il soit également affranchi de la restitution du prix, qui se fonde sur des principes spéciaux ; d'ailleurs les mots sur lesquels on s'appuie ne s'appliquent qu'aux charges, c'est-à-dire, d'après le sens que la loi donne ordinairement à cette expression, aux servitudes.

Il faut donc, selon la disposition formelle de l'art. 1629, pour que l'acheteur évincé ne soit pas recevable à se faire restituer son prix, que non-seulement il ait connu, de quelque manière que ce soit, le danger d'éviction, mais encore qu'il y ait eu clause de non garantie : ces deux conditions sont ici également indispensables, tandis que l'une des deux suffirait pour faire cesser les autres obligations résultant de la garantie. Point de difficulté pour l'application pratique de ces princi-pes quand l'acte de vente contiendra lui-même la preuve que l'acqué-reur connaissait en effet, lors de la vente, le danger d'éviction : dans ce cas la clause de non garantie ne peut avoir d'autre conséquence que celle qui vient d'être signalée ; mais la question devient fort délicate lorsque l'acte de vente ne renferme aucune indication d'où il puisse résulter que cette connaissance était acquise à l'acheteur. Ainsi, par exemple, un individu, instruit d'un danger d'éviction qui menace un immeuble, se présente pour l'acheter, sans révéler ce qu'il connaît à cet égard, le vendeur, de son côté, n'en parle pas davantage, et se borne à faire insérer dans le contrat une clause générale de non garan-tie : on ne saurait supposer que, dans cette hypothèse, l'intention des parties ait été de dispenser, en cas d'éviction, même de la restitution du prix, car s'il est permis d'attribuer quelquefois une telle valeur à cette clause, ce ne peut être que dans le cas où il y a eu manifestation entre les parties de la connaissance que l'acheteur aurait acquise d'une manière quelconque de la cause d'éviction qu'il avait à craindre : aussi, dans notre espèce, nous déciderons que le vendeur actionné en resti-tution du prix ne pourra pas opposer la fin de non recevoir tirée de ce qu'il y avait déjà pour l'acheteur connaissance acquise au moment de la vente, car cette connaissance, n'ayant point été révélée, n'a pu modifier en rien les effets ordinaires de la simple clause de non garan-tie. Ce n'est donc que dans le cas où, les deux parties s'étant expli-quées sur les dangers d'éviction, il a été entendu entre elles que l'ac-quéreur en avait parfaite connaissance, qu'il est possible d'interpré-ter la clause de non garantie ainsi que le fait l'art. 1629. Mais pour que cette interprétation puisse être invoquée par le vendeur, comment

faudra-t-il que les faits soient établis? Si l'acte de vente est absolument
muet sur ce point, on ne peut admettre que le vendeur fût recevable à
offrir de prouver par témoins que l'acquéreur était pleinement instruit
du danger d'éviction, que même il a complété auprès de lui ses renseigne-
ments à cet égard, et que c'est nonobstant cette connaissance qu'il a
accepté la clause de non garantie, dont le but unique a donc dû être
la dispense de toute restitution : l'art. 1341 rendrait cette preuve irrecevable : « il n'est reçu aucune preuve par témoins contre et outre le
contenu aux actes, ni sur ce qui serait allégué avoir été dit avant, lors
ou depuis les actes, encore qu'il s'agisse d'une somme ou valeur moindre de 150 fr. ». Il en serait autrement si ce n'était pas par témoins,
mais bien par des documents écrits qu'il prétendrait établir la vérité
de ses obligations : en la forme, l'offre en preuve ainsi présentée serait
parfaitement recevable; mais il ne faut pas perdre de vue que, ce dont
il s'agit ici, c'est de rechercher la portée qu'il convient d'attribuer,
d'après l'intention des parties, à la clause de non garantie, et en fait
le vendeur ne devra triompher, dans sa fin de non recevoir ainsi opposée à la demande en restitution du prix, que si les documents par lui
produits révèlent, d'une manière non équivoque, que l'intention des
parties avait été réellement de stipuler, par cette clause insérée au
contrat, la décharge pleine et entière du vendeur. Mais si les documents
se bornent à établir le fait de la connaissance acquise à l'acheteur au
moment de la vente, il ne nous paraîtrait pas légitime d'appliquer, par
cette seule considération, l'art. 1629 : la loi en effet n'a voulu, dans
cet article, interpréter la clause de non garantie qu'à cause de son rap-
prochement, dans le même acte, d'énonciations qui la rendraient inutile si elle n'avait pas la portée qui lui est attribuée par cette disposition.

Cette règle, formulée par l'art. 1629, rejette donc de la manière la
plus expresse l'opinion émise dans notre ancien droit par un assez
grand nombre d'auteurs qui, se fondant sur la loi 27 (Cod., *De evict.*),
voulaient que la simple connaissance du danger d'éviction, indépendamment de toute clause de non garantie, suffit pour enlever à l'acheteur même le droit de se faire restituer le prix : c'est ainsi que Bouteiller décidait d'une manière absolue « que si l'achepteur achepte
chose que bien sçoit que c'est à autre qu'un vendeur, ou qu'il y ait dol
ou fraude, en ce n'a nul garand »; et il citait à l'appui de son opinion

la loi 27; mais Charondus dans ses notes restreint cette solution à
l'action en dommages, et invoque la loi 14, § 18 (D., *De act. emp.*) :
« mais il le faut entendre, dit-il, pour la garandie de la chose et non
pour la restitution du prix que néanmoins le vendeur sera tenu rendre et le pourra l'achepteur répéter ». (*Som. rur.*, tit. 33). Cujas à
son tour combattit le système de la plupart de ses devanciers, et s'ef-
força, par une ingénieuse interprétation de la loi 27, de détruire l'argument qu'ils voulaient en tirer.

La seconde exception à l'obligation de restituer le prix, prévue par
l'art. 1629, est celle où la vente a été faite aux risques et périls de
l'acheteur. On s'est demandé si, aux termes de notre article, cette
simple clause ainsi formulée devait suffire pour autoriser le vendeur,
non-seulement à ne pas payer des dommages, mais encore à conserver
le prix, ou s'il ne fallait pas plutôt, pour arriver à cette dernière conséquence, qu'à cette clause vînt s'ajouter celle de non garantie, comme
paraîtrait le faire supposer la rédaction même de l'article : nous n'hésitons pas à décider qu'évidemment la simple déclaration de vente aux
risques et périls de l'acheteur doit également dispenser le vendeur de
la restitution du prix, car c'est seulement dans le cas de la première
exception que nous avons examinée que l'on peut comprendre la nécessité de la stipulation expresse de non garantie; et si la rédaction de
l'article peut faire naître quelques doutes à cet égard, il est cependant
facile de se rendre compte du sens véritable des termes qu'il emploie,
et de découvrir la pensée du législateur. Que pourrait ajouter à une
clause aussi énergique la clause générale de non garantie? n'est-il pas
évident que l'acheteur, en prenant ainsi la chose à ses risques, a fait un
contrat essentiellement aléatoire, et il aura sans doute mesuré le prix
sur les dangers auxquels il a bien voulu s'exposer : l'acheteur lui a
abandonné son droit ou sa chose telle qu'elle, et dès ce moment il a
pleinement rempli toute son obligation envers lui. Le dernier membre
de phrase de l'art. 1629 devrait donc former une disposition complètement indépendante des premiers mots du même article, et on devrait
lire, sans se référer à ce qui précède : « Le vendeur est tenu à la restitution du prix, à moins que l'acquéreur n'ait acheté à ses périls et
risques ».

V. De même que les parties ont toute faculté pour restreindre l'obligation de garantir, de même aussi elles peuvent l'étendre à leur gré, et ici encore la convention sera la loi qui règlera leurs rapports : « Hoc servabitur quod initio convenit, legem enim contractus dedit », ainsi que le dit Ulpien. Ce n'est pas évidemment par une clause imposant simplement au vendeur la nécessité de garantir que l'on pourrait ajouter à cette obligation, et une telle convention serait inutile, puisqu'elle était déjà tacitement renfermée dans le contrat ; il est cependant un cas où elle devrait produire de l'effet : c'est celui où l'on se trouverait dans des circonstances telles que l'acheteur, en cas de silence, eût été présumé renoncer à la garantie, ainsi quand il avait connaissance, au moment du contrat, de quelque cause d'éviction : cette présomption tombera devant la stipulation formelle de garantie qui aura alors pour résultat de remettre les choses dans leur état naturel. Mais, afin d'ajouter à l'obligation dont le vendeur est tenu en vertu du caractère même de son contrat, il faudrait une clause plus expresse, et, comme il s'agit toujours d'interpréter la volonté des parties, on devra reconnaître au juge une assez grande latitude pour apprécier la valeur réelle des expressions employées, dans tous les cas où, faute de précision suffisante, il peut s'élever quelques doutes sur la portée qui doit leur être attribuée, et on s'attachera surtout à ne point aggraver la position de l'acheteur : c'est ainsi qu'on décide généralement que la clause par laquelle le vendeur a promis la garantie de tous évènements prévus et imprévus n'a pas cependant pour effet d'étendre cette obligation aux faits du prince, c'est-à-dire aux actes arbitraires du souverain, qui viendraient porter atteinte aux droits de l'acheteur : c'est qu'en effet on a toute raison de penser que les parties, en insérant une clause de non garantie relative aux cas fortuits, n'ont dû avoir en vue que les évènements non prévus, mais qui, dans l'ordre naturel des choses, peuvent facilement se produire, et une clause aussi générale ne saurait comprendre des faits que la prudence ordinaire des hommes ne doit point prévoir : il faudrait donc une énonciation formelle à cet égard. Mais une clause générale ou spéciale de garantie des faits du prince devrait-elle produire son effet, comme tout autre convention relative à des évènements futurs et imprévus, ou bien faudrait-il au contraire l'annuler comme contraire à l'ordre public ? Tout dépendra des circonstances ; mais, en principe, comme de semblables clauses n'ont pas pour effet de protester contre les actes du gouvernement ou d'en entraver la libre exécution, qu'elles tendent simplement à régler, au point de vue d'intérêts purement privés, les conséquences pécuniaires qui peuvent en résulter, il faut les considérer comme valables : mais si, par hypothèse, de telles conventions pouvaient gêner en quelque façon les vues du souverain, il y aurait lieu de les déclarer nulles. Ainsi, par exemple, les bases de l'impôt foncier étant connues de tous, l'acheteur d'un immeuble sait très bien dans quelle mesure les revenus du fonds doivent servir à acquitter cette charge : la clause par laquelle les parties, prévoyant l'augmentation possible de l'impôt, auraient déclaré que, si elle venait à se produire, il y aurait lieu à une indemnité envers l'acquéreur dans la proportion de cet excédant nouveau, nous paraîtrait devoir être annulée, car elle aurait pour conséquence de mettre le service de l'impôt foncier à la charge d'une personne autre que le propriétaire, et de contrarier ainsi les vues du législateur. C'est aussi par des considérations d'ordre public qu'on a cru devoir annuler, au sujet d'une vente de biens nationaux, la clause portant garantie de tous troubles et évictions « provenant même des faits du gouvernement, soit pour appel de fonds, soit pour droits de confirmation et autres, sous telle dénonciation que ce soit, à cause de la nature du bien qui est national »; cette clause a été regardée en effet comme dérogatoire à une loi intéressant l'ordre public et la sécurité générale, à la loi qui déclare la propriété des biens nationaux légalement vendus irrévocablement acquise à l'acheteur, désormais à l'abri de toute recherche à cet égard.

VI. Enfin les parties pourraient régler d'avance, et par une sorte de forfait, l'indemnité à payer en cas d'éviction, au moyen d'une clause spéciale insérée au contrat, et fixant d'une manière définitive la somme à laquelle l'acheteur serait en droit de prétendre pour toute réparation du préjudice éprouvé. Cette clause présenterait, quant aux effets, la plus grande analogie avec la *stipulatio duplæ*, mais elle ne saurait altérer en rien la nature du contrat qui demeure toujours essentiellement un contrat de bonne foi. Du reste, en présence de clauses de ce genre, il importera toujours de bien apprécier l'intention des parties, suivant les précisions qui auront pu être faites : si, par exemple, il a été convenu que le vendeur, en cas d'éviction, paiera une certaine somme au-dessus du prix de vente « sans préjudice de plus grands dommages et intérêts, s'il y a lieu », il est évident que cette clause pourra être extensive de la garantie, et qu'il en sera en effet ainsi toutes les fois que le dommage sera inférieur à la somme stipulée; mais elle ne sera jamais restrictive, puisqu'une réparation sera due en outre pour tout le préjudice dont la valeur dépassera la somme déjà promise. Il peut également arriver que cette clause ait eu simplement, dans l'intention des parties, le caractère d'une clause pénale stipulée pour le cas d'éviction, mais absolument indépendante de la question de dommages, pour laquelle les parties ont voulu s'en référer aux règles communes de la matière, et alors il est bien certain que le vendeur devrait être tenu de payer, d'une part, en vertu de la convention, la somme ainsi promise, et, d'autre part, en vertu des principes ordinaires de la garantie, l'indemnité entière due à raison du préjudice éprouvé par l'acheteur évincé.

CHAPITRE IV.

Étendue de la garantie.

SOMMAIRE.

I. Origine du principe formulé dans l'art. 1631, en ce qui touche la restitution du prix.

II. Critique de ce principe. — Comment on peut le justifier.

III. Il en résulte que le droit à une indemnité, dans le cas de l'art. 1631, est absorbé dans la restitution du prix.

IV. L'art. 1631 est-il applicable quand la diminution de valeur dérive d'une perte partielle?

V. Restrictions commandées par l'équité à l'application de l'art. 1631.

VI. Indemnités dues par le vendeur. — Étendue de la garantie en cas d'augmentation de valeur.

VII. De la garantie en cas d'éviction partielle.

VIII. Spécialité pour les servitudes.

I. L'art. 1630 détermine, en ce qui touche la réparation due en cas d'éviction, l'étendue de l'obligation de garantir, telle qu'elle résulte de la nature même du contrat, et indépendamment de toutes modifications conventionnelles. — En première ligne nous voyons figurer la restitution du prix, et les termes de l'art. 1631 nous montrent comment le législateur a envisagé cette obligation : « Lorsqu'à l'époque de l'éviction, la chose vendue se trouve diminuée de valeur ou considérablement détériorée, soit par la négligence de l'acheteur, soit par des accidents de force majeure, le vendeur n'en est pas moins tenu de restituer la totalité du prix ». Le législateur moderne a donc rejeté la théorie que nous avons cru devoir adopter en droit romain, et il est facile de reconnaître qu'il a envisagé la restitution du prix à un point de vue tout différent. Le système du Code n'est pas du reste une innovation sur les principes admis déjà dans le droit français, au moins depuis le XVIe siècle. Sans doute, si nous voulions remonter à une époque plus reculée et examiner les premiers monuments de notre législation, les anciens Coutumiers, et même les commentateurs qui écrivirent d'abord sur le droit romain, nous trouverions presque universellement consacrée la théorie que nous avons déjà développée : on avait bien compris que c'était seulement en une indemnité que devait se résoudre, en cas d'inexécution, cette obligation, implicitement ou formellement contenue dans l'acte, d'assurer la continuité de la délivrance effectuée, et que cette indemnité, conséquence naturelle de l'obligation de garantir, ne pouvait se fonder sur d'autres bases d'appréciation que le préjudice réellement causé par la perte de la chose : c'est là ce que faisait très bien ressortir Beaumanoir, qui ne s'occupe nullement d'une restitution quant au prix : « Qui donne autrui coze et il commence à garantir, se cil ne vent à qui le coze est, il ne le pot garantir; mais il convient qu'il fasse restor du sien à celi à qui il fist le don, *selonc le valor de le coze par loial estimation*. Et *ce même restor* doit-il fere à celi à qui il a l'autrui coze vendue ou engagée. Et s'il estoit autrement, durment poroient estre damacie cil qui aroient receu d'aucun l'autrui coze par louage, ou par ferme, ou par son service, ou par escange, ou par aucune autre coze ». (*Cout. de Beauv.*, ch. 34, al. 9). Mais, au XVe et surtout au XVIe siècle, à cette époque de remaniement de notre droit, des idées nouvelles, qui déjà commençaient à se faire jour, ne tardent pas à dominer dans la doctrine et à passer dans la pratique; elles rencontrent, pour les propager et les défendre, des hommes qui, grâce à l'autorité que donne le talent, savent les imposer avec une puissance de raisonnement dont l'énergie ne garantit pas toujours la justesse, et qui renversent, au nom de l'équité, et même du droit romain abusivement invoqué, les doctrines professées jusqu'alors.

Dumoulin condamne de la manière la plus formelle le système de ses devanciers au sujet de la restitution du prix : « Omnes glossarii et doctores hucusque male sentiunt », et il ne comprend pas que le simple bon sens n'ait pu suffire à en faire sentir toute l'injustice : « Hoc enim etiam ipsa naturalis justitia sensusque communis dictant..... ut nos ex vero sensu legum et viva æquitate sentimus et evincimus »; et ce qui le révolte surtout, c'est le bénéfice que le vendeur lui paraît réaliser ainsi au détriment de l'acheteur, toutes les fois qu'il se bornera à restituer une partie du prix : « Cur qui non dominus et alium decipit versabitur in lucro, deceptus vero in damno »? (*Tract. De eo quod interest*). Quant aux arguments qu'il tire des textes du droit romain, nous avons déjà vu quelle importance il fallait y attacher.

II. L'opinion de Dumoulin n'a rencontré après lui qu'un très petit nombre de contradicteurs, entre autres Domat et Caillet; Pothier l'a admise sans réserve, et nous ne devons pas dès lors nous étonner de la retrouver dans le Code Nap. Il en résulte donc que, dans notre droit, l'obligation de restituer le prix et celle de payer une indemnité ne sauraient être confondues : « Pretium antiqui inepte interesse vocant », comme le disait Dumoulin dans son indignation. On a reconnu avec ce jurisconsulte qu'il devait y avoir deux chefs parfaitement distincts dans l'action résultant de l'éviction, et que par conséquent, toutes les fois que l'acheteur ne pourrait pas, à titre d'indemnité, obtenir une somme égale à celle qu'il avait donnée en paiement, il devait, en vertu de ce principe que le vendeur était tenu de lui rendre tout ce qu'il avait reçu de lui, conserver encore le droit de réclamer, à titre de restitution, l'excédant du prix sur le dommage. Les raisons sur lesquelles a été fondée cette décision sont faciles à découvrir; ce sont évidemment celles que donne Pothier après Dumoulin, et que firent valoir à leur tour les rédacteurs du Code Nap : « Le vendeur ayant manqué à son engagement faute de me défendre de l'éviction que j'ai soufferte, l'obligation que j'avais contractée envers lui de lui payer le prix, de même que le droit qui résultait à son profit de cette obligation, se résolvent; mon vendeur cesse dès lors d'avoir aucun droit au prix que je me suis obligé de lui payer, d'où il suit qu'il ne peut en rien exiger, et que, s'il a été payé, il n'en peut rien retenir, et que je le puis répéter en entier *condictione sine causa* ». (Pothier, *Vente*, no 69). On est donc parti de

cette idée que l'obligation respective des parties se trouve résolue faute
d'exécution, et que par suite le prix serait sans cause entre les mains
du vendeur. Nous avons déjà démontré, en droit romain, quel était le
vice d'un tel raisonnement, et comment il n'était pas exact de prétendre que le vendeur détenait le prix sans cause, puisqu'il lui avait été
payé en vertu d'une obligation parfaitement valable, qui existait au
moment du paiement; que cette obligation était la véritable cause du
paiement effectué, et qu'il devait suffire qu'elle se rencontrât à l'instant
de la convention, pour qu'il ne pût y avoir lieu à une *condictio sine
causa;* et puisque l'obligation résultant du contrat de vente est la
même, ainsi que nous l'avons établi, dans notre droit actuel, il faut
donc décider que, sous ce rapport, le principe ne saurait être modifié.
Quant à la résolution du contrat, il est certain qu'elle ne peut, d'après
les principes admis, résulter de plein droit de ce seul fait que le vendeur n'a pas exécuté son obligation ou plutôt ne l'a exécutée que d'une
manière imparfaite, en livrant la chose d'autrui : ce n'est là qu'une
question de dommages-intérêts.

Les considérations fondées sur l'absence de cause ne pourraient donc,
pas plus qu'en droit romain, justifier la disposition de l'art. 1631,
et l'on doit en dire de même de cette raison d'équité invoquée par
Dumoulin et tirée de ce que le vendeur ne doit pas gagner quand
l'acheteur est en perte. Mais il est une autre considération sur laquelle
on peut plus raisonnablement s'appuyer pour légitimer, dans notre droit,
cette obligation invariable de restituer le prix total : nous la trouvons
dans l'art. 1599 : la vente de la chose d'autrui est nulle; donc, grâce
à cette disposition nouvelle, dont nous ne voyons aucune trace dans le
droit romain, et qui n'apparaît nulle part formulée d'une manière
précise dans notre ancien droit, il arrivera nécessairement que, dans
tous les cas où il sera établi que c'est en effet la chose d'autrui qui a
été vendue, la nullité édictée par cet article venant frapper le contrat
lui-même, on devra appliquer la maxime *quod nullum est nullum
producit effectum*, et il sera ainsi parfaitement vrai de dire que le
vendeur, s'il conservait le prix, le détiendrait sans cause, puisqu'il lui
a été payé en vertu d'une obligation qui est considérée, aussi bien que
le contrat, comme n'ayant jamais existé. C'est donc l'annulation même
du contrat qui nous permet d'expliquer d'une manière vraiment juridique le principe de l'art. 1631, et, la question étant ainsi envisagée,

il est tout-à-fait équitable de reconnaître à l'acheteur évincé le droit d'agir par la *condictio sine causa* pour réclamer tout l'excédant du prix sur la valeur de la chose au moment de l'éviction; c'est en se plaçant à ce point de vue que l'on peut dire avec pleine raison qu'il y aurait injustice à forcer l'acquéreur de se contenter, à titre de dédommagement, d'une somme inférieure à celle qu'il était en droit de réclamer à titre de répétition, conformément à la règle de l'article 1377 Code Napoléon.

Il est incontestable néanmoins que de tels principes, quelle que soit d'ailleurs la manière dont on prétendra les justifier, produisent ces conséquences regrettables que nous avons déjà signalées dans notre étude de cette matière en droit romain. La position du vendeur se trouve ainsi, on peut le dire, complètement sacrifiée à celle de l'acheteur, car la solution énoncée par l'art. 1631 amène, comme le fait remarquer M. Mourlon, ce résultat bizarre que l'acheteur peut avoir un très grand intérêt à être évincé. L'éviction le décharge en effet des détériorations qu'a subies la chose, même de celles qui proviennent de sa négligence, tandis qu'elles seraient demeurées à sa charge, s'il eût continué à posséder paisiblement : de telle sorte qu'il court toujours la chance de gagner, sans jamais être exposé à celle de perdre; car si la chose a augmenté de valeur, le contrat est maintenu en quelque sorte contre le vendeur, qui est tenu de donner en argent tout le bénéfice que l'acheteur aurait eu en nature sans la dépossession; et ainsi le même évènement, c'est-à-dire l'éviction, qui, dans le cas de détérioration, fait considérer le contrat comme non avenu et autorise contre le vendeur la *condictio sine causa*, a pour conséquence au contraire de resserrer l'obligation résultant de ce même contrat, s'il y a eu augmentation de valeur. N'est-il pas évident qu'il y a là quelque chose de contraire à l'équité, même en se fondant, pour justifier cette situation, sur l'art. 1599?

On pourrait du reste trouver encore l'explication de la règle édictée en cette circonstance par les rédacteurs du Code Nap., dans cette observation que, toutes les fois qu'ils se sont occupés de la perte de la chose et de ses effets, ils ont cédé à des vues particulières dont il est raisonnablement impossible de se rendre compte, car elles les ont conduits à s'écarter de l'équité et des principes du droit romain, et, le plus souvent, à exagérer outre mesure les droits du créancier. Ainsi, par exemple, selon les règles du droit commun en matière de vente sous condition suspensive, le *periculum rei* est pour le vendeur et le *periculum deteriorationis* pour l'acheteur : l'équité ne commandait pas d'autre solution, et cependant le Code Nap. s'en est écarté en décidant que le créancier aurait le choix, ou de résoudre l'obligation, ou d'exiger la chose dans son état actuel, sans diminution de valeur : de telle sorte que l'égalité des positions a été rompue, pour créer au créancier une position toute favorable (art. 1182). De même en matière d'obligations alternatives : si le premier objet a péri par cas fortuit et le second par la faute du débiteur, le créancier, quand le choix lui appartenait, pourra, contrairement à toute justice, exiger à son gré le prix de l'un ou de l'autre, et, si c'est le débiteur qui avait le choix, le législateur, aussi peu équitable, a décidé qu'il serait tenu seulement de la prestation du prix du dernier objet péri (art. 1193, 1194). Il est donc bien certain que les rédacteurs du Code n'avaient pas une doctrine précise et arrêtée sur les questions relatives à la perte de la chose, et ils étaient en général portés à en faire résulter une aggravation d'obligations pour le débiteur, sans avoir sans doute toujours raisonné les conséquences de leurs solutions : aussi n'est-il pas étonnant de rencontrer si souvent des décisions que condamne l'équité sur des points où les jurisconsultes romains n'avaient pas eu de peine à ne point commettre les mêmes erreurs.

III. Quoi qu'il en soit, au point de vue du Code, la restitution du prix et le paiement de l'indemnité sont deux obligations absolument distinctes : mais il ne s'ensuit pas néanmoins, et cette conséquence du principe ainsi posé n'a jamais été sérieusement soutenue, que l'acheteur puisse demander, outre le prix, une indemnité pour le préjudice que lui cause l'éviction, lorsque ce préjudice est inférieur ou égal au prix qui lui est rendu : dans ce cas, on reconnaît très bien que l'indemnité s'absorbe dans le prix, et que cette restitution doit suffire pour le remplir de tous ses droits, soit comme créancier de l'indû, soit comme lésé par suite l'éviction : en sorte que, si la chose vendue au prix de 1,000 fr. n'en vaut plus que 400 au moment de l'éviction, c'est simplement à une somme de 1,000 fr. qu'il pourra prétendre, et il n'aura droit à rien au-delà, à titre d'indemnité pour la dépossession. De là une question délicate qui a soulevé quelques difficultés dans la pratique : quelle est en définitive la somme qui doit être considérée comme payée à titre de dommages-intérêts? Faudra-t-il à cet égard faire une distinction, selon que l'évincé aura obtenu une somme égale ou supérieure à celle qu'il avait payée? La solution de cette question, importante surtout au point de vue de la contrainte par corps, ne nous paraît pas douteuse en présence du texte de la loi. Il est évident que si l'acheteur est regardé comme indemne, du moment que le prix lui est restitué, toutes les fois que le préjudice ne s'élève pas à une somme supérieure à ce prix, c'est que l'obligation d'indemniser se trouve complètement absorbée dans celle de restituer : cette dernière est considérée comme principale relativement à la seconde, et c'est en effet ainsi qu'elle est présentée par Dumoulin et par Pothier. On ne peut donc prétendre qu'une partie de la somme se trouve payée à titre d'indemnité, puisque, dans ce cas, le vendeur se trouverait encore, à concurrence de cette somme comptée en tant moins sur la restitution, débiteur de l'indû : donc, dans l'exemple ci-dessus, c'est comme restitution du prix qu'il sera censé avoir payé la somme entière de 1,000 fr., et non pas seulement 600 fr. comme restitution et 400 comme indemnité, car alors il devrait encore 400 fr. à titre de restitution. Ainsi on ne devra qualifier de dommages-intérêts, pour lui faire produire des effets quant à la contrainte par corps, que la somme qui aura été acquittée après que le prix lui-même est restitué : soit par exemple une chose vendue 1,000 fr. qui en vaut 1,200 au moment de la vente, c'est seulement une somme de 200 fr. qui a le caractère de dommages-intérêts, et le vendeur ne sera pas passible de la contrainte par corps (art. 126, C. Pr.). Par conséquent un système qui semble ne devoir produire que des résultats favorables pour la position de l'acheteur, a cependant pour effet de le priver d'une voie d'exécution qu'il aurait eue au contraire à sa disposition, si le législateur avait admis que l'obligation de garantir devait simplement se traduire par de justes dommages égaux au préjudice éprouvé.

Le Code Nap. ayant ainsi complètement séparé, au point de vue de l'obligation, la restitution du prix et le paiement d'une indemnité, on comprend dès lors quelle doit être la portée qu'il a dû naturellement donner, dans l'art. 1629, à la simple clause de non garantie : c'est seulement, par suite de ces principes, de l'obligation de garantir proprement dite que l'acheteur a fait ainsi remise au vendeur; mais, puisque l'obligation de restituer le prix ne saurait rentrer dans celle-ci, elle doit encore subsister dans son entier, si une stipulation expresse n'est également intervenue à ce sujet.

IV. On s'est demandé si le principe posé dans l'art. 1631 devait aussi bien recevoir son application dans le cas où la chose vendue aurait subi, antérieurement à l'éviction, non pas seulement une dépréciation de valeur, par suite d'une simple détérioration, mais une diminution dans son tout, par le retranchement d'une partie quelconque, résultant d'un cas fortuit ou de tout autre évènement analogue qui n'aurait pas donné lieu à la garantie. La chose ainsi réduite venant à être évincée, l'acquéreur aura-t-il droit à la restitution du prix entier, ou n'en pourra-t-il réclamer qu'une partie égale à la fraction de la chose dont il souffre effectivement éviction ? — Il est bien entendu que la question ne peut évidemment être soulevée, comme le remarque Pothier, qu'autant que l'action en revendication a porté sur la totalité de la chose, aussi bien sur la partie détruite que sur celle qui reste, car, si elle ne portait que sur cette dernière, il n'y aurait plus qu'une éviction partielle, pour laquelle il faudrait appliquer les art. 1636, 1637. — Gardons-nous d'aller demander au droit romain la solution de cette question : comment, avec des principes aussi différents, pourrait-on arriver dans les deux législations à un résultat identique ? Gardons-nous surtout d'invoquer comme décisifs des textes se référant à une situation qu'il est même impossible de concevoir sous l'empire de notre droit actuel, à moins de conventions formelles : qu'ont à faire en particulier, dans la question qui nous occupe, les dispositions de la loi 64, D., *De evict.*, uniquement relative à l'hypothèse de la *stipulatio duplæ*, et dans laquelle Papinien lui-même ne s'est pas peut-être parfaitement compris ? Dumoulin, Pothier, et après eux même plusieurs auteurs contemporains, ont employé toute leur subtilité à commenter ce texte, sans faire attention qu'il n'en pouvait résulter aucun éclaircissement pour des difficultés dont le point de départ était tout différent. Il faut bien reconnaître cependant que les interprétations données à cette loi ont exercé une grande influence sur les décisions adoptées dans la question qui nous occupe par Dumoulin et par Pothier, et que le Code Nap., suivant à son tour les opinions de ces jurisconsultes, a entendu certainement reproduire les mêmes solutions : or Pothier rapporte la théorie de Dumoulin qui, sur la foi de Papinien, dont il est clair qu'il n'a nullement compris l'espèce, admet « qu'étant par le propriétaire du total de l'héritage qui m'a été vendu évincé de tout ce qui m'en reste, après une perte partielle par cas fortuit, cette éviction ne peut passer que pour une éviction totale qui doit par conséquent obliger le vendeur pour le total »; et en réponse à l'objection de ceux qui prétendraient qu'il ne peut y avoir d'action que pour la partie dont on a été effectivement évincé, il ajoute « que, quoique, lors du contrat, ce qui existe encore de la chose n'en fût qu'une partie, il en est devenu le total par la perte du surplus, et c'est comme d'un total, non comme d'une partie, que j'en suis évincé » (Pothier, *Vente*, n° 155). Pothier il est vrai trouve ce raisonnement plus subtil que solide, et même il adopte ailleurs la solution contraire (*Vente*, n° 69), mais nous croyons cependant que c'est bien ainsi qu'il faut entendre l'art. 1631 : les expressions qu'il emploie le montrent clairement, car il ne fait aucune distinction quant à la manière dont se sera produite la diminution de valeur. Mais une raison qui nous paraît surtout décisive, c'est celle qui se tire de l'art. 1599 : la vente étant nulle parce qu'elle a porté sur la chose d'autrui, le contrat tout entier est considéré comme n'ayant jamais existé, et de là la *condictio sine causa* pour la répétition intégrale du prix, car il n'y a pas plus de raison, dans ce cas, que dans celui où la chose, d'ailleurs encore entière, aurait été considérablement détériorée, pour autoriser le vendeur à garder une partie du prix : dans l'une et l'autre hypothèse, ce n'est point parce qu'il doit indemniser l'acheteur, mais parce qu'il est constitué, par l'annulation du contrat, débiteur de l'indû qu'il est tenu d'une restitution pleine et entière.

V. L'obligation imposée au vendeur de restituer la totalité du prix doit cependant subir certaines restrictions commandées par l'équité : en effet, il est de toute justice de compter en tant moins, pour cette restitution à faire, les sommes que l'acheteur aurait déjà perçues sur la chose à lui vendue : si par exemple le vendeur lui avait fait précédemment quelque paiement à titre d'indemnité, soit pour une éviction partielle, soit à raison de quelque servitude dont le fonds se trouvait grevé : « Cette somme étant, ainsi que le fait observer Pothier, la restitution d'une partie du prix que le vendeur lui a déjà faite, il ne lui doit plus que le surplus »; de même, s'il a fait sur la chose des amé-

liorations dont il est indemnisé par l'évinçant, pourvu que d'ailleurs la
chose n'en ait pas augmenté de valeur, ce qui peut très bien arriver si,
d'autre part, elle a subi des détériorations pour une valeur égale, la
somme payée par le véritable propriétaire doit être déduite de celle
dont le vendeur est tenu à titre de restitution; enfin, aux termes de
l'art. 1632, « si l'acquéreur a tiré profit des dégradations par lui faites, le vendeur a droit de retenir sur le prix une somme égale à ce
profit »; « car il a été par là, ajoute Pothier, remboursé du prix de
l'héritage jusqu'à concurrence de cette somme ». — Remarquons, à
propos des termes de ce dernier article, qu'il ne faut pas en conclure
qu'il s'agisse ici à proprement parler d'un droit de rétention pour le
vendeur : celui-ci en effet, débiteur d'une somme égale au prix, est
en même temps constitué créancier d'une somme égale au profit retiré
par l'acquéreur des dégradations; il y a donc lieu seulement d'établir
une compensation à due concurrence, et par suite, s'il a payé le prix
intégral sans opérer cette réduction, il a toujours le droit d'agir par la
condictio indebiti; ce sont aussi les principes relatifs à la compensation qu'il faudrait appliquer dans les cas où une saisie-arrêt, absorbant
la totalité du prix, aurait été faite entre les mains du vendeur au préjudice de l'acquéreur; soit que, dans notre espèce, la saisie-arrêt ait
eu lieu quand le montant de la créance du vendeur pour les dégradations était déjà déterminé : alors l'effet de la compensation a réduit de
plein droit l'obligation du vendeur à la différence, et c'est sur cette
différence seule que peut porter la mesure prise par le créancier ; soit
que la saisie-arrêt ait été effectuée avant la liquidation de la somme
que le vendeur aura le droit de retenir sur le prix, et il en résultera
simplement que la somme sur laquelle doit porter la saisie n'est point
encore déterminée, et ne le sera que par le jugement qui interviendra
plus tard.

Par des raisons analogues, il faut également décider que si la chose
ne devait, par sa nature même ou par l'effet de la convention, rapporter à l'acheteur qu'un usage et des profits limités quant à leur durée,
l'éviction qui serait effectuée après que, depuis un certain temps déjà,
l'acquéreur percevrait les fruits ou les revenus de cette chose, ne saurait être considérée comme une éviction totale; cette jouissance jusqu'au
moment de l'éviction devrait au contraire être assimilée à une restitution partielle du prix, dans la mesure du temps pendant lequel elle

se serait prolongée, et en proportion de cette durée comparée à celle qu'elle aurait dû naturellement avoir, si le contrat avait produit son plein et entier effet. C'est aussi ce que reconnaît Pothier : il fait très judicieusement remarquer, comme l'avait déjà fait Dumoulin, que lorsqu'un usufruit a été acheté par une personne âgée, par exemple, de trente ans, pour en jouir pendant toute sa vie, on ne peut raisonnablement prétendre que l'éviction soufferte après quarante ans de jouissance puisse autoriser la répétition de la totalité du prix d'achat, car, en pareil cas, les fruits perçus ne sont pas simplement la représentation des intérêts du prix, comme le seraient les revenus d'un fonds de terre qui aurait lui-même été l'objet de l'achat, ils sont comme autant de fractions de prix, puisqu'ils étaient en réalité la seule chose que l'acheteur voulût acquérir : « Quia in effectu non tota res vendita sed solum quædam portio evicta est : alioquin inveniretur emptor habere rem et fructus seu commoda rei totius in effectu proprietatis, et nihilominus totum pretium repeteret, quod esset absurdum et iniquum ». (Dumoulin, *De eo quod int.*, n° 125. — Pothier, n° 162.)

Il nous paraît juste d'admettre avec ces deux jurisconsultes la même décision toutes les fois que, la chose vendue devant avoir une durée limitée, la dépréciation, au moment de l'éviction, résultera précisément de ce que l'acheteur aura possédé la chose pendant une partie de la durée de son existence, ce qui doit nécessairement être assimilé à une restitution partielle du prix : ainsi, quand il s'agira d'un animal dont l'acheteur aura retiré des services pendant une assez longue durée avant d'en être évincé, n'est-il pas contraire à l'équité de vouloir faire supporter par le vendeur une dépréciation résultant, par exemple, de l'âge qu'il aura atteint entre les mains de l'acquéreur, alors que celui-ci en aura retiré d'ailleurs tous les profits qu'il pouvait lui procurer? Les termes de l'art. 1631 ne repoussent nullement cette doctrine, et il est impossible d'assimiler, dans la question qui nous occupe, un animal à un fonds de terre, pour décider qu'il doit être considéré comme un tout indivisible, que par conséquent l'éviction impose au vendeur, dans quelques circonstances qu'elle se produise, l'obligation de restituer la totalité du prix. — Cependant nous devons reconnaître que, d'après le système général du Code, l'opinion qui assujettirait le vendeur à restituer le prix intégral de l'animal, quelle que fût l'époque de l'éviction, ne manque pas d'un certain fondement, puisque le

Code part de ce principe que le prix est toujours dû, et non pas seulement les dommages-intérêts représentant la valeur de la chose évincée; tandis que la solution qui nous paraît la plus conforme à l'équité
n'est en définitive que l'application de la règle générale que nous
croyons être la seule vraie en droit philosophique, celle qui oblige le
vendeur uniquement à indemniser dans la proportion du dommage :
et c'est parce que l'art. 1632 nous permet d'adopter, dans l'espèce, une
solution qui se rapproche davantage de l'équité, que nous croyons ne
pas devoir tenir compte du point de vue exclusif adopté par le Code.

VI. Outre la restitution du prix, le vendeur doit encore une indemnité à l'acheteur pour toutes les dépenses qu'il a dû supporter et pour
tous les bénéfices qu'il manque de réaliser à l'occasion de la chose
dont il souffre éviction : ce sont ces obligations qui se trouvent énumé-
rées dans les derniers paragraphes de l'art. 1630 et dans les art. 1633,
1634, 1635. Le vendeur est tenu de restituer les fruits, c'est-à-dire
leur valeur, lorsqu'ils ont été rendus au véritable propriétaire, ce qui
aura lieu, aux termes de l'art. 549 Code Napoléon, toutes les fois que
la possession de l'acheteur est entachée de mauvaise foi; et cela peut
très bien se concilier avec la nécessité de le garantir de l'éviction, si on
suppose que c'est seulement depuis la vente qu'il a eu connaissance du
vice de sa possession. Ces fruits ne sont pas seulement la représentation
des intérêts du prix d'achat : le vendeur en doit la garantie comme
d'un accessoire dont il était tenu de procurer la paisible possession
aussi bien que de la chose principale; aussi la simple restitution du
prix avec les intérêts ne saurait suffire à dédommager l'acheteur à cet
égard, et il serait en droit de réclamer la valeur intégrale des fruits
restitués par lui, si cette valeur était supérieure aux intérêts de son
prix. — Mais si la chose n'était pas productive de fruits, pourrait-on
réclamer au vendeur même les intérêts du prix, en se fondant sur ce
qu'il ne doit pas retirer un profit de ce que lui a payé l'acquéreur,
alors que celui-ci, n'ayant pu retirer à son tour aucun bénéfice de la
chose qui lui avait été livrée, se trouve ainsi éprouver une perte sans
compensation : en d'autres termes les intérêts doivent-ils courir en
pareil cas, non du jour de la demande en garantie, mais du jour
même du paiement? Ce point a été controversé et il importe tout
d'abord de rechercher dans quelles situations il est possible que la

question vienne à se présenter : sans doute on peut concevoir la vente d'une chose qui n'est pas frugifère par elle-même, dans le sens ordinaire du mot, mais il est moins facile de concevoir une chose dont la possession ne puisse procurer aucun avantage appréciable en argent, et tel par conséquent qu'il doive être pris en considération lorsque, après un certain temps de possession, l'acquéreur viendra à être évincé. Soit par exemple un tableau volé ou perdu, qui a été vendu à un amateur, et auquel le véritable propriétaire le reprend avant l'expiration des trois années : l'acquéreur devra toujours rentrer dans son prix ; mais, en ce qui touche les intérêts, le juge devra certainement tenir compte de l'agrément que lui aura procuré la jouissance de ce tableau pendant la durée de sa possession. La position ne serait plus la même si l'acquéreur était un marchand de tableaux : il n'a pu y avoir pour lui aucun intérêt appréciable en argent dans cette possession, et les intérêts alors lui seraient dus, sans préjudice d'autres dommages-intérêts, s'il y avait lieu, car, d'après les lois du commerce, et en supposant l'acquisition faite à un prix convenable, l'acquéreur devait compter pouvoir revendre le tableau dans un délai donné, et en retirer un prix suffisant pour le couvrir de ses avances et de l'improduction momentanée de son capital.

L'acquéreur évincé a en outre le droit de demander, aux termes de l'art. 1630, les frais faits sur sa demande en garantie et ceux faits par le demandeur originaire. Point de difficulté quant aux premiers : ils ont été faits à l'occasion de la chose et pour se défendre du trouble ; ils étaient inévitables ; c'est donc une perte dont le vendeur doit indemnité complète. Mais quant à ceux qui ont été faits par le demandeur originaire, il ne faut pas exagérer la portée des expressions générales employées par l'art. 1630 : les principes qui régissent la matière prouvent en effet qu'on ne peut entendre par là d'autres frais que ceux que l'acheteur a dû nécessairement supporter avant le moment où il lui a été permis de se décharger de toute responsabilité personnelle par la dénonciation au vendeur de l'action dirigée contre lui, et cette précision se trouve dans l'Ordonnance de 1667 : « Les garants qui succombent, dit l'art. 14 du titre 8, seront condamnés aux dépens de la cause principale, du jour de la sommation seulement et non de ceux faits auparavant, sinon de l'exploit de demande originaire », car, ainsi que le dit Rodier, « il n'a tenu qu'à lui d'appeler d'abord le garant qui se

serait défendu comme il eût jugé à propos ou eût pris condamnation. »
(Quest. sur l'Ord., tit. 8). A plus forte raison, le vendeur ne serait
point responsable des dépens exposés par l'acheteur « lorsqu'il lui
aurait signifié, sur son appel en garantie, qu'il n'avait pas des moyens
de le défendre, mais qu'il offrait de lui rendre le prix qu'il avait reçu,
et de l'indemniser entièrement de l'éviction : si l'acheteur, nonobstant
ces offres, a voulu soutenir le procès, et qu'il ait succombé, il ne doit
avoir aucun recours contre son garant pour les dépens qui se sont faits
depuis les offres, car le vendeur, ayant offert tout ce qu'il devait,
l'acheteur devait s'en contenter, et il ne doit pas être à son pouvoir de
faire porter au vendeur malgré lui le dépens d'un procès injuste ». .
(Pothier, *Vente*, n° 129).

Si l'auteur du trouble est repoussé dans ses prétentions, la conséquence naturelle qui en résulte, c'est qu'évidemment sa demande
n'était pas fondée : dans ce cas, sur qui doivent retomber les frais faits
par le défendeur en cas d'insolvabilité du demandeur, qui sans cela
devrait les supporter, comme toute partie qui succombe? Si le garant
a été appelé et que le garanti ait obtenu sa mise hors de cause, il est
bien certain que les frais ne peuvent retomber sur ce dernier, car il
n'a point figuré dans le jugement; mais si, après avoir appelé son
garant, il a continué à jouer dans l'instance le rôle principal, aura-t-il
le droit de réclamer contre le garant la restitution de ces dépens? Nous
ne saurions l'admettre, et il nous paraît que, dans ce cas, les conséquences de l'action à laquelle il a été forcé de répondre ne doivent retomber que sur lui : l'obligation du vendeur, telle qu'elle résulte du
contrat, ne porte en effet que sur la garantie des faits antérieurs à la
vente, et nullement sur ceux qui n'ont pris naissance que par des causes postérieures, et qui sont pour lui des cas fortuits : or n'est-ce pas
dans cette clause qu'on doit ranger les troubles apportés sans fondement
légitime à la possession de l'acheteur, et comment prétendre que la
responsabilité du vendeur, alors qu'il n'a pas pris le procès à sa charge,
doit s'étendre à des prétentions qui, pour avoir donné lieu à des débats
judiciaires, n'en sont pas moins par elles-mêmes des accidents dont il
ne saurait être tenu de répondre en vertu de son obligation de garantir : « Emptori victo non vincenti venditor tenetur de evictione ».

Le vendeur doit encore indemniser l'évincé de toutes les dépenses
que celui-ci avait dû faire pour assurer la validité de son acquisition :

ainsi les frais et loyaux coûts du contrat, ceux de la transcription de l'acte, conformément à la loi du 23 mars 1855. — Enfin l'acheteur doit être indemnisé de tout ce qu'il perd, de tout ce qu'il manque d'acquérir, du *damnum emergens* et du *lucrum cessans* résultant de l'éviction. Nous avons vu quelles étaient les règles générales admises en cette matière, et il doit nous suffire de renvoyer aux principes déjà indiqués en droit romain pour tout ce qui est relatif aux dépenses nécessaires, utiles ou voluptuaires, comme aussi pour l'étendue des obligations, selon qu'il y a eu bonne ou mauvaise foi de la part des contractants. Ajoutons seulement quelques observations sur les dispositions des art. 1633 et 1634.

Les expressions formelles de l'art. 1633 ont fait naître la question de savoir si le vendeur de bonne foi devait en effet être tenu d'indemniser intégralement l'acquéreur de la perte que lui causait l'éviction, à raison de l'augmentation de valeur, quelque considérable qu'elle fût d'ailleurs; et l'affirmative est adoptée par un grand nombre d'auteurs. Les jurisconsultes romains repoussaient une décision aussi rigoureuse, et nous avons vu que, dans ce cas, ils limitaient au double l'obligation du garant. Sous l'empire du Code Napoléon, si nous voulons nous référer aux règles du droit commun, la solution de la question est facile: le débiteur exempt de dol n'est tenu, aux termes de l'art. 1150, que des dommages-intérêts qui ont été prévus ou qu'on a pu prévoir lors du contrat, et c'est dans le cas seulement où il y a eu mauvaise foi que l'art. 1151 veut que l'indemnité porte sur tout ce qui est une suite immédiate et directe de l'inexécution de la convention; or il ne nous paraît pas exact de prétendre que l'art. 1633 ait voulu consacrer une dérogation à ce principe d'équité naturelle. Dumoulin et Pothier avaient énergiquement combattu un tel système comme manifestement injuste, et les rédacteurs du Code Napoléon, qui déjà avaient consacré leur théorie quand ils déterminaient les effets généraux des obligations, n'ont pas certainement songé à s'en écarter en réglant les obligations nées d'un contrat où la bonne foi doit toujours essentiellement dominer dans les rapports des parties: si donc on ne peut, comme en droit romain, fixer une limite invariable pour l'étendue de cette obligation, il faut admettre du moins, avec l'art. 1150, qu'elle ne doit pas dépasser les bornes qu'aurait pu, dans les circonstances ordinaires, lui assigner la volonté des parties. C'est surtout à notre époque que la doctrine que nous croyons devoir adopter se trouve pleinement justifiée : grâce au développement extraordinaire qu'ont pris les travaux d'utilité publique, on voit changer, du jour au lendemain, et dans des proportions vraiment exorbitantes, la valeur ordinaire des terrains : ainsi tel emplacement, qui se vendait, il y a quelques mois, à 2 fr. le mètre, se revend aujourd'hui plus de 500; supposons une éviction : le vendeur, si on applique l'art. 1633, se trouvera tenu, non-seulement au-delà de ses prévisions, mais aussi au-delà des prévisions de l'acquéreur lui-même : telle ne saurait être, nous le répétons, la portée de cet article; le législateur n'a pas entendu, en édictant cette disposition, déroger à l'art. 1150; il a voulu simplement indiquer que désormais, dans le droit moderne, il n'y avait pas lieu d'admettre, comme en droit romain, une limite arbitraire aux obligations du vendeur. Cette dernière interprétation est la plus conforme à l'équité, et il est en outre probable que, dans l'art. 1633, on a eu seulement en vue l'augmentation de valeur résultant du cours ordinaire des choses, et nullement ces augmentations tout-à-fait artificielles, tenant à des circonstances qu'il n'était pas même permis d'espérer, et qui dès lors n'ont pu entrer, à aucun point de vue, dans les prévisions communes des parties.

L'art. 1634 pose un principe facile à comprendre : « Le vendeur est tenu de rembourser ou de faire rembourser à l'acquéreur, par celui qui l'évince, toutes les réparations et améliorations utiles qu'il a faites au fonds »; nous savons comment cela doit s'entendre : il en résulte que l'acquéreur doit être rendu indemne du montant de la plus-value provenant des améliorations. Pour apprécier cette plus-value, l'analyse commande, ce semble, une distinction sur laquelle les commentateurs ne se sont pas clairement expliqués : si l'on suppose, par exemple, une somme de 10,000 fr. employée en dépenses utiles, il peut arriver qu'elle ait produit deux sortes de plus-value : d'une part une plus-value absolue, que l'on pourrait appeler vénale, c'est-à-dire appréciable également pour tout possesseur de l'immeuble ainsi amélioré, soit 5,000 fr.; et d'autre part une plus-value relative, appréciable seulement au regard de l'acquéreur évincé, à raison, par exemple, de son industrie particulière, et s'élevant, si on veut, dans l'espèce, à 8,000 fr. L'acquéreur évincé devra donc obtenir en sus du prix de vente une somme de 8,000 fr., qui sera payée à concurrence de 5,000 fr. par l'évinçant, et à concurrence de

3,000 par le vendeur. — L'art. 1634 dispose que le vendeur est tenu
de rembourser lui-même ou de *faire* rembourser par celui qui l'évince
la plus-value mise à la charge de ce dernier : cela ne veut pas dire, on
le comprend, que l'acquéreur n'a pas une action directe contre l'évinçant, mais simplement que le vendeur, en sa qualité de garant, est
principalement tenu vis-à-vis de l'acquéreur, et qu'il doit procurer à
ce dernier l'indemnité totale qui lui est due.

Remarquons enfin que l'acquéreur doit être indemnisé par son vendeur de ce qu'il aura payé à l'évinçant pour les dégradations par lui
commises sur l'immeuble, ainsi, dans l'hypothèse de l'art. 2175; car,
s'il est responsable, à l'égard des créanciers hypothécaires, de tout ce
qui a pu diminuer la valeur de leur gage dont il était constitué le gar-
dien, il n'en est pas de même à l'égard du vendeur, et celui-ci ne peut
lui reprocher d'avoir agi envers la chose comme tout propriétaire est
libre de le faire : « qui rem alienam quasi suam neglexit nulli querelæ
subjectus est »; pourvu cependant qu'il soit exempt de dol; car, s'il
avait volontairement commis des dégradations, après l'introduction de
l'instance en revendication, il ne pourrait à aucun titre en faire retomber la responsabilité sur le vendeur.

VII. Le Code Nap. s'est également occupé des droits de l'acheteur
dans le cas d'éviction partielle. Nous savons qu'une telle éviction peut
se produire de diverses manières : elle portera, ou bien sur une fraction de la chose qui a été vendue, et, dans ce cas, il importera toujours
de distinguer si cette fraction est spécialement déterminée ou si elle est
seulement une partie indivise du tout; ou bien sur une chose qui n'est
point celle qui a fait l'objet de la vente, mais qui en est provenue, par
exemple, comme le suppose Pothier, « si quelqu'un m'avait vendu une
jument qui ne lui appartenait pas, et qu'après la mort de la jument j'aie
souffert l'éviction du poulain qui en est provenu ». (Pothier, *Vente*,
no 145). Cette distinction entre la partie homogène et la partie hétéro-
gène de la chose avait son intérêt en droit romain toutes les fois qu'il
s'agissait de la *stipulatio duplæ* : on devait également y avoir égard
dans notre ancien droit pour l'application du système généralement
admis, d'après lequel le vendeur était tenu, en cas d'éviction partielle, de restituer une partie du prix égale à la partie de la chose
évincée, relativement au tout, ce qui ne pouvait naturellement avoir

lieu que s'il s'agissait d'une partie homogène; mais la disposition générale de l'art. 1637 a enlevé aujourd'hui toute utilité à la distinction. Enfin l'éviction peut résulter, non de la perte matérielle d'une
partie quelconque de la chose, mais de la privation de certains droits
dont l'acheteur avait dû être investi en vertu de son titre, ce qui
aura lieu, par exemple, quand l'héritage sera grevé de servitudes ou
ne jouira point de celles qui auraient été comprises formellement
dans la vente, comme existant à son profit.

Le Code a résumé dans deux articles toutes les obligations du vendeur en cas d'éviction partielle (art. 1637, 1638); quant à l'art. 1636,
il a simplement pour effet de permettre à l'acheteur de se placer
dans la même situation que s'il avait éprouvé une éviction totale, et
c'est aux juges qu'il appartiendra d'apprécier dans quels cas la perte
résultant de la dépossession sera de telle nature que l'évincé puisse
être admis à invoquer le bénéfice de cet article. Le point important
que nous avons à examiner ici, c'est la manière dont l'art. 1637 a
réglementé l'évaluation de l'indemnité due à l'acheteur pour une éviction qui n'a pas porté sur la totalité de la chose, et dont il ne s'est
pas prévalu pour demander la résiliation du contrat, qui est seulement facultative pour lui dans le cas où elle possible. Nous sommes
en présence d'une disposition unique, et par conséquent également
applicable à tous les genres d'éviction partielle, puisque la loi ne pose
aucune distinction : « La valeur de la partie dont l'acquéreur se trouve
évincé, lui est remboursée suivant l'estimation à l'époque de l'éviction, et non proportionnellement au prix total de la vente, soit que
la chose ait augmenté ou diminué de valeur ». — Remarquons tout
d'abord que l'article ne fait aucune précision, quant à l'importance
de l'éviction, pour qu'il y ait lieu à indemnité : il ne peut donc
être question d'appliquer ici les règles de l'art. 1619, relatives spécialement à la délivrance, et qui ne sauraient être étendues d'un cas
à un autre; donc le vendeur pourra être actionné en garantie pour
toute éviction, quelque minime qu'elle soit.

L'art. 1637 ne nous parle plus de restitution du prix : ce qui doit
être remboursé à l'acquéreur, ce n'est point cette portion du prix
qui avait été comptée comme l'équivalent de la partie de la chose qui
lui est aujourd'hui enlevée, c'est seulement une somme égale à la valeur actuelle de cette fraction sur laquelle porte l'éviction. Le légis-

lateur est donc complètement revenu ici au système que nous avons soutenu en droit romain : il a confondu en tous points la restitution du prix avec les dommages-intérêts; et, quoi que l'on fasse pour expliquer la disposition de l'art. 1637, on arrivera peut-être à la justifier en elle-même, mais on devra nécessairement reconnaître qu'elle présente une regrettable anomalie, au point de vue des résultats, avec les principes établis pour le cas d'éviction totale. Pothier, comme Dumoulin, beaucoup plus conséquent avec lui-même, avait parfaitement compris que, si le vendeur devait la totalité du prix quand la totalité de la chose était évincée, il était tout naturel de décider que, lorsqu'une fraction seulement de la chose faisait l'objet de la dépossession, il fallait exiger la restitution de la fraction correspondante du prix, soit que la chose eût diminué de valeur, soit qu'elle eût augmenté, sauf, dans ce dernier cas, à accorder en outre des dommages pour tout le préjudice supérieur à ce prix. Malheureusement ces jurisconsultes ont eu le tort de chercher, selon leur usage, la consécration de ces règles dans le droit romain, et, toujours oublieux de la distinction fondamentale entre l'action *ex empto* et l'action *ex stipulatu*, dont ils semblent ignorer absolument les caractères, ils s'égarent dans des applications qu'ils s'efforcent de trouver là où elles ne sont pas, et en particulier dans cette trop fameuse loi *Ex mille :* il en est résulté que leur théorie, d'abord très simple, s'est embarrassée dans des détails quelquefois contradictoires, et c'est là sans doute la cause première de cette rédaction si souvent critiquée de l'art. 1637. Que cet article, au point de vue purement théorique, abstraction faite de l'ensemble des règles qui régissent notre matière, puisse à certains égards se légitimer, c'est ce que nous admettons très bien, et on peut même dire qu'il rentre dans le système que nous avons développé en ce qui touche la restitution du prix. Pour l'éviction totale, on est parti de cette idée que le contrat, étant frappé de nullité, ne pouvait produire aucun effet, et que dès lors il y avait lieu pour le prix à la *condictio sine causa;* mais dans l'hypothèse de l'art. 1637, on a été au contraire frappé surtout de cette considération que le contrat n'avait pas cessé d'exister, que par conséquent le prix ne se trouvait pas sans cause entre les mains du vendeur, pas même pour la partie correspondante à la partie évincée, soit qu'il s'agisse d'une partie divise ou d'une partie indivise, car l'article ne distingue pas, et les motifs de décider sont les mêmes dans les deux cas. Il faut bien reconnaître cependant que, même ainsi envisagée, la disposition de l'art. 1637 est d'une équité encore fort contestable : ne pourrait-on pas bien dire en effet, sans être accusé de subtilité, que, lorsqu'une partie de la chose est évincée, c'est une nullité partielle qui frappe le contrat, et que dès lors le vendeur, n'ayant plus aucun droit à conserver la partie correspondante du prix, peut, dans cette limite, être poursuivi par une *condictio sine causa?*

Quoi qu'il en soit, il suffit de jeter un coup d'œil sur les conséquences auxquelles conduit dans la pratique la règle édictée par l'art. 1637, et de les rapprocher de celles qui résultent de la théorie adoptée dans le cas d'éviction totale, pour comprendre combien ces deux systèmes sont peu en harmonie et produisent des oppositions choquantes. Ces conséquences sont précisément celles que nous avons signalées à propos des solutions diverses présentées par Papinien, dans la loi *Ex mille* (64, D., *De evict.*) : évincé de la totalité de la chose, l'acheteur, quelle que soit la détérioration déjà subie, recouvre le prix intégral; évincé seulement d'une partie, il n'a droit qu'à une indemnité qui pourra être fort inférieure, par suite de la détérioration, à la partie du prix correspondante, en sorte qu'il aura le plus grand avantage à éprouver une éviction totale : il est vrai que l'art. 1636 vient un peu corriger cette singulière position, et lui permet d'arriver au même résultat que s'il y avait eu éviction du tout, mais nous savons que cette ressource ne pourra toujours lui être accordée. — L'effet produit par la disposition de l'art. 1637 sera plus choquant encore si on suppose qu'il y a eu stipulation de non garantie, car alors l'éviction partielle, qui ne permet à l'acheteur de réclamer aucune fraction du prix, le laissera sans droit à une indemnité, tandis que, s'il y avait eu éviction totale, cette clause ne l'aurait nullement empêché d'exiger la restitution entière du prix.

VIII. L'éviction partielle peut également résulter, nous l'avons dit, d'une atteinte portée au libre exercice des droits dont l'acheteur avait dû être investi par une suite naturelle du contrat ou par l'effet d'une convention spéciale, aussi l'art. 1626 dit-il que le vendeur est tenu des charges prétendues sur l'objet de la vente; et ajoutons qu'il en est de même, bien que notre loi, moins explicite que les jurisconsultes romains, soit muette à cet égard, des charges établies en faveur de l'objet, et qui, après avoir été comprises dans la vente, viendraient à faire le sujet d'une dépossession. — Ce genre d'éviction produit, aux termes de l'art. 1638, des effets analogues à ceux que nous avons signalés pour l'éviction qui porterait sur une partie matérielle de la chose.

Par une application naturelle des principes généraux de notre matière, il faut également reconnaître ici qu'il ne peut y avoir éviction donnant lieu au recours en garantie qu'autant que l'acheteur n'aura pas pris ces risques à sa charge; et les art. 1626 et 1638 indiquent les cas où cette présomption existera contre lui : c'est lorsque cette charge est de telle nature qu'il ne puisse sérieusement invoquer son ignorance à cet égard. Il en est ainsi de toute charge apparente, et il faut naturellement en dire de même de celles qui, étant établies par la loi ou résultant de la situation de l'objet, ne sauraient constituer une dérogation au droit de propriété, tel que l'acheteur devait s'attendre à l'obtenir par son contrat. C'est ainsi que Pothier décidait que « les charges du centième denier, des contributions pour les pavés, pour les tailles d'église et autres semblables, sont des charges de droit commun dont le vendeur en conséquence n'est pas tenu d'acquitter l'acheteur, quoiqu'elles n'aient pas été déclarées dans le contrat. » (*Vente*, nº 195). Hors ces cas, l'acheteur aura son recours contre le vendeur, pourvu que d'ailleurs il n'ait pas eu connaissance de cette charge, ce qui sera beaucoup plus rare aujourd'hui, grâce aux mesures nouvelles de la loi du 23 mars 1855.

Enfin la garantie cesse d'être due si la charge qui grève l'objet a été déclarée lors du contrat : « Contrahants par vente, échange ou autres aliénations de leur fonds doivent déclarer les ventes, charges, servitudes et hypothèques spéciales d'iceux. — Que s'ils le disent franc et quitte et que par après il se trouve chargé, lesdits contrahants seront tenus d'éviction et de garandie par devant tel juge et icelle charge et servitude se plaidera » (*Cout. de Gorze*, tit. 8). Mais il importera toujours de bien examiner le sens et la portée des clauses qui auront été insérées dans le contrat, et dont le vendeur voudra se prévaloir pour se décharger de son obligation de garantir : c'est au juge qu'il appartiendra d'apprécier, d'après l'usage et la bonne foi, quelle peut être la valeur réelle de telle déclaration rapportée dans l'acte, et on devra surtout se défier de ces clauses qui souvent sont insérées sans l'aveu des parties, parce qu'elles sont devenues des clauses de style, et auxquelles il faut se garder de faire produire, dans telle circonstance donnée,

11

des effets que l'acheteur n'avait jamais pensé devoir en résulter. C'est là ce qui faisait dire à Domat : « Si un héritage est vendu comme il se comporte, ou ainsi que le vendeur en a bien et dûment joui, ou avec ses droits et conditions, ces expressions et autres semblables n'empêchent pas que le vendeur ne demeure garant des servitudes cachées et des charges inconnues, comme serait une rente foncière à laquelle l'héritage serait assuré » (*Lois civ.*, liv. 1, tit. 3, sect. 11.) Enfin on sera d'autant plus sévère à l'égard du vendeur qu'il aura apporté moins de sincérité dans la rédaction des diverses clauses du contrat : il est évident, par exemple, qu'il ne pourrait, ainsi que nous l'avons déjà remarqué, se prétendre affranchi de la garantie relative à une servitude qu'il connaissait par une clause générale de non garantie des servitudes qui grèvent l'immeuble, car ce défaut de précision impliquerait de sa part une réticence frauduleuse : « Si venditor, cum sciret fundum quem vendebat debere vicino servitutem aliquam, id reticuerit, et ut verbis rem infuscaret et quoquo modo si fieri possit sese obligatione exueret perfusorie et generaliter ita vendendo dixit : si quæ debentur debebuntur, et nihil dixit de ea quam sciebat deberi, hic sermo generalis captiosus est, nec venditorem excusat ». (Cujas, *Ad leg.* 39, D., *De act. emp.*)

Nous n'examinerons pas quelles sont les clauses ordinairement employées pour affranchir le vendeur de la garantie des servitudes, et quelle portée il convient de leur attribuer : rappelons seulement le principe de l'art. 1602 qui doit toujours dominer dans ces questions d'interprétation : « tout pacte obscur ou ambigu s'interprète contre le vendeur »; et reconnaissons que des expressions nettes, franches et loyales peuvent seules avoir pour effet d'exonérer le vendeur de ses obligations.

Une question assez controversée est celle de savoir en quoi consiste cette garantie, quant aux servitudes et aux charges qui déprécient la chose vendue : y aura-t-il lieu à une action en indemnité, comme pour toute autre éviction partielle, ou bien l'acheteur n'aura-t-il qu'une action en réduction du prix, conformément aux principes édictés par l'art. 1644, en matière de vices rédhibitoires ? Il ne peut du reste y avoir doute qu'autant qu'on suppose le vendeur de bonne foi, car, dans le cas contraire, il est bien certain que des dommages-intérêts seraient toujours dus. Dans notre ancien droit, ces charges étaient assimilées, pour les obligations du vendeur, aux vices rédhibitoires : l'acheteur avait simplement l'action *quanti minoris :* « Faute par le vendeur de défendre l'acquéreur, disait Pothier, cette action en garantie se résout et se termine à une diminution sur le prix que le vendeur est condamné de faire à l'acheteur, laquelle doit être de ce que les experts estimeront que la chose aurait dû être vendue de moins ». (*Vente,* nᵒ 201.) La raison de douter vient surtout aujourd'hui de la place que les rédacteurs du Code ont assigné à l'art. 1638 : il se trouve en effet dans le paragraphe qui traite de la garantie en cas d'éviction, tandis que, plus loin, un autre paragraphe est spécialement consacré à la garantie des défauts de la chose vendue ; de plus on fait remarquer que la dépréciation résultant d'un vice rédhibitoire ne peut être assimilée à l'effet produit quant à la chose vendue par l'existence d'une charge de la nature de celles qui sont mentionnées dans l'art. 1638, car il ne s'agit pas alors seulement d'une diminution de valeur, c'est une véritable éviction partielle, puisque l'acquéreur se voit ainsi privé de tout ou partie de certains droits qu'il croyait légitimement avoir acquis avec la chose : ce n'est donc pas un défaut, tel que l'entend l'art. 1641 ; il y a ici quelque chose de plus ; enfin il faut reconnaître que les raisons qui militent en faveur du vendeur de bonne foi, quant aux vices rédhibitoires, ne sauraient avoir la même force dans notre espèce : on est en général facilement excusable de n'avoir pas connu un vice dont la chose était infectée, et voilà pourquoi le législateur a voulu que la responsabilité du vendeur ne fût pas engagée au-delà d'une certaine partie du prix qu'il avait reçu ; mais il en sera d'ordinaire autrement pour les charges qui grèvent l'objet vendu, et il est naturel de supposer qu'un propriétaire diligent aurait dû en être instruit ; et c'est parce que, sous ces divers rapports, les rédacteurs du Code ont en effet envisagé ainsi la question, qu'ils ont placé l'art. 1638 sous la rubrique de la garantie en cas d'éviction et immédiatement après s'être occupés de l'éviction partielle. — Ces considérations nous paraissent suffisantes pour nous décider dans ce sens et pour voir, dans l'art. 1638, une dérogation aux anciens principes : la réparation du préjudice résultant de cette sorte d'éviction sera donc réglée de la même manière que pour toute autre éviction portant sur une fraction quelconque de l'objet pour lequel la garantie est due.

CHAPITRE V.

De l'action et de l'exception de garantie.

SOMMAIRE.

I. Contre qui est donnée l'action ; — *Quid* dans le cas de plusieurs ventes successives ?

II. Nature du recours dirigé contre un vendeur antérieur *omisso medio*.

III. Etendue du recours dans le cas de plusieurs ventes successives.

IV. De l'exception de garantie.

V. L'action et l'exception sont divisibles.

I. L'obligation de garantir est imposée, nous l'avons dit, à toute personne qui se trouve, soit de son chef, soit du chef de son auteur, dans la nécessité d'assurer la continuité d'une délivrance effectuée, et il suffit à cet égard de se référer aux principes généraux des obligations. Réciproquement le recours en garantie appartiendra à toute personne pouvant se prévaloir d'une obligation de cette nature, soit qu'elle se présente en vertu d'un droit qui aura pris naissance sur sa tête, soit qu'elle invoque un droit transmis à un titre quelconque par celui qui le premier en avait été investi, car « il n'importe, comme le dit Pothier, que ce soit à l'acheteur lui-même à qui la chose vendue soit évincée ou à son successeur en ladite chose, pour que l'acheteur ait l'action en garantie » (*Vente*, n° 97). — Une question qui a soulevé quelques difficultés, sans doute parce qu'on a eu le tort de vouloir en chercher la solution dans le droit romain, qui admettait à cet égard des principes tout différents, c'est celle de savoir si l'action en garantie d'un acquéreur subséquent qui vient à être évincé peut être directement exercée par ce dernier contre le vendeur originaire, en franchissant les vendeurs intermédiaires sur la tête desquels le droit à la garantie était venu tour à tour se fixer ? Laissons de côté les lois romaines, car, nous le savons, le transport des actions présentait un caractère tout particulier, et, à défaut de cession réelle ou supposée, les droits incorporels demeuraient nécessairement fixés sur la tête du créancier originaire ; de là le principe de la loi 59, D., *De evict.* : le dernier acquéreur ne peut *omisso medio* agir contre le vendeur primitif, car il n'a point contracté de lien d'obligation avec lui, si

d'ailleurs son auteur ne lui a fait cession des actions qu'il avait lui-
même « nisi cessæ ei fuerint actiones ». La même théorie n'a pas
passé dans notre droit : en recevant la chose, l'acquéreur est investi
de tous les droits de son auteur, car ces droits étaient inhérents à
l'objet, et la cession des actions n'est pas soumise de nos jours à ces
formalités que les Romains, frappés surtout de la personnalité des
droits qu'elles sanctionnaient, avaient cru devoir exiger. Chaque acquéreur successif reçoit donc la chose *cum omni sua causa*, c'est-à-
dire avec tout l'ensemble des droits transmissibles qui s'y réfèrent, par
conséquent avec le droit d'agir en garantie en cas d'éviction : « Lorsque
je vends une chose à quelqu'un, dit en effet Pothier, je suis censé lui
vendre et transporter les droits et action qui tendent à faire avoir cette
chose, et par conséquent l'action *ex empto* que j'ai contre mon vendeur *ut præstet rem habere licere* : cela paraît renfermé dans l'obligation que je contracte moi-même envers lui *præstandi ei rem habere
licere* ».

II. La difficulté qui se présente en cette matière consiste à savoir
en quelle qualité et pour quelle somme le dernier acheteur pourra
agir en garantie contre l'un des précédents vendeurs, qu'il pourra
choisir à son gré, puisque, tous étant également tenus envers lui,
aucun ne saurait se plaindre d'être attaqué, sauf à celui qui est ainsi
actionné, s'il n'est qu'un vendeur intermédiaire, à remonter à son tour
jusqu'au vendeur originaire pour être par lui garanti. Par vendeur
originaire il est bien établi qu'il faut entendre, non pas, d'une manière
absolue, le premier qui a vendu la chose, mais le premier qui l'a vendue depuis qu'elle est soumise au danger d'éviction dont la réalisation
donne actuellement lieu au recours; on ne saurait en effet dans aucun
cas recourir contre un vendeur qui ne peut être responsable d'un événement dont la cause n'existait *ni par sa coulpe ni de son temps*,
comme le disent nos vieux auteurs. — On se demande quel droit invo-
quera l'évincé contre le vendeur qu'il attaque, s'il se présente, ainsi
qu'on l'a soutenu, comme un créancier exerçant au nom de son débiteur, c'est-à-dire dans l'espèce au nom de son vendeur immédiat, les
droits et actions qui compètent à ce dernier, en vertu du principe
édicté dans l'art. 1166, la conséquence de cette situation, c'est qu'il
sera traité comme tout autre créancier, et, en cas d'insolvabilité de

son auteur, il verra les sommes payées par le garant tomber dans la masse et se partager au marc le franc entre les divers créanciers; si, au contraire, ses poursuites ont été dirigées en son nom personnel, en vertu d'un droit propre, il est évident que sa position est tout-à-fait changée : puisque ce n'est plus un droit faisant partie des biens du dernier vendeur qu'il exerce alors, on ne peut plus dire que les autres créanciers doivent en avoir une part quelconque, et la règle de l'article 2093 ne saurait être ici applicable, car ce droit est passé sur la tête du dernier acquéreur et a cessé ainsi d'être le gage commun des créanciers du vendeur qui s'en est dépouillé. Si l'on admettait sur la cession des créances les principes du droit romain, il faudrait également reconnaître que c'est seulement en invoquant le droit de son auteur, et conformément à l'art. 1166, que l'acquéreur pourrait agir, puisque, s'il se présentait en son nom personnel, le vendeur, qui n'a point traité avec lui, serait parfaitement fondé à le repousser, comme n'étant tenu à son égard par aucun lien d'obligation; mais, en présence des principes tout différents relatifs à la cession des actions, c'est naturellement l'opinion contraire que nous sommes conduits à adopter : l'acheteur a acquis la chose avec tous les droits qui étaient le complément de la possession à lui transmise, *cum omni causa*, il est investi, par le seul fait de l'aliénation effectuée en sa faveur, de toutes les actions qu'avait son vendeur, et dès lors c'est en son nom, en vertu de son droit propre, qu'il pourra agir contre les vendeurs précédents. Cette théorie une fois admise, on conçoit très bien que l'acquéreur puisse avoir son recours en garantie contre les auteurs de son vendeur immédiat alors qu'il ne l'aurait pas contre celui-ci : ainsi, quand il a acheté avec clause de non garantie, il en résulte qu'il perd son action contre son propre vendeur, mais, puisque celui-ci est censé lui avoir transmis tous les droits qu'il avait lui-même, il acquerra néanmoins, par l'effet du contrat, son action en garantie contre les vendeurs précédents; et il en sera de même si on suppose que la chose, au lieu de lui avoir été vendue avec clause de non garantie, lui a été donnée.

III. Mais quelle sera l'étendue de ce droit à la garantie ainsi transmis avec la chose? Point de difficulté si la chose a augmenté, si du moins elle n'a pas diminué de prix ou de valeur dans ces ventes successives : ce que le dernier acheteur pourra alors réclamer, quel que soit le vendeur auquel il s'adresse, c'est ce qu'il a payé lui-même et ce qu'il perd par l'effet de l'éviction : c'est en un mot ce qu'il aurait pu demander à son vendeur immédiat. Mais la question devient plus délicate si la chose a varié de valeur et si l'acheteur évincé n'est pas celui qui a payé le prix le plus élevé : soit, pour prendre l'exemple cité par Pothier, un héritage que j'ai acheté 10,000 fr. et que je revends 6,000 : si mon acquéreur agit directement contre moi, il ne pourra obtenir que cette dernière somme, mais, s'il agit contre mon vendeur, ce qui est toujours possible puisque je lui ai transmis l'action que j'avais moi-même, sera-t-il recevable à réclamer la totalité du prix que j'avais payé, ou seulement ce qu'il pouvait me réclamer directement? Pothier paraît lui accorder le droit de réclamer la totalité du prix, les 10,000 fr. : « On pourrait soutenir, dit-il, que le second acheteur pourrait, en offrant de me quitter de ce que je lui dois de mon chef, être reçu à exercer en ma place et à son profit mes actions contre le premier vendeur pour la restitution du prix des 10,000 livres » (*Vente*, n° 118). D'où il résulterait que, dans tous les cas où il y aura eu ainsi plusieurs ventes successives, l'acheteur évincé, pouvant à son choix agir contre tel garant qu'il lui plaira, ne manquera pas de choisir celui qui, à raison du prix qu'il a reçu, peut être recherché pour la plus forte somme, et, agissant contre lui pour le tout, il se trouvera, non-seulement restitué quant au prix qu'il avait payé, mais encore enrichi, peut-être considérablement, sans qu'un tel bénéfice puisse à aucun titre se justifier entre ses mains. Une telle conséquence devrait suffire à condamner notre système, s'il n'était facile d'en démontrer la fausseté. Pour que cette conséquence fût admissible, il faudrait reconnaître que l'évincé agit comme créancier de son vendeur immédiat, en vertu de l'art. 1166; c'est dans ce cas seulement qu'il pourrait agir de la sorte, non point à son profit, mais pour le compte de la masse des créanciers de son vendeur, sauf à ne percevoir ensuite pour sa part, sur les sommes ainsi obtenues, que ce qui lui est réellement dû. Mais, dans l'hypothèse où nous nous plaçons, il n'en peut être ainsi : Pothier lui-même n'a-t-il pas dit qu'en vendant la chose on est censé avoir transmis toutes les actions qu'on avait contre son propre vendeur pour obtenir la garantie, *ut præstet rem habere licere* : or y a-t-il rien, dans cette transmission ainsi envisagée, qui implique le transport de telle créance spécialement évaluée? Ce qui a

été cédé, c'est uniquement le droit à la garantie : l'obligation qui existait entre le vendeur primitif et son acquéreur immédiat existe maintenant entre ce même vendeur et l'acquéreur subséquent. Mais, pour
ce qui est d'en déterminer l'étendue, ne faut-il pas toujours, d'après
les principes généraux de notre matière, examiner quelle est la position respective des parties actuellement liées, et rechercher simplement
ce que doit comprendre la garantie pour remettre les choses, à l'égard
de l'évincé, en l'état où elles seraient s'il eût continué à posséder ?
Donc ici il faut voir uniquement d'une part le prix que l'évincé lui-
même avait payé pour avoir la chose, d'autre part les dommages supérieurs au prix qu'aura pu lui causer l'éviction ; et ce n'est que dans
cette mesure, et non pour la somme plus élevée due à un acquéreur
immédiat, qu'il peut y avoir lieu d'actionner le premier vendeur du
chef du dernier acquéreur ; de même qu'il pourrait au contraire être
actionné pour une somme supérieure à celle dont il serait tenu envers
son acquéreur immédiat si, ce dernier ayant revendu la chose, l'acquéreur subséquent se trouvait avoir un intérêt plus considérable à
n'être point évincé que ne l'aurait eu son propre vendeur, soit parce
qu'elle lui a été revendue pour un prix plus élevé, soit parce qu'il y a
fait des améliorations qui en augmentent pour lui la valeur. — Et qu'on
n'objecte pas que, dans l'hypothèse où le dernier acquéreur ne pourra
réclamer qu'une somme inférieure au prix qu'avait payé son auteur, le
vendeur originaire se trouvera détenteur sans cause de l'excédant qu'il
n'aura pas eu à restituer à l'évincé : ceci ne concerne en aucune façon
le garanti, dont tout le droit était renfermé dans les mêmes limites
qu'envers son vendeur immédiat, s'il l'eût actionné ; c'est seulement à
ce dernier qu'il appartiendrait d'agir de son chef, et en se fondant sur
la nullité de la vente, pour se faire restituer, par son propre vendeur,
un excédant du prix qu'il détiendrait désormais sans cause : quant à
l'acheteur subséquent, qui se trouve évincé, son droit à une restitution est toujours restreint au prix qu'il a lui-même payé.

C'est d'après les mêmes principes que la question nous paraît devoir
être résolue quand l'éviction aura lieu sur la tête d'un donataire. Disons
d'abord que, dans notre droit, l'intérêt d'affection est généralement regardé comme suffisant pour autoriser un recours en garantie de la part
du donateur, en cas d'éviction du donataire, et, en dehors même de
cette considération, l'équité répugne, ainsi qu'on l'a remarqué, à per-

mettre qu'un vendeur se trouve affranchi de ses obligations parce qu'il plaît à son acheteur de faire donation de l'objet vendu, en sorte que ce serait en définitive le vendeur qui profiterait de la donation, puisqu'il garderait la valeur de la chose dont le donataire serait dépouillé. L'opinion de Pothier à cet égard doit donc être rejetée : elle n'était pas du reste partagée par tous nos anciens auteurs, et nous avons vu que le texte sur lequel il se fonde, dit précisément tout le contraire. La donation, comme la vente, fait passer sur la tête de l'acquéreur les droits qu'avait l'aliénateur, par conséquent aussi le droit à la garantie, et le donataire évincé, bien qu'il ne puisse agir contre le donateur, aura néanmoins son recours contre les auteurs de celui-ci, qui auraient été tenus envers lui à la garantie; seulement il est clair qu'il ne pourra les actionner que pour le paiement de dommages, et non pour la restitution d'un prix quelconque, puisqu'il n'en a pas payé. Domat avait aussi reconnu ce droit du donataire de se faire garantir par les personnes tenues à l'égard du donateur : « La demande en garantie peut être formée, dit-il, tant par l'acquéreur que par ses représentants; ainsi l'héritier de l'acquéreur ou *son donataire* aura le même droit que lui ». (*Lois civ.*, liv. 1, sect. 2).

IV. L'obligation de garantir a pour sanction, comme en droit romain, non-seulement une action, mais aussi une exception, d'après cette règle commune formulée par Ulpien : « Cui damus actiones, eidem et exceptiones competere multo magis quis dixerit ». (L. 156, § 1, D., *De div. reg. juris.*), et de là cet axiome vulgaire que nous avons plusieurs fois rappelé, et qui est passé dans notre droit : « quem de evictione.....» Il y a lieu à cette exception, comme le dit Pothier, « lorsque celui qui m'a vendu une chose qui ne lui appartenait pas et qui depuis, par droit de succession ou autrement, en est devenu le propriétaire, forme contre moi la demande en revendication de cette chose...; car son obligation de me faire avoir la chose qu'il m'a vendue résiste manifestement à la demande qu'il me fait de la lui délaisser : son obligation de faire cesser tous les troubles qui pourraient m'être faits par rapport à cette chose, l'oblige à faire cesser celui qu'il me fait lui-même par la demande qu'il a intentée contre moi, et puisqu'il serait sujet à l'action de garantie si tout autre agissait contre moi, il doit être exclu de pouvoir former lui-même aucune demande contre moi ». (*Vente*, n° 165). Cette exception sera donc opposable à toute personne qui, de son chef ou du chef de son auteur, se trouve dans la nécessité de garantir celui qu'elle attaque : tel est un vendeur non propriétaire au moment de la vente, mais qui le serait devenu postérieurement. Le cas de vente par le tuteur d'un bien du pupille peut offrir à ce sujet diverses hypothèses intéressantes à examiner : un tuteur ne pourrait agir en revendication d'un bien qu'il aurait vendu comme bien du pupille et avec les formalités requises, si en réalité il se trouvait en être lui-même propriétaire, mais avait succédé au mineur : il en serait autrement s'il n'était pas devenu héritier de celui-ci, car son intervention dans la vente en qualité de tuteur n'a pu l'obliger personnellement à en garantir l'efficacité : « qui auctor est non se obligat ». Réciproquement, si le tuteur avait vendu comme sien le bien du pupille, celui-ci, venant à lui succéder, ne serait point recevable à attaquer la vente en se fondant sur le défaut de qualité du tuteur, puisqu'il se trouverait obligé lui-même, comme héritier, à protéger la possession de l'acquéreur, et il en serait de même si le tuteur, dans cette espèce, avait vendu le bien comme appartenant au pupille, mais avec promesse de faire ratifier, car il y aurait là une obligation personnelle dont le pupille serait tenu du moment qu'il serait devenu son héritier. Enfin, si le tuteur avait vendu le bien en sa qualité de tuteur, mais sans remplir les formalités légales, il nous paraît que le pupille, venant à lui succéder, serait parfaitement recevable à demander la nullité de cette vente en son propre nom, et sans qu'on pût lui opposer sa qualité d'héritier du tuteur; car le tuteur, dans ce cas, comme dans tous ceux où il se présente simplement en vertu des pouvoirs que lui confère la tutelle, ne saurait être personnellement responsable envers les tiers des actes qu'il passe avec eux : c'était à ceux-ci, puisqu'ils étaient prévenus de sa qualité, à prendre toutes les précautions voulues : le pupille n'est donc ici obligé ni de son chef, ni du chef de son auteur, et il conserve intact son droit d'attaquer la vente. D'après les mêmes principes, il faut également admettre que si c'est le tuteur qui, dans cette hypothèse, succède au pupille, il pourra, du chef de ce dernier, agir en nullité de la vente, puisque ce droit lui a été acquis avec la succession, et qu'il n'est point exposé à une exception personnelle tirée de ce que la vente n'a pas été faite avec toutes les formalités voulues.

Le légataire universel ou à titre universel peut être repoussé par l'exception, car il est personnellement tenu des dettes de son auteur; il en est de même du donataire de biens présents et à venir : quant au

donataire de biens présents seulement, la solution de la question dépend
de celle-ci : un tel donataire est-il obligé au paiement des dettes de son
auteur ? la négative nous paraît devoir être admise: d'où cette conséquence que l'exception ne lui sera pas opposable. Quant au légataire et
au donataire à titre particulier, il est bien certain qu'ils ne peuvent en
aucune façon être repoussés par l'exception : cependant il a été jugé que
le donataire d'un prix de vente devait être considéré comme substitué
au lieu et place du vendeur, pour tout ce qui touchait l'exécution de la
vente, et que, par suite, on pourrait lui opposer l'exception de garantie,
s'il venait plus tard à revendiquer de son chef l'immeuble vendu; mais
évidemment une telle solution ne saurait être conforme aux principes :
le donataire accepte purement et simplement la donation d'un prix de
vente qui lui est offerte, et, en l'absence de clause spéciale, il ne peut
être considéré comme obligé à la garantie : on ne doit donc pas être
admis à la faire valoir contre lui par voie d'exception, puisqu'on ne
pourrait la faire valoir par voie d'action, si l'éviction provenait de
toute autre personne.

L'exception peut être également invoquée contre les cautions du vendeur et aussi contre leurs héritiers : nous avons déjà rejeté, en ce qui
touche l'obligation de ces derniers, une opinion fondée sur une loi
romaine mal interprétée, et encore reproduite sous l'empire du Code
Napoléon, mais qui est absolument inadmissible : l'obligation de garantir est bien certainement la même pour les héritiers de la caution que
pour celle-ci : ils sont donc soumis, comme elle, à l'exception, et ils
ne peuvent pas plus qu'elle ne le pourrait elle-même s'en prétendre
affranchis et agir en revendication, sauf à payer des dommages-intérêts.
Enfin l'exception de garantie sera aussi opposable à la femme commune,
lorsqu'elle voudra agir en revendication d'un bien propre vendu par
son mari, puisqu'en sa qualité de commune elle est tenue, pour sa
part, des obligations qui grèvent la communauté.

Ajoutons que l'obligation et par suite l'exception de garantie cessera
naturellement d'exister à l'encontre de la personne qui pourrait en
être tenue, si cette personne s'est dépouillée de la qualité à raison de
laquelle elle y était soumise : tel sera l'héritier qui n'accepte que sous
bénéfice d'inventaire, à plus forte raison celui qui répudie; le légataire
qui renonce à son legs; la femme commune qui use du droit que lui
accorde la loi de renoncer à la communauté : il y a alors séparation

complète de la personne du garant originaire et de celle qui vient agir de son propre chef en revendication : on ne peut donc lui opposer des obligations qui ne sont pas passées sur sa tête.

V. Il est une question délicate que nous avons déjà examinée en droit romain et qui doit également trouver ici sa place : nous ne reviendrons pas sur les arguments que nous avons déjà présentés, et nous nous bornerons à les compléter, au moyen des principes de notre droit moderne, d'après lesquels nous croyons devoir encore adopter la même solution : la garantie invoquée, soit par voie d'action, soit par voie d'exception, contre plusieurs garants, peut-elle l'être contre chacun pour le tout; en d'autres termes l'obligation de garantir est-elle divisible ou indivisible? Si les divers garants sont solidaires, l'application des principes sur la solidarité écarte toute difficulté; mais que décider dans l'hypothèse de plusieurs vendeurs simplement conjoints ou de plusieurs héritiers du même vendeur ? Nous ferons remarquer tout d'abord que, dans notre ancien droit, et même de nos jours, la question n'est pas d'ordinaire posée comme nous avons cru devoir la formuler : on ne se demandait pas si l'obligation de garantir était divisible ou indivisible, mais quel était le caractère soit de l'action soit de l'exception : on s'est d'abord préoccupé de l'action, et comme, au droit d'appeler garant en cause correspond, de la part des appelés, l'obligation de défendre, on a été amené à considérer cette obligation comme étant l'objet principal de la garantie, et en même temps on lui a reconnu un caractère d'indivisibilité qui a conduit à déclarer également indivisible l'action en garantie. Dumoulin se fit le principal interprète de cette doctrine, et crut la justifier par des textes du Digeste qui, ainsi que nous l'avons vu, n'avaient pas trait à la question ou étaient relatifs à la *stipulatio duplæ*. Cependant les partisans de cette doctrine se sont vus souvent obligés de reculer devant les résultats peu équitables qu'elle allait produire : ainsi, par exemple, la chose d'autrui a été vendue, et au nombre des héritiers du vendeur se trouve le véritable propriétaire : ce dernier n'est appelé à la succession que pour sa part virile, et n'est tenu des obligations du vendeur que dans la même proportion : supposons qu'il agisse en revendication vis-à-vis de l'acquéreur, pourra-t-il être repoussé par l'exception *quem de evictione.....* pour la totalité? L'équité exigeait une réponse négative; aussi plusieurs auteurs admirent la divisibilité de l'exception, tandis que d'autres persistèrent à appliquer sans réserve le principe de l'indivisibilité. Il nous semble que les controverses qui depuis si longtemps obscurcissent la question, au moins autant qu'elles l'éclairent, ont leur source dans ce point de départ tout-à-fait inexact : il ne s'agit pas de savoir quel est le caractère soit de l'action soit de l'exception, mais seulement quel est le caractère de l'obligation, et ce caractère, une fois constaté, doit être le même, soit qu'on l'invoque en demandant ou en défendant.

L'obligation du vendeur consiste à faire jouir de la chose d'une manière continue, et ce n'est que faute par lui d'exécuter cette obligation principale qu'il peut être tenu envers l'acquéreur soit à une indemnité, soit à la restitution du prix. Le vendeur, disons-nous, est tenu principalement d'assurer à l'acquéreur la continuité de sa possession, mais peu importe, quant au fond même de l'obligation, le moyen auquel il aura recours pour en assurer l'exécution. Ce moyen consistera tantôt à rendre taisant le demandeur en lui payant une indemnité, tantôt à défendre en justice l'acquéreur contre les prétentions d'un tiers : défendre n'est donc en définitive qu'un moyen pour le vendeur d'exécuter son obligation de maintenir l'acquéreur en possession, et il n'est pas exact de prétendre que l'obligation de défendre, qui d'ailleurs est parfaitement divisible, comme nous l'avons déjà démontré, soit l'objet principal et direct de la garantie. L'objet principal et direct de la garantie, c'est uniquement la continuité de la délivrance; or il est manifeste que l'obligation de délivrer d'une manière continue sera, en droit français comme en droit romain, divisible ou indivisible, suivant que l'objet lui-même sera ou ne sera pas divisible. Il est facile de voir que le Code Napoléon a parfaitement considéré comme possible l'exécution partielle de l'obligation de garantir : il y a en effet une analogie frappante entre la faculté de demander la résiliation de la vente accordée à l'acquéreur par l'art. 1636, dans le cas d'éviction partielle, et le droit d'agir en garantie; or la résiliation n'est possible que lorsque la partie évincée est de telle importance que, sans elle, l'achat n'aurait pas eu lieu; donc, dans le cas contraire, l'obligation imposée au vendeur est susceptible d'exécution partielle, et si le vendeur vient à mourir, cette obligation doit avoir le même caractère sur la tête de ses héritiers; par suite nous dirons aussi que l'obligation de garantir sera divisible quand la délivrance avait elle-même ce caractère; mais nous reconnaissons que dans certains cas cette divisibilité devra cesser à raison de l'intention des parties.

On objecte qu'il est impossible de concevoir la divisibilité de la possession, et que l'obligation de garantir, consistant précisément à maintenir la continuité de cette possession, a, dans tous les cas, une prestation indivisible pour objet : c'est là une pure équivoque. Sans doute, considérés en eux-mêmes, les faits constitutifs de la possession sont indivisibles, et on ne peut concevoir une fraction de la possession d'une chose; mais il en est autrement si l'on envisage la possession dans son rapport avec la chose possédée, et il n'est pas alors difficile de concevoir la possession entière d'une fraction de la chose. Quant à l'obligation tirée de la prétendue indivisibilité de l'obligation de défendre, nous y avons déjà répondu : nous ferons seulement observer que la manière dont on voudrait envisager cette obligation ne touche pas directement la question qui nous occupe, car il résulte de l'économie des articles 182 et 183, C. Pr., que le législateur n'a pas formellement assujetti le garant à prendre le fait et cause du garanti : il *pourra* le prendre, mais il pourra aussi s'arranger de quelque autre manière pour maintenir l'acquéreur en possession, et celui-ci n'a pas à se plaindre si ce résultat est obtenu.

Des principes que nous venons d'établir, il résulte que, si l'un des garants agit de son chef en revendication contre l'acheteur, il ne sera passible, comme nous l'avons indiqué, que d'une exception limitée à la part virile pour laquelle il représente le vendeur primitif, et même qu'il ne sera passible d'aucune exception s'il déclare formellement exclure de son action en revendication la part pour laquelle il est garant. Mais, pourrait-on objecter, cette solution va produire des conséquences qui doivent la faire rejeter : l'acheteur a traité pour avoir la chose entière, et c'est pareillement une prestation entière que le vendeur s'est proposé d'effectuer; or, admettre la divisibilité de l'action ou de l'exception, c'est réduire l'acquéreur à se contenter d'une prestation partielle; mais comme il faut tenir compte de l'intention des parties, qui a évidemment porté ici sur la délivrance de la chose entière, on doit reconnaître que l'obligation est indivisible *solutione*. Il est vrai en effet qu'il faudra, toutes les fois que les faits le commanderont, admettre une telle interprétation de la volonté des parties; mais, puisque l'art. 1636 suppose que, dans certains cas, l'acquéreur pourra être réduit à n'avoir qu'une partie de la chose, il faut bien admettre aussi qu'il existe des cas où cette prétendue volonté n'existe pas, et c'est alors que nous soutenons que la délivrance et l'obligation de garantir sont divisibles. — Tout se bornera donc à savoir dans quelles circonstances l'intention des parties sera de nature à faire considérer l'obligation comme indivisible *solutione*, et cette intention sera expresse ou tacite : elle sera expresse dans le cas prévu par l'art. 1221 4°, c'est-à-dire lorsque l'un des cohéritiers du vendeur aura été chargé seul par le titre d'exécuter l'obligation et par suite de répondre seul, au cas d'éviction, à l'action en garantie dirigée par l'acquéreur ; dans d'autres circonstances, conformément au 5° du même article, l'intention des parties de traiter l'obligation comme indivisible, quoiqu'en fait elle soit divisible, résultera soit de la nature de l'engagement, soit de la fin qu'elles se sont proposée dans le contrat.

Il nous paraît incontestable que telle a dû être la pensée du législateur, et c'est seulement en envisageant ainsi la question qu'on évite les conséquences d'un système absolu sur l'indivisibilité de l'obligation de garantir. Avec un tel système, en effet, il arriverait que l'éviction portant sur une partie aurait toujours pour effet de donner à l'acquéreur le droit d'agir comme s'il était évincé de la totalité, et que, s'il avait été évincé de la totalité, c'est en vain qu'on lui procurerait le maintien en possession d'une partie de la chose : dans tous les cas il aurait le droit de réclamer l'exécution entière de l'obligation de garantir, et de là résulte une position des plus bizarres : si en effet l'acquéreur est évincé d'une partie de la chose, la vente tient, à moins que cette partie soit de telle importance que l'art. 1636 puisse être appliquée ; ainsi, par exemple, l'acquéreur d'un domaine est évincé d'une partie tout-à-fait indifférente : il ne pourra pas faire résilier la vente et devra se contenter de ce qui lui reste et qui forme la partie principale ; supposons au contraire qu'il soit évincé de la totalité, mais que l'un des garants ait le pouvoir de le maintenir en possession de cette même partie principale : c'est en vain que le garant chercherait à satisfaire à son obligation en procurant ce résultat au vendeur, si l'on admet l'indivisibilité de la garantie, et en fait cependant le résultat serait le même dans l'un et l'autre cas. — Mais nous reconnaissons que le législateur, loin de consacrer cette indivisibilité, a au contraire admis la divisibilité de la garantie, et dès lors on n'a point à craindre de

voir de telles situations se produire. D'autre part, les effets de la divisibilité, grâce à l'ensemble des dispositions de notre Code en ce qui touche la délivrance, n'amèneront pas dans le sens inverse les conséquences
qu'on pourrait également critiquer : ainsi lorsque l'acheteur évincé agit
en garantie contre les divers héritiers du vendeur et que l'un d'eux lui
procure le maintien en possession de sa part virile, on ne peut plus
rien lui demander; mais si les autres ne peuvent aussi procurer le
même résultat pour leur part, faudra-t-il que l'acquéreur se trouve
par là, grâce à la divisibilité de la garantie, obligé de se contenter
d'une fraction quelquefois très minime de la chose? Nous répondrons
que le législateur a eu soin, par la disposition de l'art 1636, d'apporter
un tempérament à la rigueur de ces principes : par conséquent il ne
suffira pas à l'un des garants de maintenir purement et simplement
l'acquéreur en possession de sa part virile, il faudra de plus que la
portion de la chose vendue qu'il offre de faire rentrer d'une manière
incommutable dans le patrimoine de l'acquéreur soit suffisante pour
que ce dernier, ne se trouvant plus dépossédé que d'une fraction sans
importance, n'ait pas le droit de demander la résiliation de la vente.

Ces principes sont loin d'avoir été unaniment acceptés par la doctrine et par la jurisprudence, et l'incertitude des cours et des tribunaux se révèle par des arrêts qui, faute de règle fixe, s'écartent plus
ou moins de la théorie de la divisibilité. La Cour de Cassation en a
cependant fait une exacte application par un arrêt du 19 février 1811,
dans lequel elle reconnaît l'indivisibilité de l'exception de garantie, non
point en se fondant sur cette raison que l'obligation de garantir est
de sa nature indivisible, mais parce que, dans l'espèce, la solidarité,
qui avait été stipulée à l'égard des deux vendeurs, prouvait que l'intention des parties était de considérer la délivrance comme indivisible
solutione, ce qui devait autoriser un recours pour le tout contre chacun des héritiers : « Attendu, disait la Cour, qu'on avait pu voir,
dans les termes de l'acte, l'intention des parties que la garantie fût indivisible, conformément à l'art. 1221 5° ». Dans d'autres circonstances, la Cour de Cassation a admis des solutions peu en harmonie
avec celle que nous venons de rapporter ; c'est ainsi que, d'un arrêt
du 11 août 1830, il semble résulter qu'elle considère l'action comme
divisible et l'exception comme indivisible, et que, dans un autre arrêt
du 14 janvier 1840, elle pose également, comme principe général,
l'indivisibilité de l'exception de garantie.

CHAPITRE VI.

Exercice de l'action en garantie.

SOMMAIRE.

I. De l'obligation de défendre imposée au garant, et de la dénonciation qui doit lui être faite. — Dénonciation en cas de délaissement.
II. Théorie de l'ancien droit français sur ce point.
III. Droit actuel; art. 1640, C. N.; — art. 175 et suiv. C. P.
IV. De la compétence en matière de garantie.
V. Prescription de l'action de garantie.

I. En droit romain, nous l'avons vu, le recours en garantie, pour être toujours possible contre le vendeur, était soumis à l'accomplissement d'une formalité qui devait précéder la sentence de dépossession, c'était la dénonciation au garant du danger d'éviction dont la chose était menacée : par cet avertissement, l'acheteur mettait son auteur dans l'impossibilité de pouvoir lui opposer plus tard, comme fin de non recevoir de sa demande en indemnité, l'insuffisance de sa défense, faute d'avoir employé les moyens qu'il aurait pu obtenir de lui s'il avait commencé par le prévenir. Il était en effet de toute justice que le vendeur, qui devait être responsable en cas d'éviction, fût tout d'abord appelé, afin de protéger, autant qu'il en aurait le pouvoir, la possession transmise à l'acheteur; et c'est ce complément apporté aux droits nés du contrat que les jurisconsultes romains avaient si bien désigné sous le nom d'*auctoritatis præstatio*. Mais là, ne l'oublions pas, se trouvaient limitées toutes les obligations du vendeur à l'égard de l'acheteur menacé d'éviction, en ce qui touchait la défense, et aucune intervention plus active ne pouvait être exigée de lui dans le procès : l'acheteur, de son côté, n'en devait pas moins continuer à demeurer dans l'instance, comme partie principale, et il était responsable de toute négligence qui lui serait imputable : le seul effet de la dénonciation était donc de mettre ce dernier à couvert de tout reproche d'imprudence, de la part de son auteur, fondé sur ce qu'il avait voulu défendre seul : le garant, actionné en indemnité après la sentence de dépossession, n'était plus en droit de lui dire qu'il avait mérité sa dé-

12

faite, « merito victus est, » parce que, faute de l'avoir appelé, il n'avait pu présenter qu'une défense incomplète « quoniam parum instructus esset » ; et c'est dès lors sur le vendeur que devaient retomber toutes les conséquences de la condamnation.

Tel est également le principe consacré d'une manière générale par l'art. 1640 C. N.: « La garantie pour cause d'éviction cesse lorsque l'acquéreur s'est laissé condamner par un jugement en dernier ressort ou dont l'appel n'est plus recevable, sans appeler son vendeur, si celui-ci prouve qu'il existait des moyens suffisants pour faire rejeter la demande. » Ce n'est donc pas à l'acheteur qu'incombera le fardeau de la preuve à cet égard, et le Code a réformé la règle généralement admise dans notre ancien droit d'après laquelle celui qui voulait, après le jugement prononcé, recourir contre son garant, devait tout d'abord établir que celui-ci n'aurait pas eu de moyen de le défendre (Rodier, *Ord. de* 1667, art. 14) : c'est la présomption contraire qui est admise aujourd'hui. La nécessité d'une dénonciation préalable se justifie donc dans notre droit par les mêmes motifs qu'en droit romain, et elle sera également exigée non-seulement lorsqu'il devra intervenir une sentence judiciaire, mais encore dans tous les cas où, par un acte quelconque, l'acheteur viendrait à se placer dans une position plus défavorable et à compromettre ses droits : le vendeur ne sera plus tenu de le relever des conséquences de cet acte, s'il peut établir qu'il est en faute de n'avoir point requis son intervention, parce qu'il aurait eu les moyens de prévenir cette situation. C'est ainsi que le tiers acquéreur, poursuivi hypothécairement à raison des créances garanties sur l'immeuble et venant à délaisser, ne serait point recevable à exercer, après l'adjudication qui l'aurait définitivement dépouillé, son recours en garantie contre son vendeur, s'il ne l'avait pas prévenu, et que celui-ci prouvât qu'il lui été possible de repousser les créanciers, parce leur droit était mal fondé, ou de les rendre taisants en les désintéressant sans nuire à la possession de l'acheteur. Et il ne serait pas exact de prétendre qu'en pareil cas le vendeur sera toujours prévenu sans qu'il soit besoin d'une dénonciation spéciale de la part du tiers détenteur sommé de délaisser, parce que, aux termes de l'art. 2269, le délaissement n'est effectué qu'après commandement fait au débiteur originaire de payer la dette exigible; que par conséquent le vendeur se trouvait ainsi parfaitement averti : il faut remarquer d'abord que cette opinion ne saurait jamais être vraie d'une manière absolue, car le commandement doit être fait non au vendeur mais au débiteur originaire, ce qui peut être très différent, puisqu'il est fort possible que le vendeur ne soit lui-même qu'un tiers détenteur, et non l'obligé personnel des créanciers poursuivants, en sorte qu'il demeurerait complètement étranger au commandement adressé à qui de droit; et même, dans le cas où il serait lui-même le débiteur originaire des créanciers hypothécaires, il ne nous paraît pas qu'on puisse regarder le commandement à lui adressé comme l'équivalent de la dénonciation que devrait lui faire l'acheteur avant tout délaissement : il a pu croire, en effet, que d'autres moyens seraient employés pour satisfaire les créanciers, que, par exemple, l'acheteur leur paierait le prix qu'il n'avait pas encore acquitté ou bien qu'il procéderait aux formalités de la purge. Il n'y a donc pas, dans le commandement qu'il reçoit comme débiteur, une sommation implicitement renfermée, d'où résulte pour lui l'obligation immédiate de venir prêter à l'acquéreur un appui que celui-ci n'a pas directement réclamé, et comme le garant n'est pas plus tenu dans notre droit qu'en droit romain de venir prendre spontanément une défense à laquelle il n'a pas été appelé; il faut reconnaître également, dans notre espèce, que l'acheteur sera seul responsable des suites d'un acte qui aurait pu être évité par l'intervention du vendeur. Ce principe était du reste parfaitement établi dans l'ancien droit, et les règles nouvelles édictées en cette matière n'ont pas modifié sous ce rapport la situation respective des parties : l'art. 102 de la Coutume de Paris n'autorisait en effet l'acheteur qui voulait conserver son recours en garantie à délaisser l'héritage « qu'après avoir sommé son garant ou celui qui lui a vendu ou promis garantir ledit héritage ».

Mais ce serait gravement se tromper que de vouloir, en s'arrêtant aux termes de l'art. 1640, établir une assimilation complète, au point de vue des obligations qui en découlent, entre la dénonciation, telle qu'elle avait lieu dans la pratique romaine, et l'appel en garantie, tel qu'il est compris dans notre droit. Il suffit de jeter un rapide coup d'œil sur les règles édictées par le Code de Procédure, en ce qui concerne la garantie, dont il s'occupe à propos des exceptions dilatoires, pour reconnaître toute la différence qui existe, à cet égard, entre les deux législations. Notre intention n'est pas d'entrer dans un examen détaillé de ces dispositions en ce qu'elles ont de spécial aux formes de la pro-

cédure; nous voulons nous borner à faire ressortir le caractère particulier qui en résulte quant à l'obligation de garantir considérée, non
plus au point de vue du résultat définitif qui a fait jusqu'ici l'objet de
notre étude, l'indemnité due en cas d'éviction, mais sous le rapport de
la protection que le garant peut être tenu de fournir à celui qui l'appelle à sa défense.

II. L'*auctor* était défini, en droit romain, celui qui est tenu d'indemniser en cas de dépossession : « qui tenetur evictionis nomine »;
dans notre droit, les anciens auteurs disent que le garant est « celui
qui en assure un autre et qui est tenu de l'acquitter de quelque action
ou procès » (Loyseau, *Gar. des rentes*) : c'est qu'en effet la responsabilité du garant semble avoir été comprise autrement dans notre ancien droit que dans le droit romain ; si l'*auctor* est celui qui est tenu
d'indemniser, le garant est celui qui a pour obligation principale de
défendre, et c'est surtout dans les monuments de notre ancien droit que
nous voyons se dessiner nettement le caractère ainsi apprécié de l'obligation de garantir : le garant est toujours représenté, par les auteurs
coutumiers, comme le véritable sujet passif de l'action qui n'est dirigée
contre le tiers acquéreur que *propter rem*, à raison de la possession
dont il est investi, tandis que le véritable rapport juridique existe en
réalité entre celui qui attaque et celui duquel provient la chose réclamée. Dès lors se révèle tout l'intérêt pratique de la distinction entre la
garantie formelle et la garantie simple, que la doctrine dut s'attacher
de bonne heure à préciser, car c'est à la première seule que peut s'appliquer, d'une manière absolue, le caractère que nous venons de définir, et c'est surtout celle-là qui doit encore nous occuper ici. « Il y a
deux sortes de garants, disait Charondas, l'un formel et absolu, lequel
est tenu de prendre la cause et défense pour celuy qui l'aurait sommé
entrer en son lieu, et tel garand est receu en actions réelles et hypothécaires; et le garand simple ou contributeur, comme le nomme mon
vieil praticien, qui peut facilement estre receu à se joindre en cause
et assister demandeur qui l'a sommé, lequel a lieu aux actions personnelles ». (*Somme rur.* de Bouteiller, notes du tit. 33). — Défendre,
voilà donc quel est le devoir principal du garant, tel qu'il est représenté dans notre ancien droit, et quiconque peut faire remonter jusqu'à
un autre la responsabilité du fait à raison duquel il est actionné a, par

là même, le droit de mettre celui-ci en cause, et de le sommer de venir défendre à sa place, en matière réelle, ou s'adjoindre à lui, en matière personnelle, parce que le rapport est alors de telle nature qu'on ne peut y substituer une personne à une autre : « Persona adjungitur tantum personæ, non eximitur, nec qualitates mutantur litis ». (Rodier, Ord. de 1667, art. 12). « Quiconque trueve son garant et connoissant, dit aussi Beaumanoir, et le pot amener à jor, il est delivres de ce de quoi on le poursuit; mais que li garans soit soufisans et bien justichavles, ou qu'il fasse bone seurté d'estre à droit et de porter garant de le coze qui est demandé ». (*Cout. de Beauv.*, al. 45). De là l'origine de cette procédure d'aveu et contre-aveu dont nous retrouvons à tout moment la trace dans la législation coutumière; de là aussi cette ancienne définition de la garantie : « Warentizare nihil aliud est quam defendere et acquietare tenentem qui warentum vocavit in saisina sua ». (Bractoni lib. iv, tract. 5; — Ducange, *Gloss.*) : garantir, c'est maintenir dans la saisine celui qui en est investi; et il nous serait facile, en rapprochant les principes relatifs à la saisine des règles qui régissaient alors la garantie, de découvrir les rapports intimes qui existent en effet entre la théorie de la première et le mode d'exercice de la seconde : c'est ainsi qu'à cette époque où la saisine d'an et jour, jointe au juste titre, produisait la pleine propriété, nous voyons Beaumanoir décider que le délai « pour avoir garant » doit être plus court que celui qui est nécessaire à parfaire la saisine : « Neporquant on ne li doit pas donner plus grand espasse que d'un an et jour, et l'an et jor ne doit-on pas donner si li garans ne maint en estranges teres et lointaines » (*ibid.*, al. 44), tandis que le délai serait au contraire indéfiniment prolongé, si l'on se trouvait dans des circonstances où les effets de la saisine seraient suspendus : « Si le garant ne revient dans l'an et jor, il ne doit estre plus atendu, excepté la demeure qui est fete par le pèlerinage d'outre-mer ou par l'ost le roi, car en cest cas seroit-il atendus tant c'on saroit sa mort ou se revenue ». — Mais nous ne saurions, pour le moment, approfondir l'étude de cette matière dans notre ancien droit, quel que soit d'ailleurs l'intérêt qu'elle pourrait particulièrement nous offrir : qu'il nous suffise de bien préciser cette forme sous laquelle était alors envisagée l'obligation de garantir, car c'est là ce qui doit permettre de mieux saisir la manière dont elle a été comprise dans les Ord. de 1539 et de 1667, qui ont inspiré à leur tour les dispositions de notre Code de

Procédure, et dans lesquelles nous rencontrons, comme toujours, les principes du droit romain se mêlant aux règles du droit coutumier pur.

Au xiiie siècle, avant toute influence romaine, l'obligation de défendre est tellement l'obligation principale du garant, que nous voyons les auteurs décider, d'une manière absolue, que l'acheteur a perdu complètement son recours contre lui lorsqu'il a négligé de l'appeler en cause, et qu'il a voulu défendre seul : puisqu'il n'a pas été mis en mesure de remplir son obligation, ils ne comprennent pas qu'on puisse faire retomber sur lui les conséquences de la dépossession : le garanti leur paraît ainsi avoir fait abstraction complète de la personne du garant : « Se ce que tu diz que tu vendis ton eritage et en convenanças as aschateores que tu lor garantiroies selonc les us et coutumes du païs, et on a puis pleidié à auz sans ton seu et perdu l'ont, si voelent que tu lor garantisses? tu t'en pues bien défendre, parce qu'ils t'ont le plet célé, ne si n'i eussent fet fors respons ». (*Conseil de Defontaines,* chap. 15, al. 10). « Bien se gard, dit aussi Beaumanoir, cil qui pot avoir garant de le coze qui li est baillé, que, s'on le met en plet, qu'il requiere jor à avoir son garant pour li défendre de quelque coze que ce soit, car s'il va avant au plet sans celi qui li doit garantir et sans li monstrer qu'il li viegne porter garant, et il le pert par plet, par mise ou en autre manière, li garantisseres n'est pas tenu, puis la perte fete, à li tenir garantie de le coze qu'il a perdu sans li amonester qu'il l'en portast garant..... Car de ce que je doi garantir, cil à qui je doi garantir ne pot pleidier en mon damace sans moi appeler, et s'il en plede et il pert, li damaces en est siens ». (*Cout. de Beauv.;* chap. 31, al. 11). Et il nous paraît certain que ces passages se réfèrent en effet à l'action en indemnité, et non pas seulement aux dépens qui devraient être supportés par le garanti, quand il s'est défendu seul : à cette époque, la maxime que « en cour lai condamnation aux dépens n'a lieu », était encore admise, au moins d'une manière générale, et ne disparut qu'à la suite de l'Ord. de 1324, rendue par Charles-le-Bel, afin d'étendre, ainsi que le rapporte Loysel (Inst. cout., no 859), aux pays de coutumes, l'usage, déjà consacré dans les pays de droit écrit, suivant lequel les dépens doivent être supportés par les parties. — Mais bientôt ces principes reçurent de graves modifications auxquelles l'influence romaine ne fut pas sans doute étrangère : on ne tarde pas comprendre que l'obligation du garant n'est pas tellement renfermée dans la nécessité de défendre, qu'à défaut de possibilité pour lui de s'exécuter à cet égard, parce qu'il n'aura pas été appelé, il soit affranchi de l'obligation d'indemniser l'acquéreur, si d'ailleurs la dépossession a été justement prononcée. C'est là ce que constate Bouteiller, car il lui paraît de toute équité que l'action en dommage survive à l'action relative à la défense : « Toutefois, dit-il, l'achepteur a et peut avoir action sur le vendeur à demander estre desdommagé, sur le vendeur de ce que tout ne lui a pas déclaré son marché, et que teu lui a ce que maintenant on lui demande, qui est engendré devant la vendition ou l'achapt..... Toutefois convient-il enfin qu'il réponde des dommages qui par sa faute de livrer tel marché qu'à bonne foy appartient n'a livré, et que par sa faute et coulpe est venu » (*Somme rur.*, tit. 33); et nous trouvons aussi, dans un texte du Grand Coutumier de Charles VI, écrit à peu près à la même époque, une disposition qui révèle les mêmes tendances. Cependant il est facile de voir que ces principes nouveaux n'étaient admis encore qu'avec une certaine hésitation, et ce qui le prouve, c'est que Bouteiller lui-même, dans un autre passage, veut que, lorsque le garant est appelé et ne comparaît pas, le garanti, qui vient à défendre lui-même, fasse ses réserves pour conserver son recours contre le garant, qui sans cela se trouverait ainsi complètement déchargé : « Et si l'adjourné en fait de garandie ne venoit pas, il doit estre contumacé....., et ce fait le demandeur doit requérir à lui estre dit et jugé que par le défaux contre luy attains tel droit lui soit réservé que telle défense que faire pourra et sçaura, en faisant protestation que si perte ou dommage y prenoit, que ce peust il retraire et recouvrer sur ledict contumace et sur ses biens avec despens, dommages et intérest, et de ceste protestation doit prendre lettres, ou autrement il seroit envoyé perdre son retour et garand ». (*Ibid*).

Mais l'influence toujours croissante du droit romain ne tarde pas à faire disparaître toute controverse sérieuse à cet égard, et si, à une époque bien postérieure, et jusque sous l'empire de l'Ord. de 1667, nous voyons encore les jurisconsultes se poser souvent la question de savoir si le vendeur, qui n'a pas été appelé à défendre, est néanmoins tenu de prester des dommages-intérêts à la suite de l'éviction, leur solution n'est pas douteuse, et ils tranchent sans peine la difficulté en établissant une distinction rationnelle entre l'action en défense et l'action en indemnité ou action d'éviction proprement dite : « La garantie, disent-ils, renferme deux actions réellement distinctes : l'action d'assistance en cause, qui compète au garanti contre le garant, et l'action en pleine garantie. La première peut-être intentée *mota questione* et d'abord après la demande formée contre le garanti; la seconde ne compète au garanti qu'après le délaissement de la chose vendue » (Catelan, *Arrêts*, liv. v, chap. 42; — Papon, liv. xi, tit. 4, art. 10; — Faber, Cod., lib. xi, tit. 1, def. 20; — Boutaric, Rodier, *sur l'Ord. de* 1667. art. 14.)

III. Ainsi se trouvent tout naturellement expliquées, en ce qui touche le mode d'exercice de l'action en garantie, les dispositions édictées par l'art. 1640 C. Nap, et par les art. 175 et suiv. C. Pr. : l'art. 1640 est un souvenir immédiat de la *denunciatio* du droit romain; les articles du Code de Procédure sont la reproduction des principes du droit coutumier, et consacrent à leur tour cette règle « que l'effet de la garandie est de forcer celui qui est tenu de l'éviction, afin d'assister à la cause, prendre la défense et le fait et cause pour celui qui est demandeur en garandie, et le garantir de tout l'évènement du procès auquel la chose à lui vendue est rendue contentieuse ». (Charondas, *Notes sur Bouteiller*, tit. 33). De là aujourd'hui trois positions possibles : ou bien l'acquéreur évincé défendra lui-même, sans appeler son garant, et alors on appliquera l'art. 1640; ou bien il appellera son garant, et celui-ci sera alors responsable de toutes les suites du procès dans lequel il sera intervenu, soit qu'il ait simplement fourni à l'acquéreur des moyens de défense, soit qu'il ait pris son fait et cause, ou bien enfin l'acquéreur se prévaudra de son droit à être complètement défendu par le garant et requerra sa mise hors de cause, qu'on ne pourra jamais lui refuser, soit que le demandeur originaire, redoutant l'insolvabilité du garant, ou le garant lui-même, pour mieux sauvegarder ses droits, veuille y faire opposition. Dans la première hypothèse, le garanti a renoncé à l'action d'assistance en cause et n'a plus que l'action d'éviction ou de garantie pleine, selon l'expression des anciens auteurs, qu'il intentera après la dépossession prononcée, sauf au garant à le repousser par l'exception tirée de son imprudence à défendre seul, s'il a ainsi compromis ses droits; dans la seconde, il sera à l'abri de tout reproche de ce genre, et le garant, qui aura pris son fait et cause, devra supporter la condamnation qui sera prononcée; mais comme il est demeuré lui-même partie dans le procès, il devra être rendu passible des dépens en cas d'insolvabilité du garant; enfin, dans la troisième hypothèse, la position du garanti sera des plus favorables; sa responsabilité sera complètement à couvert, et les dépens ne pourront alors, dans aucun cas, retomber sur lui, car il est resté complètement étranger à l'instance: il est bien vrai cependant que l'art. 185 C. Pr., déclare que le jugement rendu, même dans ces conditions, contre le garant, sera exécutoire contre le garanti, mais cela ne doit s'entendre, ainsi que le précisait bien mieux l'Ord. de 1667, art. 11, et que le faisait remarquer Pothier, « que pour le principal, c'est-à-dire pour le délais de l'héritage que le garant a été condamné de faire délaisser; mais la condamnation des dépens auxquels le garant a été condamné envers le demandeur originaire ne s'exécute que contre le garant qui y est condamné; car c'est la peine de la mauvaise contestation qui ne doit être supportée que par celui qui a fait la contestation, or c'est le garant qui l'a formée en prenant le fait et cause de l'acheteur, qu'il ne devait pas prendre si la demande originaire était bien fondée ». (*Vente*, n° 113).

Quant aux formalités et aux conditions requises pour que le garant puisse être appelé à prendre le fait et cause du garanti, et que celui-ci, en demandant sa mise hors d'instance, mette à sa charge tous les risques du débat, ce sont là de pures questions de procédure dans l'examen desquelles nous ne pouvons songer à entrer. Remarquons seulement que, si le garant peut toujours être appelé pendant l'instance, il n'y aura lieu d'en faire retomber sur lui la responsabilité, en mettant hors de cause le garanti, qu'à la condition qu'il trouvera encore, quant à la défense, toutes choses intactes, *rebus integris*, en sorte, selon les expressions de Beaumanoir « que la coze resoit en sa main el mesme estat que ele estoit el commencement du plet » : « On peut sommer en tout temps et en tout estat de cause le vendeur, ainsi que le disait Charondas, en quoy toutefois y a distinction, parce que il est sommé après contestation en cause, le demandeur en sommation qui a contesté demeurera en cause et le garand seulement joinct pour assister au procès et défendre avec avec luy, selone les appoinctements donnez au principal, sans que pour ce il soit aucunement retardé..... Mais si, dès le commencement de la cause,

le garand est appelé, s'il compare, il sera receu à prendre le faict et
et cause pour l'achepteur qui l'aurait faict appeler, et lequel achepteur, qu'on appelle garanti, sera mis hors de cause ». (*Notes sur Bouteiller*, tit. 33). La même disposition se trouvait déjà dans Beaumanoir :
« ..... Mais que cil qui le tient à garand n'ait empirié le querele par
malvesement pledier ou par soi metre, en plet de mise, car adont
seroit li garantissieres delivres de porter garant..... » (*Cout. de
Beauv.*, al. 66). — De là l'utilité de l'exception dilatoire de garantie,
afin que le garant puisse être mis en cause avant toute contestation,
suivant l'expression de l'Ordonnance de 1667 (art. 9), avant tout jugement, d'après les termes de l'art. 182 C. Pr., c'est-à-dire, ainsi que
l'explique Rodier, « avant que le garanti, en souffrant contestation en
cause, soit lié au procès, et se soit obligé comme personnellement: *In
judicio quasi contrahimur* ». « S'il ne pot avoir son garant à la première Jornée, disait aussi Beaumanoir, porce que le garant ot essoine
ou porce qu'il se mist en pure défaute, ou por autre reson, sans les cou-
pes de celi qui avoir le devoit : il ne doit pas por ce perdre se querele,
ne estre contraint à entamer le plet, ançois doit li ples délayer tant
qu'il puist avoir fet contraindre son garant à ce qu'il viegne porter
garantie ». (*Ibid.*, al. 61).

Le garant sommé de venir défendre aura à son tour la faculté d'invoquer la même exception dilatoire pour appeler un sous-garant, sauf
encore à ce dernier à se prévaloir du même droit pour citer un autre
garant, et on pourra remonter ainsi successivement jusqu'au garant
originaire, quelque éloigné qu'il soit; car la rigueur de la maxime
d'après laquelle, au xve siècle, « en garant demander en pourrait-on en
cour jusques à trois et non plus », avait été tempérée de bonne
heure, et on avait bientôt admis « qu'elle ne se devoit prendre si estroi-
tement, s'il y a lieu de recours contre plus de garands et arrière-ga-
rands » (Bouteiller, *Somme rur.*, tit. 33); et la question n'était plus
déjà débattue avant l'Ord. de 1667, qui admet sans restriction tous ces
recours successifs, avec autant de délais que de garants à appeler. (Article 15 de l'Ord. et art. 176 C. Pr.)

IV. Signalons enfin une dernière conséquence de cette obligation
imposée au garant de venir défendre le garanti et de répondre à l'action dirigée contre lui incidemment à l'action principale du deman-

deur originaire, c'est que « por porter garant, ainsi que le dit Beaumanoir, doit çascuns laissier son juge et aler porter garantie de le coze
qu'il bailla ou délivra par devant le juge ou cil est empledics qui a
mestier de son garant..... » (*Ibid.*, al. 46). Cette règle fut consacrée
par l'Ord. de 1667 (art. 8), tant pour la défense à l'action ainsi intentée que pour la dénégation de la qualité de garant qui, avant cette
Ordonnance, était en général renvoyée aux juges naturels de l'appelé
qui déniait, et elle a été également reproduite par le Code de Procédure (art. 59, § 8, art. 181). Il n'y est plus dérogé aujourd'hui par
l'effet de privilèges de juridiction, tels que celui des bourgeois de Paris
qui avaient « le privilège notoire de n'être contraints de plaider ni res-
pondre ailleurs qu'en la ville de Paris, pour quelque cause et privilège
que ce soit ». (*Cout. de Paris*, art. 112). Mais si de tels privilèges
n'existent plus, il faut bien reconnaître néanmoins qu'il est encore des
exceptions à la règle générale énoncée dans l'art. 181, laquelle déroge
elle-même à ce principe que nul ne peut être distrait des juges compétents pour connaître d'une demande principale; aussi l'art. 181 ne nous
paraît pouvoir être appliqué que dans les cas où la compétence est établie seulement à raison du domicile de l'assigné ou de la situation de
l'objet litigieux; mais on ne pourrait, par exemple, appeler devant un
tribunal de commerce un garant qui ne serait pas justiciable de ces tribunaux *ratione materiæ*. Dans tous les cas, du reste, l'application de
l'art. 181 n'est possible qu'autant que la demande en garantie est formée
avant le jugement sur l'action principale, car, dans le cas contraire,
cette demande serait elle-même à tous égards une action principale,
formée comme telle, et pour laquelle il n'y aurait plus lieu dès lors
d'admettre une dérogation au principe posé dans l'art. 59, § 1, C. Pr.

V. Nous avons eu occasion de signaler diverses circonstances dans
lesquelles l'action en garantie ne pouvait plus être intentée, mais indépendamment de ces causes particulières d'extinction du droit de recourir, en cas d'éviction, contre son auteur, la garantie est encore soumise
au mode général d'extinction de toutes les actions, la prescription.
Point de difficulté quant au laps de temps nécessaire à cet effet : on ne
peut prétendre qu'il s'agisse ici d'une action en nullité prescriptible
par dix ans; nous savons au contraire que ce caractère ne peut en
aucune façon lui être attribué : c'est donc par la prescription de trente

ans qu'elle devra s'éteindre, comme toutes les actions tant réelles que personnelles, conformément à l'art. 2262. La question est seulement de savoir à partir de quel moment le délai devra commencer à courir : est-ce à partir du contrat, où bien du trouble, ou bien enfin de l'éviction ?

On ne peut prendre pour point de départ le moment du contrat, et tous les auteurs sont unanimes sur ce point, car il est une maxime générale qui doit ici recevoir son application : « contra non valentem agere non currit præscriptio »; et c'est ce qu'exprime Bourjon en comparant, sous ce rapport, l'obligation de garantir avec l'obligation conditionnelle : « Lorsque la dette est conditionnelle, la prescription ne commence à courir contre elle que du jour de l'évènement de la condition... car c'est cet accomplissement qui donne l'être à l'engagement. De là une autre conséquence, qui est que la prescription de l'action en garantie ne commence que du jour du trouble, n'étant que de ce jour que celui à qui elle appartient peut agir » (*Droit de la France*, part. 1, tit. 7, ch. 4). Mais il faut à cet égard faire une distinction entre la garantie, telle qu'elle découle naturellement du contrat par la volonté de la loi, la garantie de droit, et celle que les parties ont elles-mêmes stipulée, la garantie de fait, qui a simplement pour objet certaines qualités non essentielles de la chose, ou bien encore la solvabilité du débiteur : quant à cette dernière, on reconnaît avec raison que la prescription commence à courir du jour même du contrat, et nos anciens auteurs nous donnent le motif de cette différence : « A l'égard de la garantie de fait, elle est sujette à la prescription de trente ans du jour de la stipulation, parce que la garantie de fait n'est fondée que sur la convention, et que toute action qui naît de la convention se prescrit par trente ans » (Despeisse, part. 1, tit. 1, sect. 5; — Basnage, *Cout. de Norm.*, art. 521; — Ferrière, *Cout. de Paris*, art. 118).

La garantie de droit ne commence donc à se prescrire qu'à une époque postérieure au contrat, mais quelle sera cette époque ? Ce sera celle du trouble, disent à peu près tous les auteurs tant anciens que modernes; mais nous croyons que ce doit être au contraire celle de l'éviction seulement, c'est-à-dire de la dépossession résultant d'un jugement définitif, et que c'est ainsi qu'il faut entendre l'art. 2257 du Code Nap. qui en effet parle de l'éviction et non du trouble. Cette solution ne pouvait en droit romain faire la moindre difficulté ; et, s'il en a été autrement dans notre droit, cela tient au caractère complexe de l'action en garantie, telle que nous avons vu qu'elle avait été comprise, et aux formes de la procédure employée pour l'exercer ; Pothier signale cette différence : « En droit romain, l'acheteur, sitôt qu'il était troublé, avait seulement la faculté de dénoncer au vendeur cette action qui était intentée contre lui, pour que le vendeur prît sa défense sur cette action, s'il le jugeait à propos, mais ce n'était qu'après la condamnation intervenue contre l'acheteur sur cette action, qu'il pouvait intenter contre son vendeur l'action de garantie pour le faire condamner à l'indemniser de la condamnation... Dans notre droit français, on évite ce circuit... l'acheteur, en même temps qu'il dénonce au vendeur l'action en revendication, peut aussi former en même temps son action en garantie contre son vendeur... ». Mais de ce que, dans notre droit, on a admis, afin de simplifier la procédure et de ne pas multiplier inutilement les instances, l'exercice de l'action en garantie avant que l'éviction fût effectuée, on ne saurait raisonnablement prétendre qu'il y ait pour le garanti, à partir du moment où il peut ainsi former incidemment son action, un droit acquis à raison d'une dépossession qui n'est pas encore prononcée, et qui seule doit cependant faire naître ce droit ; que par conséquent la prescription d'un droit puisse commencer avant qu'il existe, par cela seul que, pour éviter un circuit, comme le dit Pothier, on aura pu l'invoquer par anticipation et d'une manière en quelque sorte conditionnelle, en vue de sa réalisation prochaine. Nous l'avons dit : la garantie, au point de vue de la défense, et la garantie, au point de vue de l'indemnité, sont deux actions parfaitement distinctes : la première prend naissance avec le trouble et peut, dès cet instant, être régulièrement intentée ; mais la seconde ne commence que du jour de l'éviction consommée, ainsi que le fait remarquer Catelan, qui a si bien distingué le caractère de ces deux actions : « La seconde, dit-il, ne compète au garanti qu'après le jugement exécuté qui l'a condamné au délaissement de la chose vendue... d'où il faut nécessairement conclure que la prescription de la demande en contre garantie ne court contre celui à qui elle est due que depuis le jour qu'il a été dépossédé, car jusque-là il n'a pas été en demeure, et la prescription ne court que *contra desides homines et sui juris contemptores* » (*Arrêts*, liv. v, ch. 42). Cette opinion nous paraît la

seule vraie, la seule conforme aux principes d'une saine doctrine, et
si le système contraire a rencontré de si nombreux partisans, c'est que,
dans le droit coutumier, on était toujours dominé par cette idée que
l'obligation de défendre et l'action qui en découlait était principale en
matière de garantie; or il est bien évident que cette action est parfaitement ouverte dès les premiers instants du trouble; les auteurs modernes ont en général commis la même erreur, faute d'avoir remarqué
cette distinction, cependant si naturelle, entre l'action d'assistance en
cause et l'action en garantie pleine ou action en indemnité.

POSITIONS.

DROIT ROMAIN.

I. L'existence d'un juste titre, même inconnu du possesseur, sert à fonder l'usucapion. (L. 25, D., *De donat. int. vir. et ux.* — L. 3, D., *Pro don.*)

II. La rigueur des principes sur la nullité des donations entre époux reçut, par l'effet du sénatus-consulte de Septime Sévère et de Caracalla, un adoucissement qui ne fut pas restreint, comme l'admettait Papinien, aux *donationes rerum*. (§ 294, Fr. Vat. — L. 23, l. 32, § 1 et 23, l. 3, § 10, l. 33 pr. et § 2, *De donat. int. vir. et ux.*).

III. Celui qui veut agir par la *condictio furtiva* n'est pas tenu de prouver qu'il est propriétaire. (L. 1, D., *De cond. furt.*).

IV. Le pupille peut s'obliger naturellement, quand il traite sans l'autorisation du tuteur, et il en est ainsi même s'il ne devient pas plus riche; les fidéjusseurs qui accèdent à son obligation sont tenus civilement. (L. 42, D., *De jurejur.* — § 3, Inst. Just. *Quib. mod. obl. tol.*)

V. La prescription éteint l'obligation naturelle mais laisse intact le devoir de conscience. — L'autorité de la chose jugée, le serment déféré par le juge ou par la partie, produisent le même effet; mais le serment ne laisse pas même subsister, aux yeux de la loi, une obligation de conscience.

DROIT FRANÇAIS.
Origines féodales et coutumières.

I. Le privilège de renonciation accordé à la femme commune ne fut admis, dans notre ancien droit, que par suite d'une confusion

entre sa position et celle de la femme noble qui, n'étant pas associée, pouvait parfaitement user de ce privilége : c'est ce qui explique comment la femme commune, pouvant d'ailleurs n'être tenue
des dettes de la communauté que *intrà vires,* se trouve ainsi doublement protégée pour la sauvegarde de ses droits.

II. L'art. 176 de la *Coutume de Paris* donne le véritable sens de l'art.
2102 4° du Code Nap. — L'art. 176 lui-même s'explique par les
principes admis dans le droit coutumier pour la possession des
meubles, et il ne faut pas en chercher l'origine dans le § 41 des
Instilutes de Justinien, *De div. rer.*

III. La règle posée par l'art. 2279 C. N. a son origine dans notre ancien droit coutumier qui reconnaissait aussi les mêmes exceptions
pour la chose *emblée* ou *mal tollue,* et encore pour celle qui était
trouvée, parce qu'il y avait *une manière de larcin* de la part de
celui qui la conservait. Mais le Code Nap., après avoir donné, dans
l'art. 2279, une action réelle au propriétaire, a fait un retour,
dans l'art. 2180, aux anciens principes qui considéraient cette action comme personnelle.

IV. La maxime « le mort saisit le vif » a son origine dans la co-propriété et la co-possession qui étaient déjà reconnues par les lois
germaniques pour tous les membres de la même famille : elle ne
vient donc pas du droit romain, et on ne saurait non plus en trouver la cause dans une réaction anti-féodale.

Code Napoléon.

I. Les héritiers du mari peuvent avoir intérêt, ainsi que le dit l'article 225 C. Nap., à opposer la nullité, fondée sur le défaut d'autorisation, des actes faits par la femme mariée.

II. La possession d'état ne doit pas être admise comme preuve de la
filiation naturelle.

III. Le défaut de transcription d'une donation ne peut être opposé par
les ayants-cause du donateur.

IV. Le legs universel de tous ses meubles fait par un *de cujus*, qui ne laisse dans sa succession que des meubles, à un héritier réservataire, à condition que les biens composant le legs ne tomberont pas dans la communauté existant entre lui et son conjoint, n'enlève à la communauté que la quotité de biens supérieure à la réserve.

V. Le débiteur condamné au paiement d'une somme d'argent qu'il soutient avoir payée, mais dont il déclare avoir perdu la quittance, sera repoussé par l'exception de la chose jugée, si plus tard, ayant retrouvé cette quittance, il veut se faire restituer contre l'effet du jugement de condamnation.

Procédure civile.

I. L'art. 755 du Code de Procédure (Loi du 21 mai 1858) prononce contre tout créancier non produisant dans le délai de quarante jours une déchéance absolue de son droit hypothécaire, même à l'égard des créanciers chirographaires.

II. Il n'est pas nécessaire que l'acte de bail qui doit, aux termes de l'art. 1er de la loi 11 du avril 1838, servir à déterminer la compétence des tribunaux civils en matière immobilière, soit commun aux deux parties plaidantes.

III. Si, le jour même où le défendeur demande par requête, conformément à l'art. 400 C. Pr., la péremption de l'instance, l'avoué du demandeur principal fait signifier un acte interruptif de prescription, ce sera au demandeur en péremption à établir l'antériorité de sa demande.

Droit commercial.

I. L'autorisation donnée par le conseil de famille à un mineur de vendre un immeuble pour faire le commerce n'implique pas l'autorisation même de faire le commerce, si elle n'a été spécialement énoncée.

13

II. Un associé commanditaire ne sera pas réputé associé en nom collectif par ce seul fait qu'il aura pris connaissance des écritures ou qu'il aura fait, à l'égard de la société, des actes n'impliquant pas spéculation.

III. Les articles 147 et 148 du Code de commerce ne sont pas applicables aux duplicata émis pour la commodité du porteur.

IV. L'art. 423, § 1, C. Com. est une traduction défectueuse d'un principe établi en droit romain et qui doit encore recevoir son application : « Jactus in tributum nave salva venit ». (L. 4, D., *De lege Rhod.*).

Droit criminel.

I. Si le militaire, auteur d'un vol simple au préjudice de l'habitant chez lequel il est logé, a pour complices de ce vol des individus non justiciables des conseils de guerre, tous les prévenus à raison de ce fait seront jugés par la Cour d'assises.

II. La juridiction des conseils de guerre est pour le militaire, au sein de l'armée, la juridiction de droit commun ; dès lors, la qualité de militaire étant établie, le doute doit faire pencher en faveur de cette juridiction.

III. L'art. 181 du Code militaire a évidemment distingué l'action civile de l'action publique en ce qui touche la prescription.

IV. Le tribunal correctionnel, saisi d'une affaire où seraient compris un militaire et un individu non justiciable des conseils de guerre, ne pourrait, en acquittant ce dernier, condamner le militaire.

Droit administratif.

I. L'entrepreneur qui a traité avec l'État pour des marchés et fournitures, peut, dans le cas de résiliation, demander une indemnité, conformément à l'art. 1794 Code Nap., et par la voie contentieuse, non seulement pour ses dépenses et pour ses travaux, mais encore pour tout ce qu'il aurait pu gagner.

II. Les tribunaux administratifs sont seuls compétents pour juger les difficultés qui s'élèvent entre les communes et les entrepreneurs sur l'exécution des travaux de construction, d'entretien ou de réparation des chemins vicinaux.

III. Le pouvoir confié à l'administration en matière de contravention de petite voirie ne lui donne pas le droit de prononcer des amendes. — Les contraventions commises par anticipation sont du reste les seules en cette matière pour lesquelles l'autorité administrative soit compétente ; il en est tout autrement pour les contraventions de grande voirie.

Vu par le Doyen,
DELPECH.

Le Président de la Thèse,
LAURENS.

VU ET PERMIS D'IMPRIMER :

Le Conseiller honoraire à la Cour de Cassation, recteur de l'Académie, Commandeur de l'ordre impérial de la Légion-d'Honneur,
J. ROCHER.

Toulouse, typographie BAYBET, PRADEL et Cᵉ, place de la Trinité, 12.

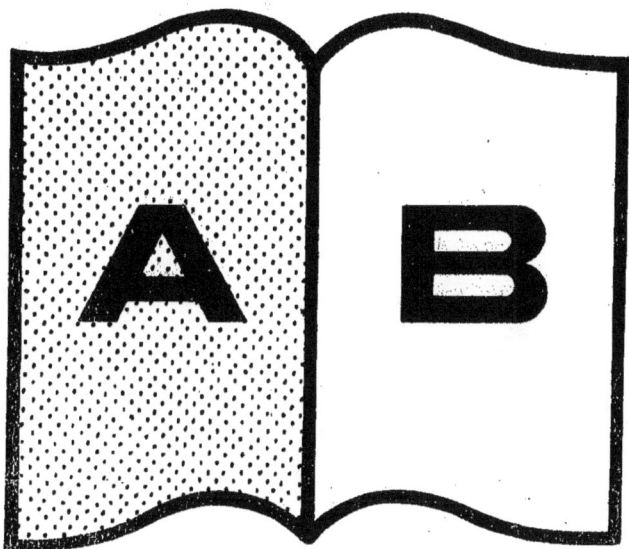

Contraste insuffisant

NF Z 43-120-14

www.ingramcontent.com/pod-product-compliance
Lightning Source LLC
Chambersburg PA
CBHW060545210326
41519CB00014B/3349